势不可当 微信小程序 智慧零售

谭朝 / 编著

中国铁道出版社有限公司

CHINA RAILWAY PUBLISHING HOUSE CO., LTD.

内 容 简 介

从微信小程序智慧零售的演变、开放、结合入手，特别是抢占微信 10 亿流量入口、优化搜索排名引爆流量，帮助运营者成为微信小程序电商营销高手。

100 多个纯技巧，从小程序电商的线上线下、场景营销入手，特别是零售电商、餐饮电商、内容电商的布局，帮助运营者实现从 0 到 1 万、10 万、100 万、1000 万元利润的突破。

不管是正在经营的微信小程序、电商小程序运营者，还是希望商业转型的微信小程序运营者，甚至是新零售的相关从业者，都可以从本书中得到收获。

图书在版编目（CIP）数据

势不可当 : 微信小程序智慧零售 / 谭朝编著 .—北京：中国铁道出版社 , 2018.8（2022.1 重印）

ISBN 978-7-113-24612-9

Ⅰ . ①势… Ⅱ . ①谭… Ⅲ . ①网络营销 Ⅳ . ① F713.365.2

中国版本图书馆 CIP 数据核字（2018）第 140780 号

书　　名：**势不可当：微信小程序智慧零售**
作　　者：谭　朝

责任编辑：张亚慧　　编辑部电话：(010) 51873035　　邮箱：lampard@vip.163.com
封面设计：MXK DESIGN STUDIO
责任印制：赵星辰

出版发行：中国铁道出版社有限公司（100054，北京市西城区右安门西街 8 号）
印　　刷：佳兴达印刷（天津）有限公司
版　　次：2018 年 8 月第 1 版　　2022 年 1 月第 2 次印刷
开　　本：700 mm×1 000 mm　1/16　印张：18　字数：313 千
书　　号：ISBN 978-7-113-24612-9
定　　价：55.00 元

前言
PREFACE

从 2013 年的电商元年到现在，互联网电商发展的势头也逐渐变缓，电商平台不再有大量的用户增长，而零售业借助互联网电商模式得到了飞速发展，但现在急需寻找新的市场突破点。

在 2016 年互联网云栖大会上，阿里巴巴提出了"新零售"的概念，让零售业看到了新的发展希望。一时间新零售的概念炒得火热，各大电商巨头平台纷纷开始进行新零售尝试，国内最大的互联网综合服务提供商——腾讯公司也结合自身旗下的产品微信小程序提出了"智慧零售"的新零售概念。

"智慧零售"便是以互联网、物联网技术为核心，去感知消费者的消费习惯，预测零售市场的消费趋势，并以此为依据，为消费者提供多样、个性的服务。

广大的零售商该如何抓住新零售的机遇？该怎样利用微信小程序来接轨智慧零售？这是本书将要重点讨论的。

本书内容分为 4 大板块，分别是抢占入口（第 1～2 章）、引爆流量（第 3～5 章）、场景营销（第 6～7 章）、电商实战（第 8～11 章）。

书中第 1～2 章，详细介绍了新零售的重要意义和抢占新零售入口的方式，可以结合书中的实操案例和详细配图去细细品味。

书中第 3 ～ 5 章，列举了大量实战案例，搭配丰富的图片分析，会对微信小程序引流有一个更深的认识和全新的理解。

书中第 6 ～ 7 章，从场景营销方面对智慧零售销售问题做了深入详细的讲解，其中提供的许多经验都十分值得新晋微信公众号运营者学习参考。

书中第 8 ～ 11 章，这 4 章的内容说不上是精华的，但绝对是实用的，通过对 4 个行业的案例详解，为大家揭示了微信小程序智慧零售的最终目的的达成方法，相信不管是刚接触电商的小程序运营者，还是已经有了一定运营经验的小程序电商，都可以从这 4 章的内容中收获良多。

本书特别适合以下几类读者：一是微信小程序电商运营者，这类读者需要能直接提升销售额的内容；二是微信小程序运营者，这类读者希望借助小程序实现商业变现，但又不想走电商的老路，需要能帮助他们实现"弯道超车"的内容；三是新零售的相关从业者，这类读者急于寻找智慧零售带来的商机，需要的是看到微信小程序在新零售环境中的可能性。

对于上述三类读者，本书可以提供给他们对应的有价值的内容。

对于目标是提高销售额的微信小程序电商运营者，本书介绍了 10 个在微信平台中提高小程序商城曝光率的技巧，13 个利用微信小程序的特点提高转化率的方法，16 个利用微信红利增加客流的诀窍，相信充分学习和理解了这些知识的微信小程序电商运营者一定可以实现目标，运用小程序智慧零售的经营模式提高销售额。

对于目标是独立商业化盈利的小程序运营者，本书介绍了 4 个利用小程序实现变现的方法，5 个微信小程序特色变现的成功案例，20 多个运用场景进行微信小程序营销的技巧，相信充分学习和理解了这些知识的微信小程序运营者，一定可以完成转型，实现商业变现目标。

对于目标是寻找微信小程序智慧零售商机和可能性的新零售相关从业者，本书介绍了 4 个微信小程序智慧零售的潜力行业，18 个小程序智慧零售解决方法，32 个成功的微信小程序智慧零售案例，相信充分学习和理解了这些知识后，能更敏锐地把握微信小程序智慧零售的商机。

目前市面上关于新零售的书，要么就是大谈理论知识，很少讲新零售的落地应用，没有实践性；要么就是以大企业、大品牌、大平台的新零售尝试为中心，进行相关介绍，不深入也不具有普遍性。

而本书最具特色的一点便是理论结合实践，讲解深入浅出，并且以微信小程序智慧零售为主题，极具普及性，知识覆盖大多数行业，给读者一个由点到面的知识扩展机会。

阅读了本书，读者朋友们不仅会对微信小程序智慧零售有一个深入地了解，之后在看待整个新零售浪潮时，也能获得一个与他人不一样的视角。

本书由谭朝编著，参与编写的人员还有陈林、胡杨、苏高等人，在此表示感谢。由于作者知识水平有限，书中难免有错误和疏漏之处，恳请广大读者批评、指正，联系微信：157075539。

编　者
2018 年 6 月

目录 | C O N T E N T S

2 CHAPTER

抢占入口，小程序玩转智慧零售

目录 | C O N T E N T S

3
CHAPTER

稳定引流，用好主场平台的 10 亿流量资源

4
CHAPTER

搜索排名，增加曝光流量自然来

目录 | C O N T E N T S

5
CHAPTER

多样推广，爆款小程序引爆流量

6
CHAPTER

智慧场景，小程序场景链接新零售需求

目录 ｜ C O N T E N T S

7
CHAPTER

场景营销，新零售发掘新顾客

8
CHAPTER

零售电商实战，现成的流量直接转化

目录 | C O N T E N T S

目录 | C O N T E N T S

1
CHAPTER

速知小程序，智慧
新零售的绝佳入口

势不可当：
微信小程序智慧零售

　　零售模式是不断转变的，虽然电商平台成为许多消费者购物的首选，但是，随着消费者需求的变化，电商购物模式也终将被新的智慧零售模式取代。

　　而微信小程序的出现，实际上就是在为微信电商销售提供了一个新入口的同时，加速新零售模式的到来。

◇ 认知：小程序解决智慧零售痛点

◇ 进化：零售模式的 5 步演变

◇ 差异：小程序更适合新零售的独特之处

◇ 简便：新零售入口快速注册一点即进

1.1 认知：小程序解决智慧零售痛点

随着 2016 年 10 月的云栖大会上阿里巴巴将"新零售"的概念提出，各大电商巨头、实体零售巨头和互联网巨头纷纷开始对"新零售"的解读大做文章，苏宁的"无人零售"，京东的"无界零售"，腾讯的"智慧零售"等概念一时间被炒得火热。

那到底什么是"新零售"呢？其实"新零售"就是指以互联网为平台，借助大数据、人工智能等先进的技术，对商品的流通与销售过程进行升级和改造，对线上和线下进行深度融合的零售新模式。简单地说，就是让消费者在线下实体店购物也能像在网上购物一样方便。

腾讯在 2018 微信公开课中提出"智慧零售"的说法，并提出了利用微信小程序为新零售业打通线上线下的解决方案，解决一般商户进入智慧零售的痛点问题。

下面笔者就带大家看看微信小程序如何为线下商户提供便利，解决接轨智慧零售的痛点问题。

1.1.1 精简零售流程

线上电商起步阶段，人们可能会被网上购物容易获取的优惠和相对低廉的价格所吸引，但随着人们生活水平的普遍提高，很多人选择在线上购物消费已经不仅仅是经济上的原因。现在人们喜爱在线上购物消费往往是因为线上购物更方便快捷的体验，人们不用往返于各个货架之间挑选商品，也不用等待收银结账，只需在电脑前动动鼠标即可完成购物，并且随着移动互联网技术的进步，人们更是随时随地，只需动动手指即可完成想要购买商品的选购。

一般线下门店往往因为时间、空间和成本的限制，无法提供像线上购物一样的全方位便捷化的服务，但有了微信小程序，这一切又不一样了。线下门店开通了微信小程序，就像为每一位前来的客人提供了一个类似网购的窗口，用户获取了门店的小程序后，可以在上面自行进行商品的选择和下单，然后再使用微信支付自行完成收银结算，达到与线上网购一样的简便购物流程。

1.1.2 节省人力成本

流程被精简下来，那相对的人力成本也将得到降低，就以超市购物为例，一般超市除了在超市内部一定距离的货架间要设置导购员，在超市收银处也是不仅要安排收银员结账，还需安排防损员维持出口秩序。而开通了微信小程序接轨智慧零售的超市，可以利用小程序为顾客导购，让顾客可以充分按照自身的喜好选购商品；在结账时，顾客又可以直接使用微信小程序进行微信支付，完成结算，无须排队等待结算，这种智慧零售的全新结算方式如果普及开来，那么超市即使在客流高峰时期也无须增加收银人员来缓解压力，这样也可以不必设置太多防损员去维持收银台秩序。

除了上述 3 种最基础的人力支出得到节省外，有了微信小程序的后台数据支持，商家可以很轻松地获得当天销售的货物信息，不再需要理货员前往每个货架确认检查。商家还可以在微信小程序上将补货信息核算完成发送给仓储部门，这又节约了会计核算的人力成本。

1.1.3 收集客户数据

收集客户的消费信息数据一直是线下商户的难点、痛点，商户们往往只能收集到客户们整体的消费趋势和倾向，而无法将具体的消费信息精准地定位到每一个客户身上，这也使得传统的线下零售商难以像线上电商一样对客户进行准确的个性化营销，也更谈不上对每一个客户提供合适的个性化服务了。

微信小程序就很好地解决了传统线下商户收集数据难的痛点，传统线下商户只要使用微信小程序进行智慧零售模式经营，就可以在微信小程序后台查看客户的消费信息。用户进入门店的小程序时可向用户申请获取其微信公开信息，如图 1-1 所示。

得到客户的微信公开个人信息后，商家便可通过小程序将每一笔订单与相应的客户对应起来，从而轻松获得了制订个性化营销和服务的基础数据资料。

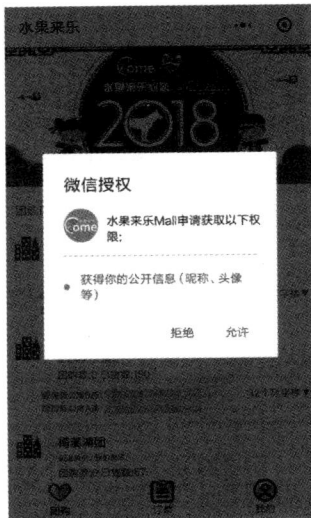

◆ 图 1-1 小程序申请获取信息

并且有了通过微信小程序获取的客户微信公开个人信息，商家还可以根据这些数据分析客户的消费层次，找寻主体消费人群的核心需求，以便日后有针对性地开展销售和举行各种促销活动。

1.2 进化：零售模式的 5 步演变

随着人们消费习惯的变化，零售业在近百年内可谓是发生了巨变。从超市到个人电商的新零售，这既是零售业对消费习惯的迎合，也是购物日益轻便化趋势之下的一种必然结果。而在此过程中，商户需要做的就是在顺应趋势的同时，用长远的眼光看待未来，在实践中打造更适合自己的销售模式。

1.2.1　超市

1916 年 9 月 9 日，在美国田纳西州的一家名叫"Piggly Wiggly"的商店中出现了一种新的销售模式。商家将产品放在货架上，顾客只需要根据自己的需求进行选择，并在离开时完成结账即可。这被视为超市的雏形。

全球第一家现代超市是 1930 年 8 月诞生于美国纽约州的"King Kullen"食品商场。当时美国正处于经济大萧条时代，加之商店中商品不标价，买一件商品就要付一次账，这让美国的零售业一度发展不振。

而"King Kullen"食品商场中不仅可供选择的商品种类相对较多，而且顾客可以自由进行选购，结算也比较方便。所以，这种销售模式获得了消费者的青睐，一时之间上超市消费逐渐成为一种潮流，而商户们也纷纷着手开设自己的超市。

1.2.2　连锁店

超市虽然能给消费者带来更好的购物体验，但是，一家店铺的销售半径毕竟是有限的，绝大部分消费者在购物时追求的是便利性，他们不会为了买一些东西大老远地跑去某个超市。

而且随着超市的发展，许多超市经营者已经获得了一定的资金积累。这些经营者也开始寻找更适合的营销模式，便开始增加店铺的数量。于是连锁超市出现，并逐渐成为一种新的零售模式。

所以20世纪中后期，零售业开始由超市的零售1.0时代步入连锁超市的零售2.0时代。比如，沃尔玛、家乐福、麦德龙等全球知名的大型连锁超市便是在这一时期出现并逐渐发展壮大的。

1.2.3 电子商务

20世纪末到21世纪初，网络技术快速发展，再加上人们生活节奏的加快。许多人甚至已经没有太多时间去实体店购物了。

所以，越来越多消费者开始寻求更加快速和便捷的购物体验。为了适应这种需求，商家开始聚集于淘宝、京东等电商平台，由此开启了电子商务的零售3.0时代。

因为电子商务具有选择多样、价格便宜、购物便利等优点，所以，越来越多的消费者开始将其作为主要的消费方式。

也正是因为如此，商家开始意识到电子商务已经成为一种主流的消费方式，而且电商开店的成本相对来说更低一些，所以，越来越多商家开始进军电子商务行业，通过电商平台销售自己的产品，甚至部分商家将销售的重心转移到电商平台上。

1.2.4 O2O融合

虽然电子商务的零售模式的发展让消费者的购物日益便利。但是，在此过程中，也出现了一些乱象，比如商品质量不过关、商品与描述不符、商品在运输过程中被损坏等。这也让部分消费者逐渐回归到实体店购物。

正是因为看到了电子商务中的弊端与消费者需求的转变，零售业开始寻求一种可以将线上和线下有机结合的零售模式。而O2O融合便是在这种情况下出现的一种新的零售模式。

O2O是英语"Online To Offline（意即从线上到线下）"。它侧重的是将线上和线下的优势进行融合，让消费者在享受线上便利购物体验的同时，还能在线下获得贴身的服务。

餐饮业可以说是运用O2O零售模式的代表，商家通过电商平台从线上获取消费者的订单，在线下完成食品的制作，并将其交给专业的送餐员，让消费者在下单之后快速拿到外卖。

这种以外卖为主要零售渠道的平台主要代表有"饿了么""美团外卖"等，

如图 1-2 所示。

在这种零售模式之下，顾客能够通过线下购物享受到更好的购物体验，而商家则通过线上获得更多的平台。所以，它开始成为越来越多商家和消费者的选择，便逐渐发展到零售 4.0 时代。

◆ 图 1-2　餐饮 O2O 平台

1.2.5　小程序＋智慧零售

2016 年 10 月，马云在阿里云栖大会的演讲中表示："未来的十年、二十年，没有电子商务这一说，只有新零售。"由此，"新零售"这个概念开始逐渐进入大众的视野。

对于"新零售"的具体发展方向，我们可以分析马云说的那句话。其中，"没有电子商务"应该是需要重点把握的内容。笔者个人认为这并不是说电子商务会消失，而是未来电商平台的力量会被弱化。商家只需在自己的平台上打造个体电商即可，而无须再依靠电商平台。

然而，很现实的一个问题是，许多商家依靠自身的力量是无法打造个体电商的。这主要是因为有两大难题摆在了商家面前，一是没有自己的平台，二是没有足够的流量。当然，这两个难题实际上也是一个难题，那就是难以建立有影响力的电商平台。

腾讯提出的"智慧零售"模式很可能是这个难题的最佳解决方案。何为"智慧零售"？其实就是通过微信小程序为零售商户赋能，微信小程序对于商家来说实际上就是为其提供了一个智能化的服务平台。商家只需开发个人微信小程序，便能通过推广运营增加微信小程序电商平台的知名度。

而通过小程序为个体电商提供自主零售的施展机会，实际上就是为实现智慧零售提供了契机。所以，随着微信小程序的发展，这种小程序 + 智慧零售的零售5.0 时代已经到来，并成为越来越多商家的选择。

1.3 差异：小程序更适合新零售的独特之处

经常有人将小程序与 APP、微店和公众号进行对比，小程序的一些功能的确与 APP、微店和公众号有些许相似之处，但小程序其实是和 APP、微店和公众号有着本质上的不同。

可以说微信小程序是结合了 APP、微店和公众号三者的亮点、优势，既有APP 的多样服务功能，又有微店的直达商业能力，更可以像公众号一样一键完成社交分享。微信小程序强大的扩展整合能力使得其要更加符合智慧零售模式下的新零售业的需求。下面笔者就将微信小程序与 APP、微店和公众号分别进行对比，带大家了解小程序更适合新零售的独特之处。

1.3.1 小程序与 APP

对于小程序与 APP 的差别，许多人可能还停留在小程序就是 APP 的精简版的层面。其实，虽然小程序和 APP 同为应用，但是，两者之间还是有许多差别的。

总的来说，小程序和 APP 的差别主要体现在 5 个方面，具体如图 1-3 所示。可以说，小程序有其独特之处，而不仅仅就只是 APP 的精简版。

小程序和 APP 虽然同为应用，但是，同时运行并不冲突。而且只要用得好，还可以实现 1 + 1 > 2 的效果。这也是京东、当当等电商平台在开发了 APP 之后，还要开发小程序的重要原因。

开发成本	开发一款 APP 需要上万资金，而且时间通常超过 1 个月；自行开发一款小程序无须资金，并且可以在几天内完成开发
功能呈现	APP 功能相对比较全面；小程序因为受开发代码包的影响，功能方面与 APP 有一定差距。但是随着小程序功能的逐步开放，其功能也在不断增强
市场状况	APP 市场已经比较成熟，甚至可以说已经饱和。创业者很难在 APP 市场中分得一杯羹；小程序作为一种新生事物，市场还处于发展过程中，这也留给创业者大把机会
占用内存	APP 占用的内存少则几十 MB，多则几百 MB，甚至可以达到 1GB，微信小程序占用的内存非常小，甚至可以忽略不计
下载和安装	APP 都需要进行下载和安装，并且用在下载和安装上的时间相对比较长；微信小程序无须下载和安装，随时可用，用完即走

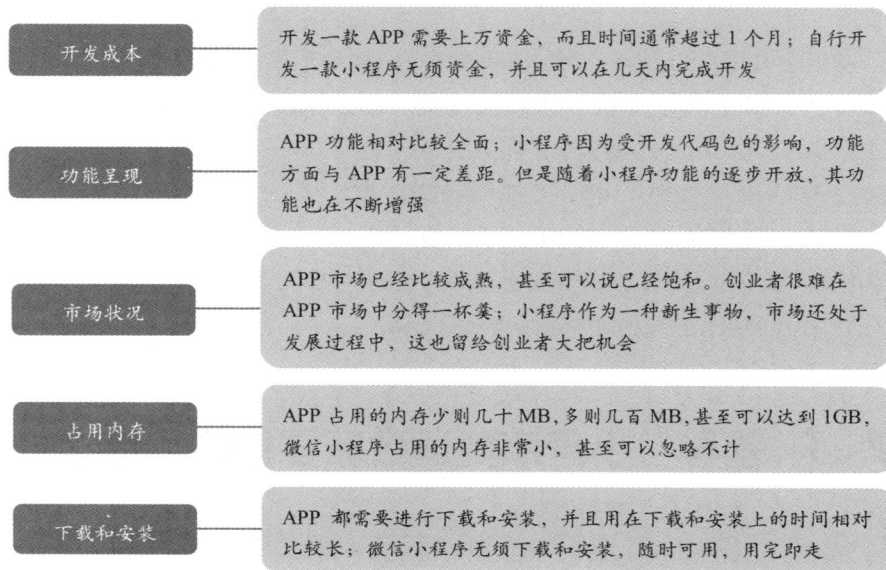

◆ 图 1-3 小程序与 APP 的差别

1.3.2 小程序与微店

对于商家来说，无论是用小程序，还是用微店，目的都只有一个，那就是通过平台搭建将商品销售出去，或者说，它们就是运营者赚钱的一个平台。那么，同样是销售产品的平台，小程序与微店又有哪些不同呢？

笔者个人认为两者间的不同主要体现在 3 个方面，具体如图 1-4 所示。

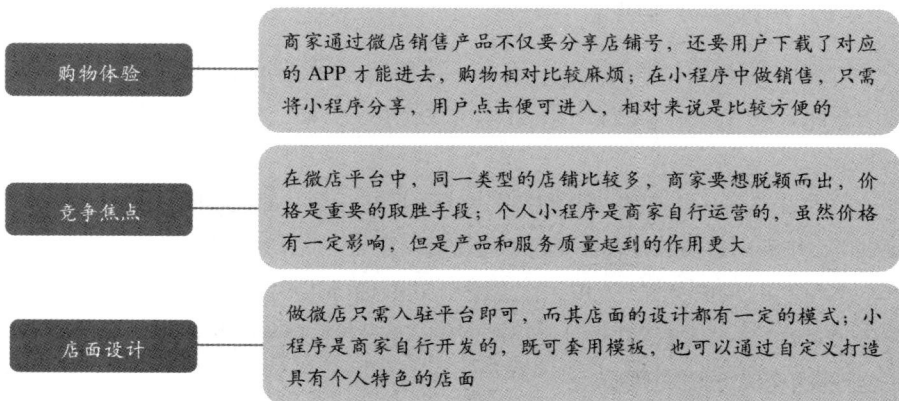

购物体验	商家通过微店销售产品不仅要分享店铺号，还要用户下载了对应的 APP 才能进去，购物相对比较麻烦；在小程序中做销售，只需将小程序分享，用户点击便可进入，相对来说是比较方便的
竞争焦点	在微店平台中，同一类型的店铺比较多，商家要想脱颖而出，价格是重要的取胜手段；个人小程序是商家自行运营的，虽然价格有一定影响，但是产品和服务质量起到的作用更大
店面设计	做微店只需入驻平台即可，而其店面的设计都有一定的模式；小程序是商家自行开发的，既可套用模板，也可以通过自定义打造具有个人特色的店面

◆ 图 1-4 小程序与微店的不同

商家做电商最直接的目的就是赚钱，而运营方式又是多种多样的。商家既可以做自己的 APP、在大型电商平台经营店铺，也可以在小程序、微店中进行销售。

1.3.3 小程序与公众号

小程序和公众号同为微信的代表性"作品"，公众号是近几年来最重要的营销工具之一，而小程序则被视为下一个营销风口。甚至因为受到微信的重视，它们都曾被外界称为微信的"亲儿子"。而实际上，它们虽然都是微信的产品，但却并不是"双胞胎"，因为这两者之间存在着明显的区别。

那么，它们又有何区别呢？在笔者看来，两者的区别集中体现在两个方面，具体如图 1-5 所示。

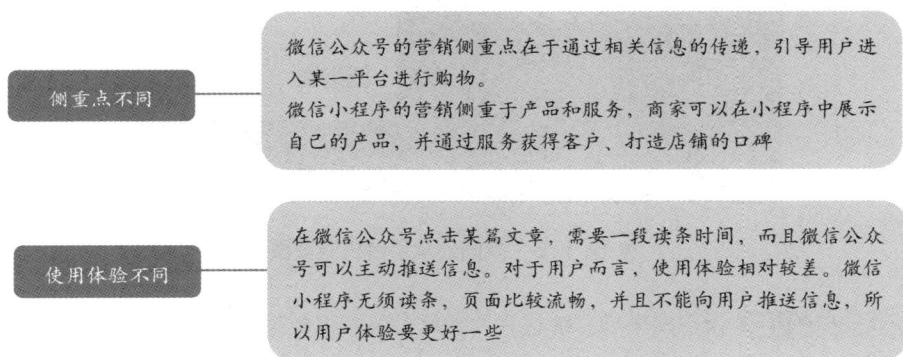

侧重点不同

微信公众号的营销侧重点在于通过相关信息的传递，引导用户进入某一平台进行购物。
微信小程序的营销侧重于产品和服务，商家可以在小程序中展示自己的产品，并通过服务获得客户、打造店铺的口碑

使用体验不同

在微信公众号点击某篇文章，需要一段读条时间，而且微信公众号可以主动推送信息。对于用户而言，使用体验相对较差。微信小程序无须读条，页面比较流畅，并且不能向用户推送信息，所以用户体验要更好一些

◆ 图 1-5　小程序与公众号的区别

1.4 简便：新零售入口快速注册一点即进

与微信公众号相同，微信小程序的注册也可以在微信公众平台进行。微信小程序的注册过程非常简单，运营者仅仅只需要几步，便可快速拥有属于自己的微信小程序电商。也就是说注册、发布之后，运营者便可以快速进入电商的运营。

1.4.1 两个入口注册无忧

要做微信小程序智慧零售，就要先注册微信小程序，当然，注册之前运营者首先还得找到注册的入口。微信小程序的注册入口主要有两种。接下来笔者就分

别进行具体说明。

❶ 微信公众平台官网首页

对于没有注册公众号的运营者，可以直接在微信公众平台官网首页进行小程序的注册，具体操作如下。

步骤 01 在搜索引擎中输入"微信公众平台"，❶ 进入微信公众平台官网的首页，❷ 点击该页面右上角的"立即注册"按钮，如图 1-6 所示。

◆ 图 1-6 微信公众平台官网首页

步骤 02 执行操作后，❶ 进入"微信·公众平台"界面，❷ 点击该界面中的 小程序 按钮，如图 1-7 所示。

◆ 图 1-7 "微信·公众平台"界面

步骤 03 完成上述操作后，❶ 进入"小程序注册"对话框，如图 1-8 所示。运营者只需 ❷ 填写相关信息，并进行认证便完成了小程序的注册。

◆ 图 1-8 "小程序注册"界面

❷ 微信公众平台后台

除了在微信公众平台官网首页注册之外，运营者还可以在微信公众平台的后台进行注册，具体步骤如下。

步骤 01 ❶ 进入微信公众平台的后台，❷ 点击左侧的"小程序管理"按钮，进入"小程序管理"界面，❸ 点击该界面中的"快速注册并认证小程序"按钮，具体如图 1-9 所示。

步骤 02 操作完成后，页面中 ❶ 弹出"快速创建小程序说明"对话框，运营者只需 ❷ 勾选下方的"我已明白创建小程序的流程，现在开始进行创建"，❸ 点击"快速创建"按钮，即可进行小程序的注册，如图 1-10 所示。

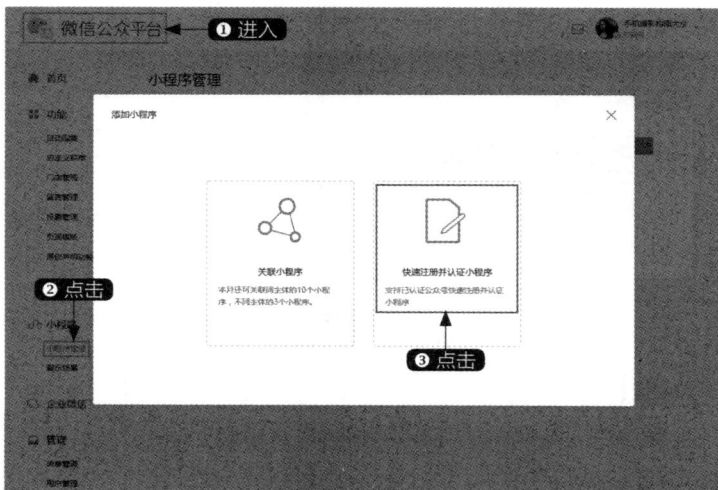

◆ 图 1-9 "小程序管理"界面

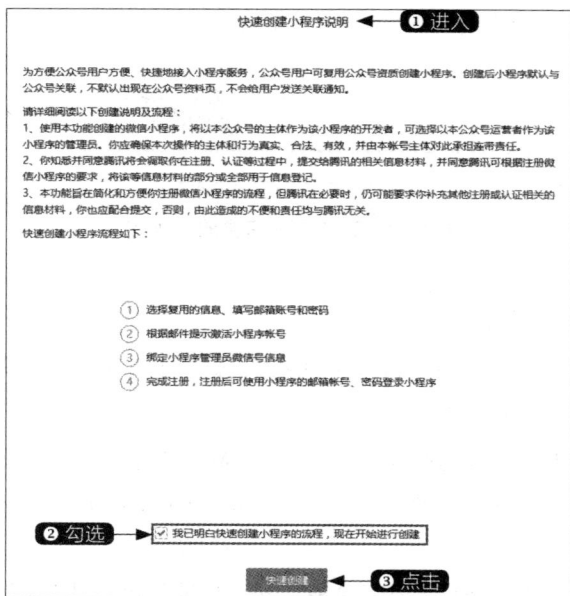

◆ 图 1-10 "快速创建小程序说明"对话框

专家提醒

在"小程序注册"界面填写邮箱时，需把握以下几点
（1）每个邮箱只能申请一个小程序；
（2）邮箱应未被微信公众号及微信公众平台注册；
（3）被个人微信号绑定的邮箱不可用作小程序的注册邮箱。

1.4.2 五个主体选择多样

在正式注册小程序之前，运营者有必要先了解小程序的注册范围。因为只有在注册范围内的主体才能进行小程序的注册，从而确保获得运营微信小程序电商平台的入场券。

总的来说，小程序的注册主体可分为 5 种类型，具体如图 1-11 所示。接下来，笔者就对 5 类注册主体分别进行说明。

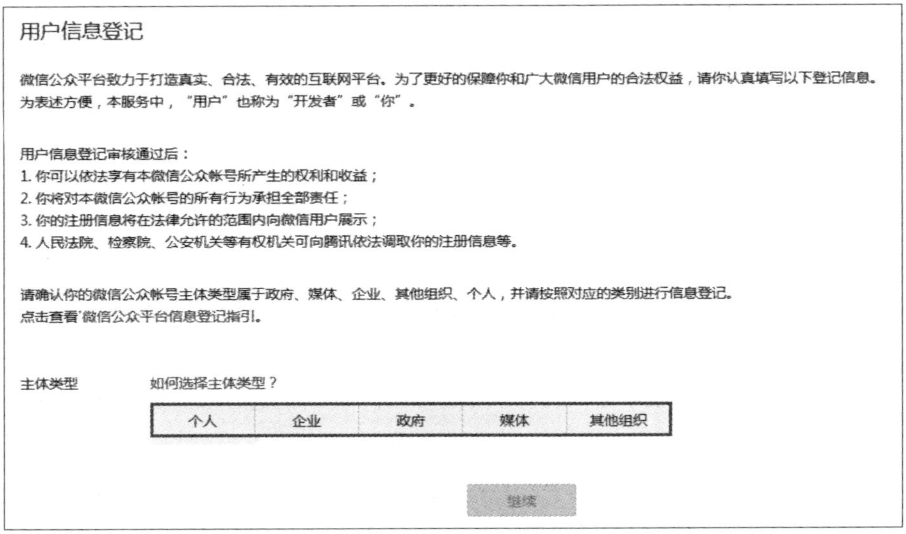

用户信息登记

微信公众平台致力于打造真实、合法、有效的互联网平台。为了更好的保障你和广大微信用户的合法权益，请你认真填写以下登记信息。为表述方便，本服务中，"用户"也称为"开发者"或"你"。

用户信息登记审核通过后：
1. 你可以依法享有本微信公众帐号所产生的权利和收益；
2. 你将对本微信公众帐号的所有行为承担全部责任；
3. 你的注册信息将在法律允许的范围内向微信用户展示；
4. 人民法院、检察院、公安机关等有权机关可向腾讯依法调取你的注册信息等。

请确认你的微信公众帐号主体类型属于政府、媒体、企业、其他组织、个人，并请按照对应的类别进行信息登记。
点击查看"微信公众平台信息登记指引。

主体类型　　如何选择主体类型？

个人	企业	政府	媒体	其他组织

继续

◆ 图 1-11　微信小程序的 5 类注册主体

❶ 个人

2017 年 3 月 28 日，随着小程序的更新升级，个人也成为注册小程序的主体

之一。从此，年满 18 周岁有国内身份信息的微信实名用户提交相关信息，并通过身份验证便可以注册小程序。

❷ 企业

这里的企业包括企业分支机构、企业旗下的品牌以及个体工商户，其涵盖的范围较广。因此，该类主体是在注册小程序的人员中占了相当大的一部分。

❸ 媒体

此处的媒体，主要涵盖报纸、杂志、电台、电视以及其他媒体。

❹ 政府

该类主体包括国内、各级、各类政府机构、事业单位以及具备行政职能的社会群体等。其中，该类主体中较为常见的机构涵盖公安机构、司法机构、市政机构、党团机构以及工商税务机构等。

❺ 其他组织

此处的其他组织即除个人、企业、媒体、政府之外的类型。

也就是说，无论是个体商户，还是某个企业或公司，都可以注册自己的微信小程序，并用微信小程序来做电商。

1.4.3 简单流程轻松注册

虽然微信小程序的注册流程非常简单，但是，运营者要想更快地获取小程序，进入微信小程序电商平台的运营，还必须先熟悉注册的流程。微信小程序的注册流程与注册入口的选择有一定的关系，不同注册入口的注册流程也不尽相同。

上一小节提到微信小程序有两个注册入口，本节笔者将选择其中的微信公众平台后台入口，对微信小程序的注册步骤进行具体说明。

步骤 01 进入微信公众平台的后台，在"快速创建小程序说明"对话框中点击"快速创建"按钮，具体如图 1-12 所示。

步骤 02 执行操作后，❶ 进入"快速创建小程序"界面，❷ 用公众号管理员微信进行扫码验证，具体如图 1-13 所示。

快速创建小程序流程如下：

①　选择复用的信息、填写邮箱账号和密码

②　根据邮件提示激活小程序帐号

③　绑定小程序管理员微信号信息

④　完成注册，注册后可使用小程序的邮箱帐号、密码登录小程序

☑ 我已明白快速创建小程序的流程，现在开始进行创建

快速创建 ◀━━

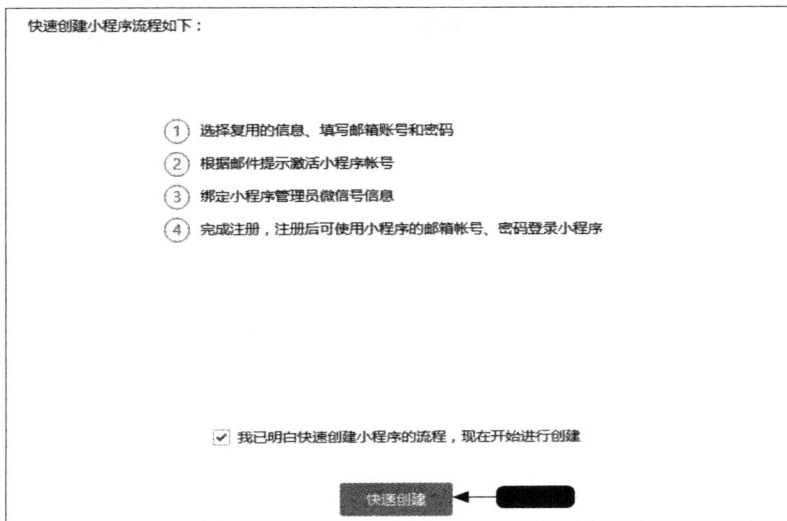

◆ 图 1-12　点击"快速创建"按钮

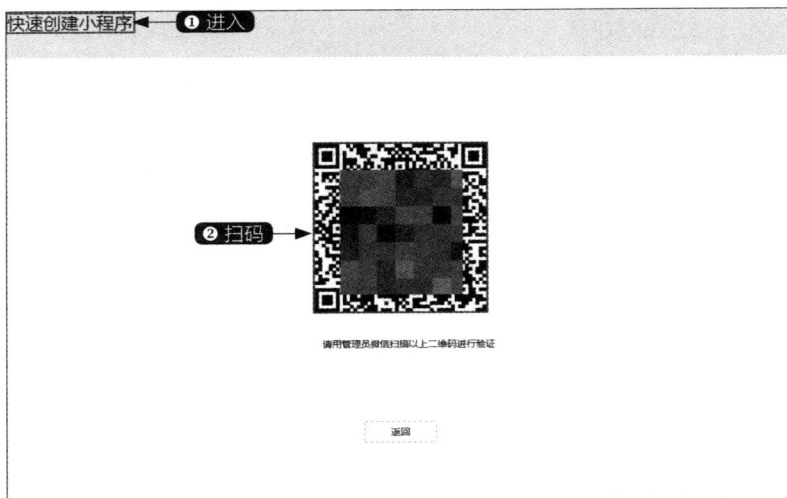

快速创建小程序 ◀━ ❶ 进入

❷ 扫码 ━▶

请用管理员微信扫描以上二维码进行验证

返回

◆ 图 1-13　扫码

步骤 03　扫码完成后，❶ 进入"选择复用资质"界面，运营者需要在仔细检查相关内容的基础上，❷ 勾选复用内容，❸ 点击页面下方的"下一步"按钮，具体如图 1-14 所示。

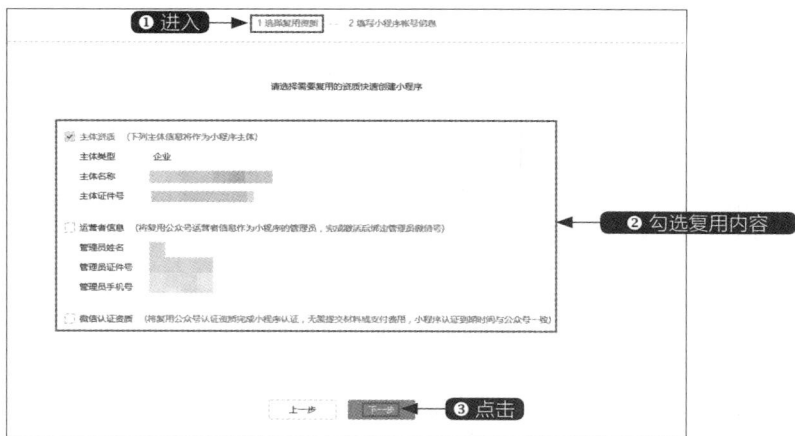

◆ 图 1-14 "选择复用资质"界面

步骤 04 执行上述操作后，❶ 进入"填写小程序账号信息"界面，运营者需在该界面 ❷ 填写邮箱、密码和验证码，❸ 勾选"你已阅读并同意《微信公众平台服务协议》及《微信小程序服务条款》"，❹ 点击"提交"按钮，具体如图 1-15 所示。

◆ 图 1-15 "填写小程序账号信息"界面

步骤 05 完成操作后，进入"激活公众平台账号"界面，点击该界面中的"前往邮箱"按钮，具体如图 1-16 所示。

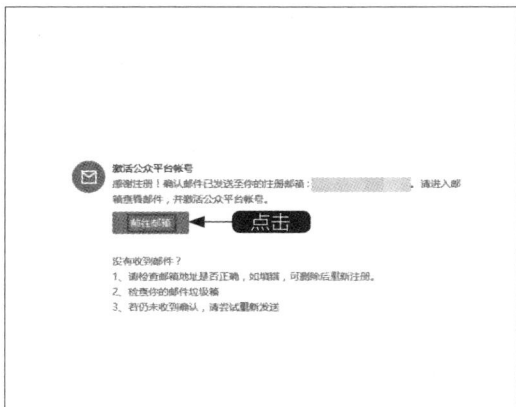

◆ 图 1-16 "激活公众平台账号"界面

步骤 06 登录邮箱之后，❶ 找到如图 1-17 所示的"请激活你的微信小程序"的邮件，❷ 点击邮件中绿色的链接。

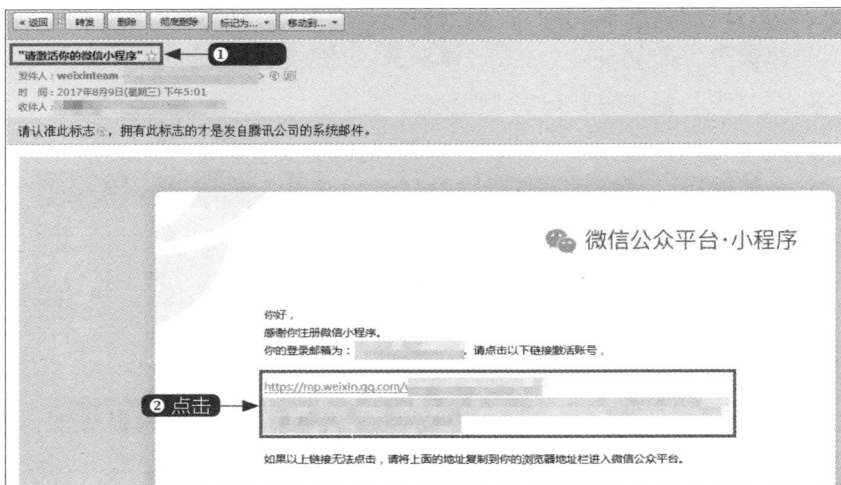

◆ 图 1-17 点击链接激活

步骤 07 点击邮箱中的链接之后，❶ 进入"绑定小程序管理员"界面。运营者需要在该界面 ❷ 填写管理员姓名、管理员身份证、管理员手机、短信验证码，并通过 ❸ 扫码验证身份，具体如图 1-18 所示。

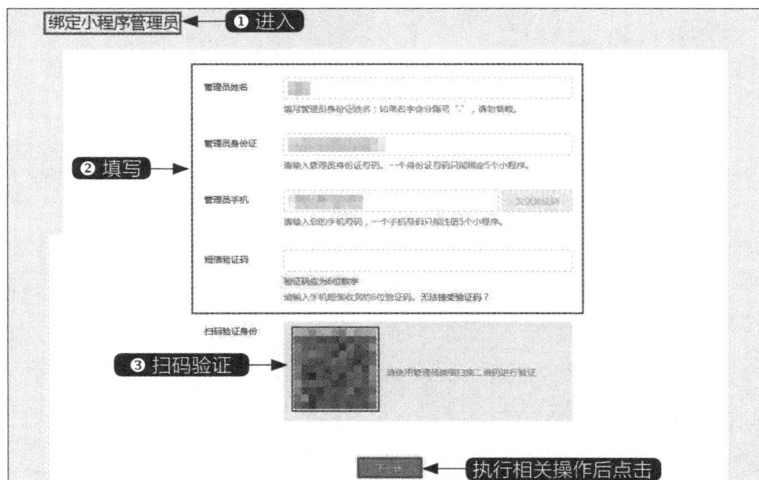

◆ 图 1-18 "绑定小程序管理员"界面

步骤 08 扫码后，手机❶进入如图1-19所示的"微信小程序注册身份确认"界面，运营者需要仔细阅读相关信息，确认信息无误后，❷点击"确定"按钮。

步骤 09 随后页面发生跳转，❶显示"你的身份已验证"，❷点击页面中的"确定"按钮，具体如图1-20所示。

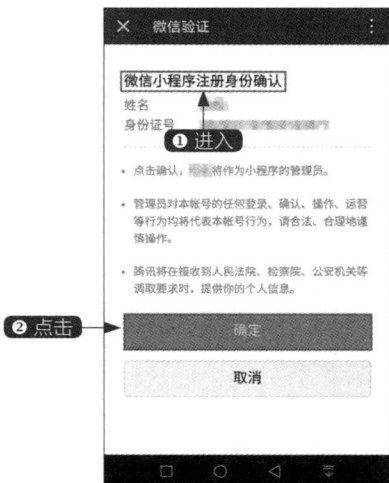

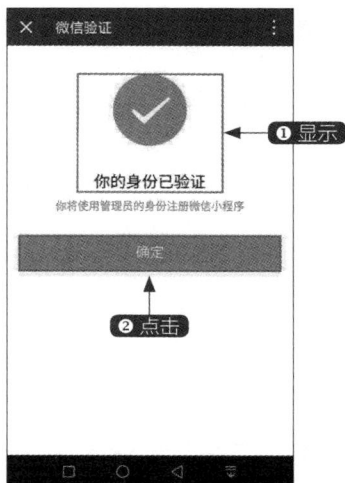

◆ 图 1-19 "微信小程序注册身份确认"界面   ◆ 图 1-20 显示"你的身份已验证"

步骤 10 此时，运营者再点击图 1-18 中的"下一步"按钮即可完成小程序的注册。与此同时，❶ 进入"小程序管理"界面，❷ 将显示微信公众号与小程序"已关联"，如图 1-21 所示。

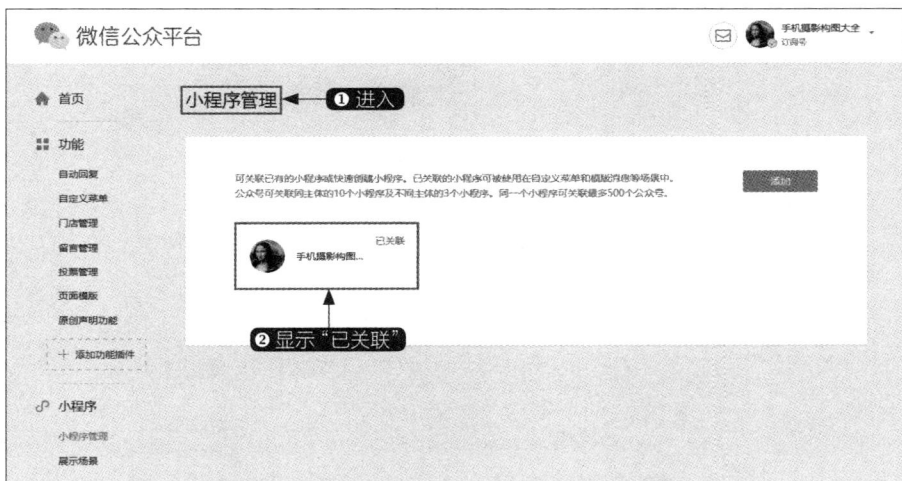

◆ 图 1-21 完成与小程序的关联

1.4.4 信息设置简易方便

小程序注册完成之后，运营者只是拥有了一个小程序账号而已，至于名称、图像等信息，还需要另行完善。当然，只要找到了对应的界面，要设置微信小程序的信息也是非常方便的。具体来说，运营者只需进行如下操作即可。

步骤 01 登录微信公众平台，❶ 进入如图 1-22 示的"设置"界面，可以看到页面中 ❷ 显示"请先补充小程序基本信息"，运营者需要 ❸ 点击下方的"前往填写"按钮。

步骤 02 执行上述操作后，❶ 进入如图 1-23 所示的"小程序发布流程"界面，❷ 点击该界面中"小程序信息"一项后方的"填写"按钮。

步骤 03 操作完成后，❶ 进入如图 1-24 所示的"填写小程序信息"界面，运营者只需根据自身小程序的实际情况，并结合微信平台的对应要求，在该界面中 ❷ 填写相关信息即可。

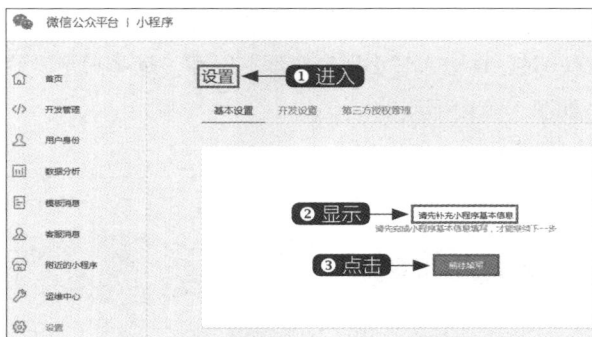

◆ 图 1-22 "基本设置"界面

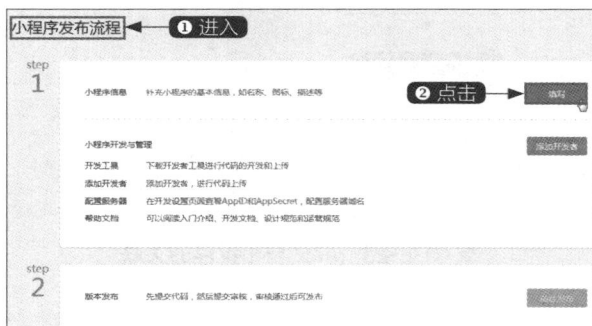

◆ 图 1-23 "小程序发布流程"界面

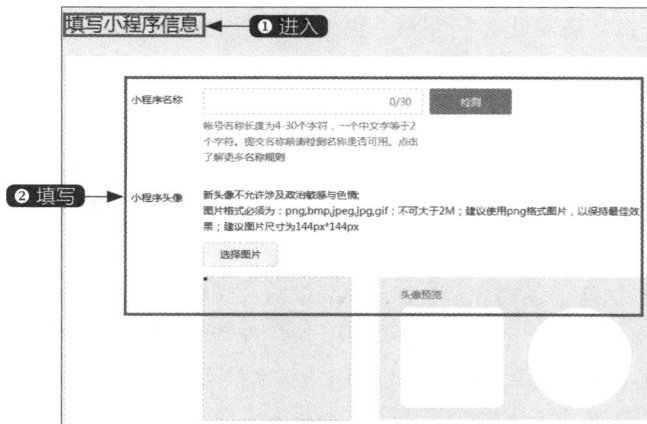

◆ 图 1-24 "填写小程序信息"界面

抢占入口，小程序
玩转智慧零售

势不可当：
微信小程序智慧零售

> 微信小程序作为智慧零售的绝佳入口，有着能够被轻易获取和使用的优势，立足于微信平台的天然优势也使得小程序更具玩转智慧零售的资本。
>
> 本章笔者就将为大家介绍利用微信抢占小程序入口的相关知识。

◆ 入口：智慧零售之旅的开始

◆ 抢占：用小程序找到新零售

◆ 结合：百变小程序如此整合端口功能

◆ 应用：智慧零售＝小程序＋xx

2.1 入口：智慧零售之旅的开始

要使用一款微信小程序开展智慧零售，首先需要让用户进入这款小程序。通常来说，用户进入微信小程序主要是通过微信提供的接入口，所以商户们很有必要了解这些入口，从而更好地开展智慧零售。

2.1.1 小程序商店入口

在没有确定下载对象的情况下，大多数用户在下载 APP 之前都会在应用商店查看 APP 的相关评价，并结合平台的推荐做出选择。同样的道理，许多用户在使用微信小程序之前都会先在应用市场中进行查看。

由于用户平时可以接触到的微信小程序比较有限，所以，许多人都将应用市场作为获得更多小程序的重要途径。正是因为如此，小程序应用市场成为微信小程序重要的流量入口之一。

微信小程序应用市场不仅具有一定的流量，更为微信小程序电商的推广提供了诸多便利。应用市场中不仅对微信小程序进行了测评和推荐，而且还可通过二维码的放置为微信小程序提供流量入口。

比如，知晓程序的"小程序商店"界面便设置了"精品设置"和"口碑榜"两大版块，如图 2-1 所示。

如果运营者的微信小程序电商能够进入这两大版块中，并且排在前列，那么，用户进入该应用市场之后便可以看到小程序，这样一来，小程序的曝光率无疑可以大大增加，而小程序的认知度也将获得提高。

另外，如果在"小程序商店"界面点击某个小程序所在的位置，即可进入其信息介绍界面。图 2-2 所示为"九淘"小程序的信息介绍界面。可以看到，该界面中不仅对"九淘"小程序的相关信息进行了介绍，而且还在页面右侧专门对小程序的二维码进行了展示，用户只需扫码，便可以直接进入小程序。

◆ 图 2-1 "小程序商店"界面

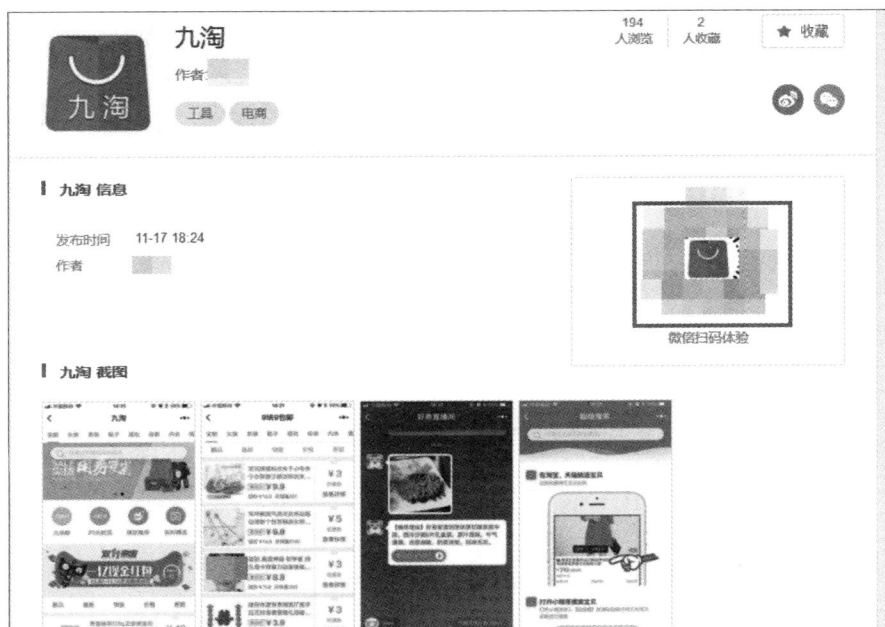

◆ 图 2-2 "九淘"小程序的信息介绍界面

对于微信小程序智慧零售商户来说，应用市场，特别是流量较大的应用市场，就是一个很好的宣传和推广平台。如果运营者能够让微信小程序出现在应用市场中的有利位置，那么，更多的用户将对微信小程序有所认知。

另外，因为应用市场是第三方平台，所以，在用户看来，相比于微信小程序电商运营者自身宣传，应用市场的测评结果更加客观，也更能令人信服。

2.1.2　公众号菜单入口

微信小程序大多要与微信公众号进行绑定，因此微信公众号也经常被作为所绑定的微信小程序的一个入口。商户可以将小程序添加至自己微信公众号的菜单栏中，为客户提供自行获取的途径，如图 2-3 所示。

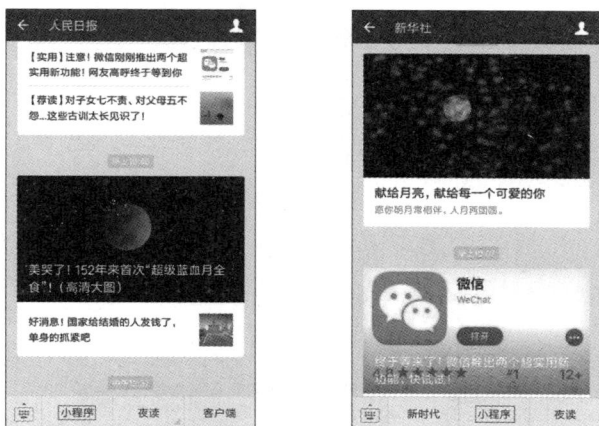

◆ 图 2-3　微信公众号菜单中的小程序入口

2.1.3　小程序码扫码入口

每个微信小程序上线之后，都会生成一个二维码，这在微信后台的"设置"版块中可以找到，如图 2-4 所示。

◆ 图 2-4　微信小程序设置界面

商户只需将二维码进行展示，用户便可以打开微信，用"扫一扫"功能扫码进入商户的微信小程序智慧零售平台。

此外，微信还为小程序推出了一种专用的异型二维码（区别于一般类型或样式的二维码）——"小程序码"，如图 2-5 所示。

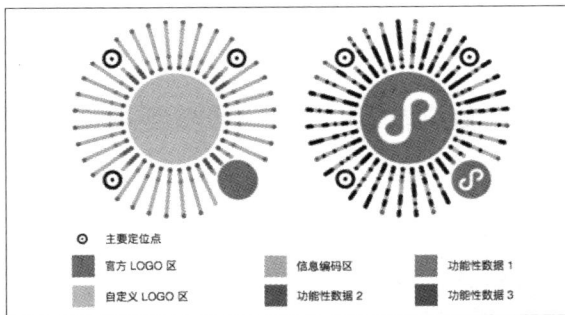

◆ 图 2-5　小程序码

相比于传统二维码，小程序码也支持"扫一扫"和"长按识别扫码"功能，但小程序码与传统二维码的扫码预期不同。面对传统二维码，人们不确定扫码后会出现什么，可能是一个文件或者是一个页面，但小程序码就有了很明确的指向性，人们在扫码前就知道会获取到一个小程序，并且比起传统二维码，小程序码还有以下优点，如图 2-6 所示。

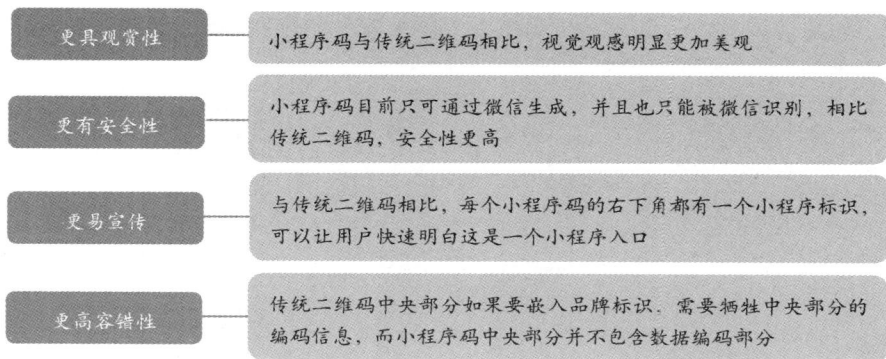

更具观赏性	小程序码与传统二维码相比，视觉观感明显更加美观
更有安全性	小程序码目前只可通过微信生成，并且也只能被微信识别，相比传统二维码，安全性更高
更易宣传	与传统二维码相比，每个小程序码的右下角都有一个小程序标识，可以让用户快速明白这是一个小程序入口
更高容错性	传统二维码中央部分如果要嵌入品牌标识，需要牺牲中央部分的编码信息，而小程序码中央部分并不包含数据编码部分

◆ 图 2-6　小程序码的优点

2.1.4　微信群分享入口

微信群是一个流量聚集的好地方，和发布小程序相同，在微信群中，运营者也可以让自己的小程序电商平台占据一个有利的位置。运营者可以在微信群中先 ❶ 分享一个微信小程序平台，如图 2-7 所示。操作完成后，❷ 点击 👥 图标便可以看到在"聊天小程序"中将显示 ❸ 小程序，而这便很好地让小程序在微信群中起到了占位的作用，如图 2-8 所示。

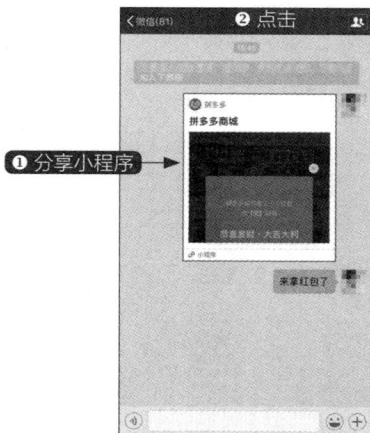

◆ 图 2-7　分享小程序　◆ 图 2-8　微信群信息中显示小程序

2.1.5　附近小程序入口

附近的小程序是打通小程序线上线下的一个重要载体。在"附近的小程序"版块中有两大功能可以为运营者所用。

一是竞价广告，运营者花费一笔费用可以在微信小程序中打广告，如图2-9所示。二是附近的小程序分类，通过该功能运营者可以获得精准的目标用户。图2-10所示为"餐饮美食"版块的相关内容。

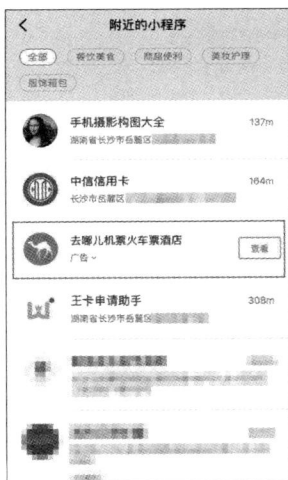

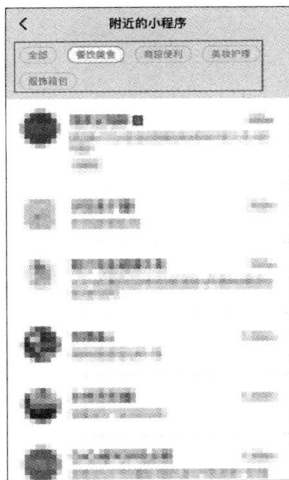

◆ 图2-9　"附近的小程序"中的竞价广告　◆ 图2-10　"餐饮美食"版块

2.1.6　Wi-Fi 登录页入口

现在人们的生活出行已经离不开智能手机了，人们需要手机，自然也会需要 Wi-Fi，而能够提供免费 Wi-Fi 正是线下门店吸引顾客的一大优势。顾客使用线下门店的免费 Wi-Fi 时，通常链接成功后都会弹出一个提示登录的确认窗口，门店一般会在这个窗口中放入一些新品推荐或是门店的相关信息，如图2-11所示。

商家可以将门店用于智慧零售经营的小程序设置成 Wi-Fi 登录成功的跳转窗口，让顾客进入智慧零售小程序，感受更为全面的门店商品信息。

◆ 图 2-11　商户 Wi-Fi 登录窗口

2.1.7　微信搜索栏入口

在知道目标小程序名称或有目标查找方向的情况下，微信用户一般会通过微信中"搜一搜"功能搜索查找，并进入微信小程序平台，所以商户也要注意自家小程序的排名情况。

一般用户通过微信"搜一搜"功能查找进入小程序的步骤如下。

步骤 01　❶ 进入微信的"发现"界面，❷ 点击"搜一搜"按钮，如图 2-12 所示。在执行操作后，❸ 进入如图 2-13 所示的"搜一搜"界面，在搜索栏中 ❹ 输入小程序名称进行搜索。

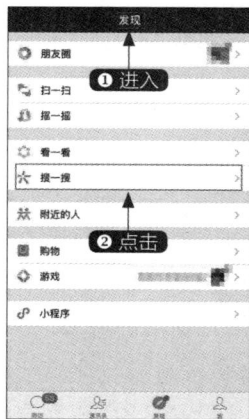

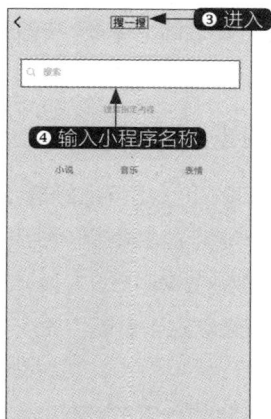

◆ 图 2-12　"发现"界面　　◆ 图 2-13　"搜一搜"界面

步骤 02 比如，搜索"饿了么"时，将进入如图2-14所示的搜索结果界面。从搜索结果中 ❶ 点击小程序版块的选项，便可以直接 ❷ 进入目标小程序的首页，如图 2-15 所示。

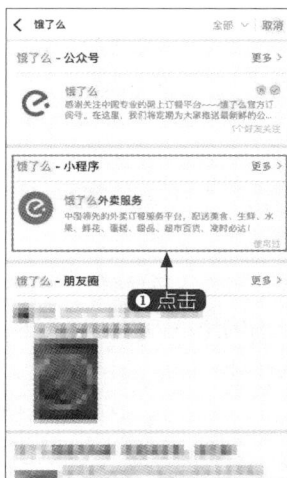

◆ 图 2-14　搜索结果界面　　◆ 图 2-15　"饿了么"小程序首页

2.2　抢占：用小程序找到新零售

了解了微信小程序的入口后，商户下一步要做的就是占领这些入口。虽然阿里巴巴早在 2016 年的云栖大会上就提出了"新零售"的概念，各大商业巨头也纷纷响应，提出了自己的新零售方案，但不可否认的是，新零售目前还处于摸索阶段。

至今还没有谁能真正给出一个适用于绝大多数零售商户的新零售方案，从目前的形势来看，腾讯提出的"智慧零售"方案似乎最有可能率先实现低成本、适用广的新零售通路。

因此在等待新零售大潮真正到来的时候，率先抢占无疑是智慧零售入口的小程序目前最重要的工作。

那么抢占微信小程序入口具体是指什么呢？讲到这里又不得不提到在微信小程序的使用规则里，有一条非常霸道：曾经使用列为第一优先级。也就是说，如果你曾经在某一家你可能已经不记得名字的线下店铺进行过消费，并用了该家店铺的微信小程序完成了支付，那么下次你再通过微信搜索同类店铺时，那家店铺会出现在第一个搜索结果中。并且，曾经使用过的小程序会一直留存在微信的小程序界面。

所以，对于准备投身于智慧零售的商户们来说，抢占微信小程序入口就是要提升自身的微信小程序的曝光率、打开率。

2.2.1 大平台上有小程序

小程序因为无须下载安装，所以与 APP 不一样，其没有一个相对独立的平台，虽然人们也可以将小程序放置到桌面上，但因为小程序目前主要的作用是代替长尾低频 APP，所以也很少会有人将小程序放到桌面上。

因此，目前小程序多是依附于大型平台存在，如微信小程序依附于微信，支付宝小程序依附于支付宝。但在这些大型社交或支付平台上，多是限时推广一下日常生活或公共交通类的小程序，如图 2-16 所示。一般商户的小程序几乎不可能得到推广。

◆ 图 2-16　限时推广的小程序

但随着大型商户和自媒体公众号的带动，越来越多的自媒体人和微店商户也开始注册申请微信小程序，市场上的微信小程序一增多，光靠社交分享肯定是无法消化越来越多的微信小程序，而微信官方也很明确地表示自己只做平台，不做推广，因此小程序应用商城应运而生。

图 2-17 所示的"第九程序"是一个小程序应用商城，微信小程序智慧零售商户可以将自家的微信小程序放置到该平台上，增加曝光率，抢占智慧零售入口。

◆ 图 2-17 "第九程序"首页

至于该如何在这类小程序应用商城平台获得高分推荐，增加曝光率，还需各位微信小程序智慧零售商户自己进入平台，摸索规则。不过笔者从"第九程序"的微信小程序排行榜中发现，排行靠前的多是零售类的微信小程序，如图 2-18 所示。可见微信小程序零售商户利用这类平台增加微信小程序的曝光率、打开率的方法是十分可行的。

◆ 图2-18 "第九程序"小程序排行榜

2.2.2 公众号推送小程序

对于微信小程序智慧零售商户来说，利用自己的微信公众号将智慧零售小程序推送给顾客，让广大顾客通过公众号来获取商户的小程序无疑是一种非常高效的方法，主要体现在图2-19所示的两个方面。

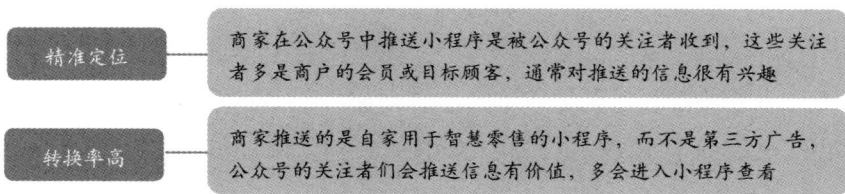

| 精准定位 | 商家在公众号中推送小程序是被公众号的关注者收到，这些关注者多是商户的会员或目标顾客，通常对推送的信息很有兴趣 |
| 转换率高 | 商家推送的是自家用于智慧零售的小程序，而不是第三方广告，公众号的关注者们会推送信息有价值，多会进入小程序查看 |

◆ 图2-19 公众号推送小程序

微信公众号对于微信小程序智慧零售的宣传推广可谓是意义重大，这主要体现在通过关联功能，公众号中可提供4条小程序入口，具体如下。

❶ 菜单栏跳转

微信公众号菜单栏可跳转微信小程序功能的开通，相当于增加了从公众号进入小程序的一条途径。微信小程序电商运营者只需进入微信公众号后台，在"自定义菜单"界面 ❶ 增加"小程序"选项，并在右侧的"跳转小程序"版块中，❷ 点击"选择小程序"对小程序进行选择，具体如图 2-20 所示。执行上述操作后，❸ 点击页面下方的"保存并开发"按钮，便可生成一个类似于超链接的菜单选项，用户在微信公众号页面点击该选项，便可直接跳转至微信小程序界面。而这看似简单的操作，不仅加强了公众号与小程序的联系，更是增加了小程序的进入途径。

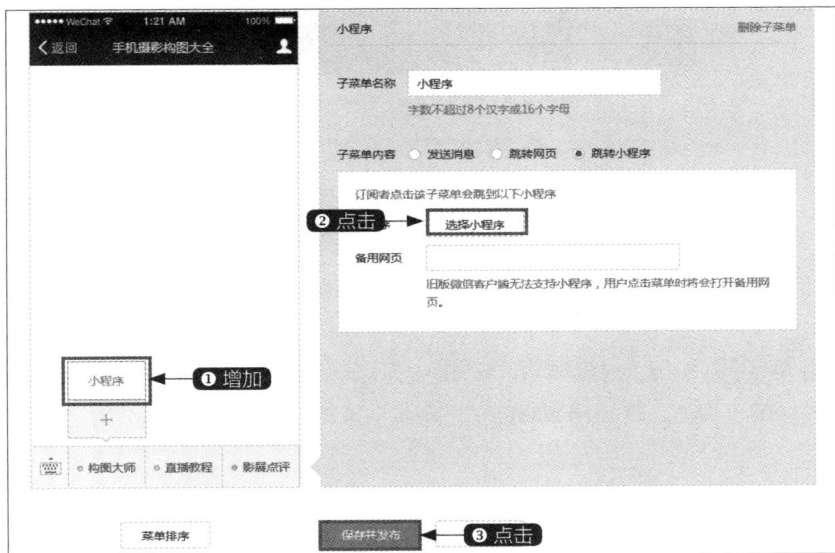

◆ 图 2-20 "自定义菜单"界面

❷ 图文消息引流

2017 年 3 月 27 日微信小程序开放的 6 大新功能中，出现了一个高频词汇，那就是"公众号"。因此，此次开放新功能也被外界视为是微信打通小程序和公众号的重要尝试。和公众号菜单栏可跳转小程序相同，公众号图文消息可打开小程序实际上也是增加进入小程序的途径。

运营者只需进行如下操作便可实现让用户在公众号模版消息中进入微信小程序电商平台。

步骤 01 ❶ 进入微信公众平台的"创建图文消息"界面，❷ 点击右侧的 ♂ 小程序 按钮，具体如图 2-21 所示。

◆ 图 2-21 "创建图文消息"界面

步骤 02 执行上述操作后，❶ 进入"选择小程序"界面，在该界面中 ❷ 选择已关联的小程序，❸ 点击下方的"下一步"按钮，具体如图 2-22 所示。

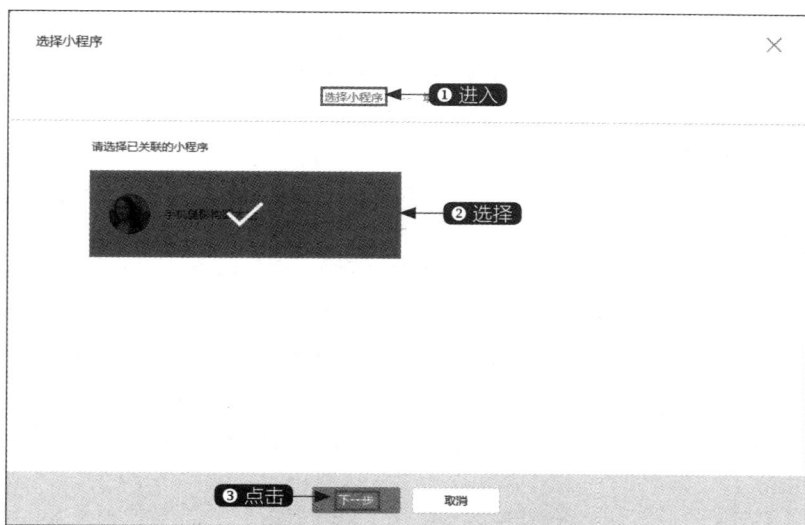

◆ 图 2-22 "选择小程序"界面

步骤 03 完成操作后，❶ 进入"填写详细信息"界面，在该界面 ❷ 选择展示方式、填写文字内容，❸ 点击下方的"确定"按钮，具体如图 2-23 所示。

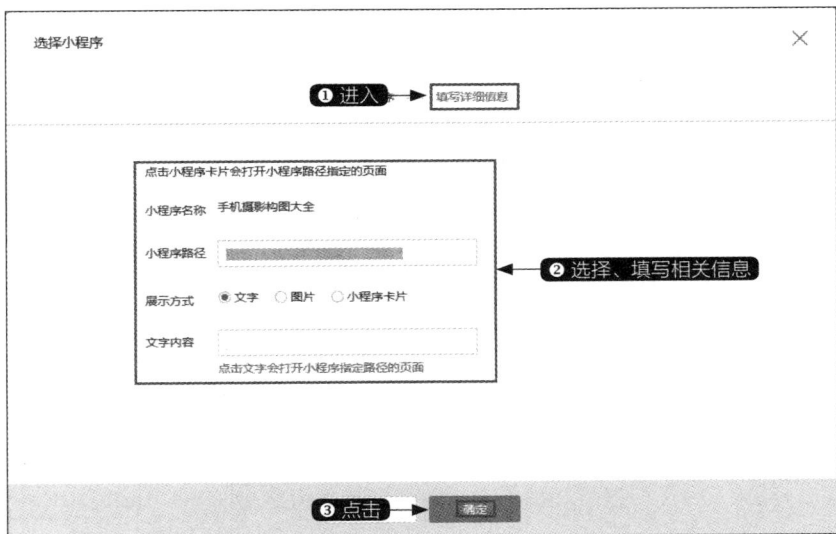

◆ 图 2-23 "填写详细信息"界面

步骤 04 完成上述操作后，图文消息中可生成一个图片或文字链接。如果运营者将图文消息保存并发布，那么，公众号用户只需点击该图片或文字链接便可跳转至设定的小程序页面。

这就意味着只要公众号向用户发送图文消息，运营者便可以有意识地加入跳转至小程序的链接，增加微信小程序电商的曝光度，从而在方便用户进入小程序的同时，通过公众号为微信小程序电商引流。

❸ 介绍界面互相跳转

对于公众号关注的小程序，用户还可通过点击介绍界面的图标实现公众号与小程序的互相跳转。

以"当当网"公众号为例，用户进入该公众号的默认界面之后，❶ 点击右上方的█图标，如图 2-24 所示。即可进入该公众号的信息介绍界面。在该界面中找到"相关小程序"一项，❷ 点击该公众号关联的小程序，如图 2-25 所示。操作完成后，便可以直接进入小程序。

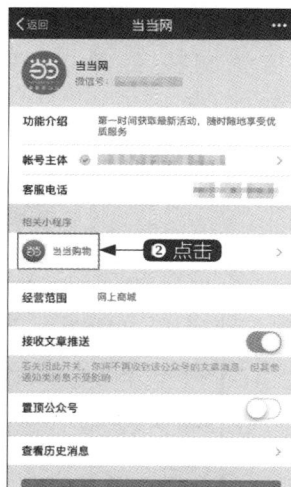

◆ 图2-24 "当当网"公众号默认界面　◆ 图2-25 "当当网"公众号信息介绍界面

　　同样的，用户在"当当购物"小程序中 ❶ 点击 ●●● 图标，并在弹出来的选项框中 ❷ 选择"关于当当购物"选项，如图2-26所示。便可进入如图2-27所示的"关于当当购物"界面。在该界面中，用户同样可以 ❸ 点击公众号图标，直接进入小程序关联的公众号。

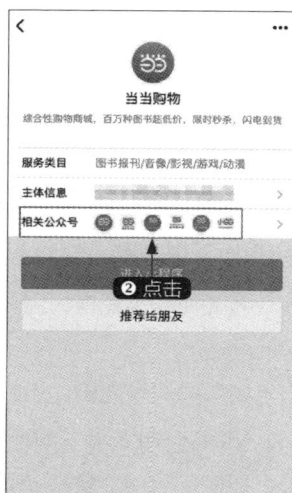

◆ 图2-26　选择"关于当当购物"选项　◆ 图2-27　"关于当当购物"

❹ 发送关联通知

除了公众号菜单栏和图文消息之外，公众号还可以通过向粉丝发送关联小程序通知的方式，增加进入小程序的渠道。如图 2-28 所示为某公众号向用户发送公众号关联小程序通知的截图。这看似只是一条通知，但是收到该通知的用户却可以通过点击消息直接跳转至小程序页面。

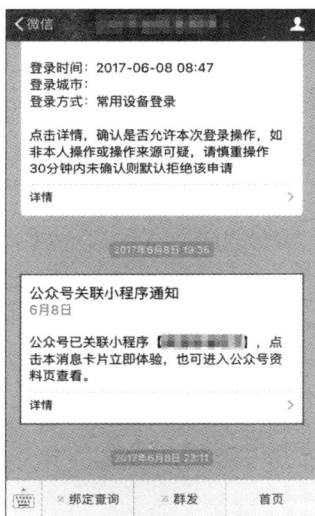

◆ 图 2-28　公众号关联微信小程序的通知

另外，虽然每个公众号每天只有一个推送图文消息的名额，但是运营者大可不必担心发送关联小程序通知之后会影响正常的消息推送，因为该通知是不占用每天的推送名额的。

专家提醒

　　需要特别说明的是，公众号关联微信小程序的通知只能发送一次，一旦用完也就没有了，因此，运营者要懂得善用这次宣传小程序的机会，让这条通知尽可能地发挥其应有的引流效果。

2.2.3 宣传活动带上二维码

与其他应用相比，微信小程序推广最大的优势之一就是可以将二维码直接作为一个入口。也就是说，用户甚至无须根据微信小程序名称搜索，只要用微信"扫一扫"识别便可以进入。而且随着微信小程序的升级，即便是一般的二维码，只要进行设置，同样可以进入小程序。所以用二维码将客户拉入小程序中无疑是个好方法。

纵观人们的日常生活，微信"扫一扫"可以说是扮演着越来越重要的角色。从加微信好友，到微信支付，只要手机在手人们便可以通过扫码做很多事。微信"扫一扫"无疑给人们带来越来越多的便利，与此同时，人们也越来越习惯于通过扫码进行相关操作。

在这种情况下，二维码势必会成为用户进入微信小程序，特别是线下进入微信小程序最重要的途径之一。因此，进行扫码线下推广对于微信小程序智慧零售商户的意义将变得日益重大，那么，如何利用二维码增加小程序的打开率呢？商户们或许可以在宣传营销活动中加入二维码这方面动动心思，试试传单扫码活动、扫码优惠活动等方法。

比如，微信小程序智慧零售商户可以组织人员到人流量多的地方发放传单，通过扫二维码进入小程序送饮料之类的奖品，以扫码送奖的方式，让受众在获得一定福利的同时，了解并帮忙宣传微信小程序。或者商户可以将带有小程序二维码的宣传海报直接布置在门店内或周边地区，为感兴趣的客户提供一个自行获取的入口，如图 2-29 所示。

◆ 图 2-29　在宣传海报上带上二维码

除此之外，微信小程序运营者还可以在衣服上面印上小程序二维码，并通过扫二维码送优惠的方式，让目标用户主动扫码。在此过程中，为了增加宣传效果，运营者可以利用美女效应吸引眼球，如图 2-30 所示。

◆ 图 2-30 在衣服上面印上二维码

当然，需要特别说明的一点是，二维码线下推广的目的是为微信小程序增加用户，而不仅仅是吸引眼球。在此过程中，运营者可以借助二维码进行推广，但不能将推广活动变得低俗，更不能变成对受众的骚扰。

2.2.4 游戏性引发微群分享

2017 年 12 月下旬，微信正式开放游戏领域。一时间小程序小游戏刷爆朋友圈。许多用户表示，没想到小程序还能这么好玩。而在看到小游戏的发展势头之后，业内也有人表示：APP 已经被小程序"杀死"了。

小程序游戏最能代表微信小程序的社交分享属性，一款好玩的小程序游戏往往能在微信群中引起裂变性的传播。小程序一旦被分享到某一个微信群中就会率先吸引一部分具有探索精神的人点击进入查看并分享。如果小程序具有一定的游戏性，足够有趣，马上又会吸引另一批活跃的人群进入，最后随着分享的人数不断变多，一些原本对小程序不太感兴趣，只是潜水冒泡的人也会忍不住好奇心被吸引进去。

所以商户在设计店铺用于智慧零售的小程序时可以加入一定的游戏性元素，以引导顾客的自发性传播。

那么要如何做到让游戏性的小程序被微信群用户们自发性地广泛传播呢？笔者认为可以从以下 3 点出发。

❶ 游戏过程简单

就拿近期在微信群中很火的微信小程序"机智超人"来说，其游戏过程就十分简单，用户只需点击进入"机智超人"，然后进行答题，就可以完成游戏操作，如图 2-31 所示。

◆ 图 2-31　机智超人答题界面

微信小程序智慧零售商户也不要将小程序游戏过程设置得太过复杂，最好是套用一些人们已经十分熟悉的小游戏模式，比如答题、翻卡、转盘之类的形式，让顾客不用花时间阅读规则，一看到小程序的内容便知道该如何进行游戏。

❷ 增加社交互动

人们会自发地将微信小程序游戏分享到微信群中的原因除了分享游戏带来的快乐之外，还有一点重要原因就是社交互动，人们往往热衷于攀比在这类社交游戏中的排名，就如同早期 QQ 空间的农场游戏中有人会半夜起来"偷菜"，甚至还有人为了提升排名充值 Q 币购买虚拟道具。

相互竞争是人类社会中的一种正常而又普遍的社会心理，人们总是将他人特别是身边朋友的状态来作为自身状态的对比。因此，微信小程序智慧零售商户可以利用好这一点，在微信小程序游戏中加入好友排名、积分排名对比或者微信好友挑战等互动元素，如图 2-32 所示。

◆ 图 2-32　小程序游戏社交互动

❸ 加入通关奖励

如果设计的小程序游戏不怎么有趣的话，微信小程序智慧零售商户还可以选择在小程序游戏中添加一些奖励机制，比如在小程序游戏参与者完成游戏过程后奖励赠送一张店铺消费的优惠券。

就拿最简单的转盘抽奖小程序游戏来说，商户可以将中奖的概率设置得高一点，然后限定优惠券数量，以此来引发人们在自己的微信社交圈中分享，并且由于优惠券并不是白送的，而是微信用户抽奖获得的，那么该用户就会认为这是自身好运的象征，就很可能会进入商户的店铺中去使用这张优惠券。

2.3 结合：百变小程序如此整合端口功能

微信小程序被腾讯公司和众多经济人如此看好的原因除了其本身的优秀素质外，还不得不提及微信小程序背后的巨大平台——"微信"。微信自 2011 年正式上线以来，经过数年的发展，数个版本的更迭，其已经不仅仅只是一个社交聊天软件，微信已经渗透到人们日常生活的各个方面，如沟通交流、消费支付、公共交通等日常生活的方方面面，正如微信官方的宣传语所说一样："微信，是一个生活方式"。

微信小程序作为腾讯公司再度进军电商和实体零售业的关键一步，其从一出生开始便被深深刻上了"微信"的标志，也从来没有哪一个产品像微信小程序一样受到微信如此多的偏爱，与微信结合得如此紧密。微信小程序在微信上发布，而且只能通过微信进入，可以在微信上自由分享、流通，微信上所有的常见功能几乎都与微信小程序有所关联。

下面笔者就带大家看看微信小程序是如何整合微信端口为己所用的，或者说微信是如何将小程序结合到自身中的。

2.3.1 "扫一扫"能进也能出

目前，微信小程序在申请成功后会自动生成一个名为"小程序码"的异型二维码，这是一个微信小程序的专属外部入口，经过笔者验证，小程序码目前只能被微信识别并获取。而微信"扫一扫"功能不仅只是微信小程序的一个入口，也是微信小程序的一个应用出口。

"扫一扫"是微信早年花费了非常大的精力推广的一项功能，"扫一扫"广泛应用构架起了一个全新的场景，正是这个场景将线上和线下联系沟通了起来，让微信真正的开始渗透进微信用户的日常生活中。

微信官方将"扫一扫"这个沟通线下的场景首先与微信小程序联系起来，也开启了腾讯公司通过微信小程序抢占线下实体零售市场的商业布局。

目前微信上的微商发展十分红火，有资料显示，2018年的微商行业市场交易规模将会达到七千多亿，但反观2017年"双11"仅淘宝一个平台一日的销售额就达两亿多，就不难发现腾讯其实还是很难依靠微商群体去和阿里争夺线上支付市场。

但是在线下的市场，腾讯的支付体系可是比阿里巴巴覆盖得更深、更广，这也就让我们不难理解微信官方为何对小程序智慧零售抱有如此大的期待了。因此，现在正是广大商户入驻微信小程序，跟紧"微信小程序智慧零售"大潮的大好时机。

对于"扫一扫"这一联系线上线下的场景，微信小程序智慧零售商户可以将其应用到介绍门店商品信息中。例如，现在多数消费者十分重视消费质量，对于商品的产地、生产日期等信息很有兴趣，特别是生鲜类商品。

商户可以抓住消费者的这一点需求，在商品的货架上贴上带有商品详情信息的二维码，让顾客可通过门店的微信小程序自主扫码获得这些信息，完成智慧导购。

这样既可为商户减少导购员方面的人力支出，也为顾客带来了良好的购物体验，并且，商户还可以借此收集并分析顾客的扫码数据，统计出顾客对哪类商品最感兴趣，以方便日后打造爆款商品。

2.3.2　"卡包"优惠自动入账

"卡包"功能在微信中的"我"界面中，如图 2-33 所示。"卡包"功能并不会自动开启，而是微信用户在领取过优惠卡卷后才会自动开通，但是由于目前支持微信卡包卡、券领取的商家还是比较少的，所以大部分微信用户都没有开通此项功能。

微信卡包功能让微信钱包变得就像一个真正的钱包一样，用户不仅可以用微信保管钱财，还可以用其保管电子优惠券、会员卡等卡券信息，有了微信卡包以后，用户消费时要使用优惠券或者会员卡时再也不用去费力地翻阅查找公众号了。

但是由于微信卡包十分好用，因而挤压了很多商家自家 APP 的引流能力，要知道优惠券、会员卡等商家提供的优惠依据都是为了留存顾客，稳定回购客流。

如果优惠券和会员卡只可在商家的公众号或者 APP 中才能被打开和使用，那无疑会将这部分客流留存在商家的公众号或 APP 上，就等于是为自家的公众号或 APP 引来了流量，这样商家日后如果要开展会员营销时，就可通过公众号或者 APP 向留存的顾客推送活动信息，因此让会员营销收益更大。

所以首期提供微信卡券的商户只有 27 家，如图 2-34 所示。

◆ 图 2-33　微信"卡包"功能

首期提供微信卡券的商户 （排名不分先后）					
大众点评	微信电影票	麦当劳	俏江南	城市快捷酒店	白天鹅酒店
中国南方航空	楢瓦拉	屈臣氏	九阳	国美	好药师
品聚	友谊阿波罗百货	广州大剧院	辛香汇	一茶一坐	宝岛眼镜
HOLA特力屋	广发信用卡	海南航空	携程旅行网	唯品会	长隆
联想	同程旅游	卖座网			

◆ 图 2-34 首期提供微信卡券的商户

从图 2-34 可以看到，著名西式快餐品牌麦当劳在首期提供微信卡券的商户之中，但是同为西式快餐巨头之一的肯德基却不在此名单之中，并且经过笔者查证，肯德基的优惠券目前也无法添加进入微信卡包，只能通过其公众号和 APP 打开和使用，这正是由于相对于麦当劳，肯德基有着运营更为成功的公众号和 APP。

但是对于多数希望通过微信小程序实现智慧零售的商户来说，他们往往没有足够的精力和成本去运营公众号或者开发 APP，因此微信小程序对他们来说无疑是一个最好的选择。

通过将微信卡包与小程序关联，顾客在商家的微信小程序中获得的优惠券和会员卡会被保存到微信卡包中，同时顾客也可以通过微信卡包中的优惠券和会员卡直接进入商家的微信小程序或者公众号之中。

如图 2-35 所示，领取麦当劳优惠券的微信用户就可以通过微信卡包中的麦当劳优惠券进入麦当劳的微信公众号。

"卡包"与小程序的关联为微信小程序智慧零售商户们提供一个全新的会员服务渠道，也为他们解决了会员留存的难题。微信小程序智慧零售商户可以通过小程序向顾客发放优惠券和会员卡，将顾客留存为会员，也不用担心顾客一旦离开小程序便会忘记或者找不到优惠券或者会员卡而流失，让发出的优惠券和会员卡没有价值。

同时，微信小程序智慧零售商户还可以参考麦当劳的做法，在发放的优惠券和会员卡中加入自家

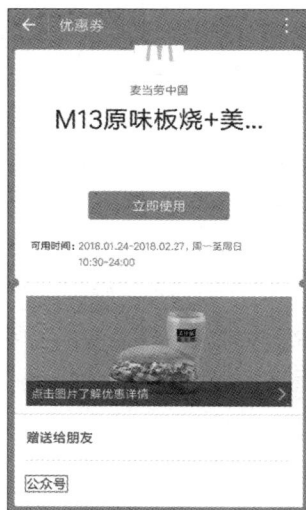

◆ 图 2-35 麦当劳优惠券

公众号的链接，以完成"小程序""优惠券/会员卡""公众号"的引流途径，将一部分会员转换到公众号中成为忠实会员。

2.3.3 "微信支付"购物结算不排队

"微信支付"是微信的一项重要功能，微信现在用户数量已突破 10 亿，"微信支付"在其中的助力可谓不少。许多人在进行网络社交时，其实比起微信，人们更喜欢用相对成熟，功能也更为丰富的 QQ。对于这部分人来说，微信最初在他们眼里和支付宝的定位相似，只是一个支付工具而已。但正是微信的支付功能将这一部分人留存了下来，让微信有了将他们进一步转化为深层用户的可能。

强大的"微信支付"功能同样也可以帮助微信小程序智慧零售获得成功，传统零售一直难以解决的一大问题便是"短期客流峰期与服务能力不对等"的问题，大周期的客流峰期变化，比如各大重要节假日时期，客流会明显变多的时候，商户会增加接待人员，增设结算出口。

但在客流峰期不确定的较短周期内，比如某个普通的一天，商户再去花费额外的成本支出显然就不是很合理了。

但是如此一来，在刚好遇上客流高峰期的时候商户的服务能力就会跟不上，这样导致的最直接的结果就是排队，顾客们需要排队点单，也需要排队结账，如图 2-36 所示。

◆ 图 2-36　排队结账

排队会带来诸多问题，商户为了解决这些问题又需投入成本，这很容易使得商户们既花了不该花的钱，又没有赚到该赚的钱。

但是小程序接入"微信支付"功能后，顾客便可以在商户提供的小程序中流畅地完成"选购"→"下单"→"支付"这三个步骤，顾客甚至都不需要扫描二维码去付款，这也让微信小程序智慧零售真正区别于传统零售，给顾客带来了不一样的购物新体验。

就拿一般的米粉铺子来举例，如果粉铺使用了接入"微信支付"功能的小程序进行服务，顾客就可以直接从小程序中进行点单和结账支付，从而避免了排队，通过这种智慧零售的方式，粉铺既没有增加接单和收银的人力成本的支出，又提高了服务能力，也增加了粉铺的直接收益；顾客们因为不用在花费时间排队，得到了快速简便的消费体验，也就更愿意再次消费了，这增加了粉铺的长远收益。

2.3.4 "附近的小程序"让顾客找到你

"附近的小程序"功能是微信继"扫一扫"功能之后，推出的又一个主要用于连接线上和线下的功能，不同于此前微信中的"附近的人"功能中只能看到找到的微信用户的昵称和头像，在"附近的小程序"功能中，商户是可以将自家店铺的详细地址设置到小程序的展示信息中，如图 2-37 所示。

◆ 图 2-37 "附近的小程序"界面

这一功能对于线下零售商户来说非常重要，因为随着城市飞速发展，门面铺户的租金也随之水涨船高，并且如今城市的商户越来越多，沿街的门面铺户自然也会越来越少，很多商户不得已将门店开到了二楼或者三楼，甚至还有商家将门店开到了沿街楼层之后，这也使得这些商户不得不花费额外的成本去设置一些广告招牌引导顾客进入门店，如图 2-38 所示。

◆ 图 2-38　门店引导广告招牌

可见，"附近的小程序"功能无疑是微信给线下商户们提供的一个免费的广告位，线下商户可以将自家门店的小程序当作门店的名片呈现个人微信用户，将门店的环境照片、工作视频和服务热线放到门店小程序上，如图 2-39 所示。这种呈现方式的特点就在于不需要单独开发应用，只需添加一些店铺资料即可，并且因为其在名称后方有特殊标志，所以，这种呈现方式往往更能够吸引用户的注意，达到很好的广告效果。

◆ 图 2-39　小程序中的门店详细信息

被吸引的顾客也可以通过点击商户小程序上的详细地址来获取 LBS 位置导航，这样也可以为商户节省设置指引广告招牌的成本。

虽然小程序式的门店名片能够呈现的内容还比较有限，但是，随着微信的更新升级，人工客服、小程序入口、会员卡领取、在线买单、门店视频等功能开始出现，如图 2-40 所示。小程序式的门店名片能够呈现的内容也会日益丰富。

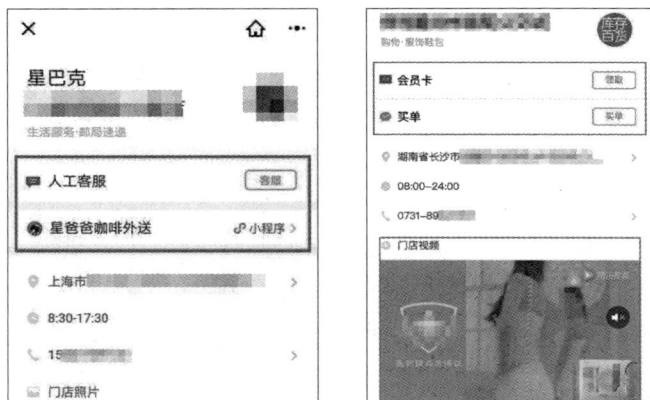

◆ 图 2-40　小程序式门店名片的新功能

专家提醒

　　与其他形式的小程序相比，门店名片式的呈现方式，不仅开发简单，而且能够将门店的相关信息，特别是联系方式进行直观的呈现。所以，这种小程序呈现形式通常比较适合那些在线下有实体店的运营者。

2.3.5　"分享转发"社交扩展不可少

　　"分享转发"是微信的一大特色功能，众多信息通过此功能在微信上快速传播，"分享转发"功能是构建微信社交互动圈中的重要一点。凭借"分享转发"功能，有趣的信息被迅速传播到微信群和公众号等微信上流量聚集的地方，从而引发社群式的裂变传播。

　　小程序上线时间还不久，对多数微信用户来说还十分新鲜，从"跳一跳"和"机智超人"等微信小程序游戏在微信群和微信好友间的火爆分享传播情况来看，小程序的传播前景是非常美好的。

虽然目前微信小程序的分享转发途径还比较有限，不能被分享到朋友圈，但相信随着微信小程序的继续发展和微信小程序智慧零售商户群体的不断壮大，微信小程序的社交互动能力一定会进一步提升，到时候这也将成为微信小程序智慧零售商户们争夺的一个焦点，所以希望通过微信小程序完成智慧零售转型的商户们现在就要开始关注。

2.4 应用：智慧零售 = 小程序 +××

如今，线上零售市场的竞争日益激烈，不少创业项目纷纷开始转投线下，同时受到"新零售"概念的影响，一些企业逐渐开始了线下智慧零售经营的尝试。

下面笔者就将为大家介绍 4 个智慧零售的案例，带大家看看目前的智慧新零售到底是什么样子。

2.4.1 办公空闲买个零食解馋

"无人货架"是随着"新零售"兴起的一个全新创业项目，目前在全国很多一、二线城市无人货架已经不是那么新鲜，阿里、苏宁、京东等电商巨头也开始纷纷进入无人货架的市场，可见无人货架项目的发展十分迅速和红火。

那么究竟什么是无人货架呢？其实无人货架并不是一个很复杂的概念，我们经常在地铁站或者火车站等场所可以看到的自助售货机其实在某种程度上与无人货架有些相似，但自助售货机显然不是和新零售概念接轨的。

首先自助售货机需要人们使用零钱支付，十分不便利；其次，自助售货机也无法精准地采集顾客的消费信息。

自助售货机的这两点缺陷正好是无人货架的优势，并且无人货架集成了更多的先进技术，这使得其体积可以更小，所占据的空间也会相应减少，因此无人货架除了可以设置在地铁站或者火车站等空间广阔的公共场所外，还可以被设置到空间比较封闭，人流比较集中的场所。

写字楼、办公室目前便是无人货架争夺的一个焦点场景。写字楼办公室的人流主要都是一些上班族，目前在我国的一、二线城市中，有近一亿的上班族，并且以 20 ～ 30 岁的年轻群体为主，这些人恰好是零食消费的主力军。

现在都市的年轻上班族早晨通常都起得急急忙忙，时常来不及吃早餐，这时候他们就可以在无人货架买一点饼干、薯片等零食填饱肚子。

目前一、二线城市的生存压力普遍较大，在这些城市漂泊的年轻上班族加班已经成为十分普遍的现象，加班至深夜时他们就可以去无人货架上买一点零食补充体力，缓解疲劳。

在工作不是很忙，有较多的空闲时间的情况下，占据上班族这些空闲时间的多是手机和社交媒体，但现在有了无人货架，他们就可以边吃零食边玩手机了，办公环境也变得更加舒适。

无人货架恰如其分地满足了办公室上班族群体的这些需求，所以也不奇怪写字楼、办公室会成为无人货架的争夺的一个焦点。

图 2-41 所示即为一个办公室内的无人货架，上面摆满了各种休闲零食饮料和可以充饥的饼干、泡面。

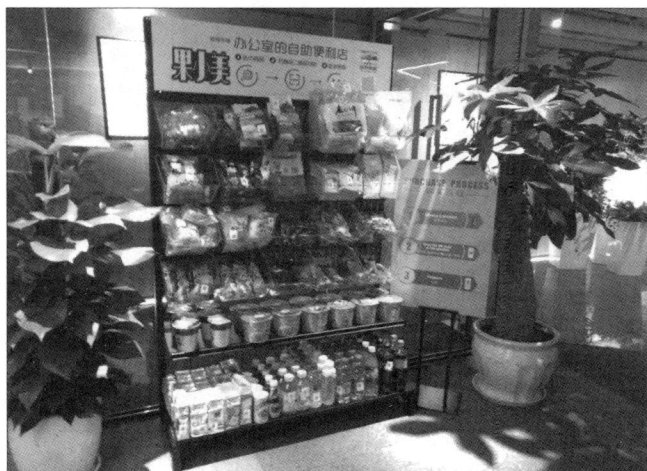

◆ 图 2-41　办公室内的无人货架

2.4.2　即买即走真正的便利

"无人便利店"也和"无人货架"一样是新零售创业大潮下的一个火热项目，目前多家企业已经纷纷在主要城市开设了自家的无人便利店，其中就包括京东、苏宁等电商巨头企业。

国内比较成功的无人便利店品牌"EasyGo"，其为国内首家小程序无人便利店。根据微信公开课发布的数据显示，"EasyGo"在短短一个月的时间里，访问量便已突破了 5 000 次，成功购买率更是达到了 80% 以上，开店首月便实现了盈利。这家运用微信小程序技术的智慧零售便利店真正实现了"无人值守，24 小时营业"的目标。

EasyGo 与其他无人便利店不同，其巧妙地用小程序扫码的验证方法代替了技术成本高昂且尚不成熟的"人脸识别"验证方法。结合标签射频识别技术和已经与微信小程序关联的微信支付技术，顾客可以在 EasyGo 中获得快速简便的购物体验。在 EasyGo 中的购物流程如图 2-42 所示。

◆ 图 2-42　EasyGo 购物流程

这种应用微信小程序技术的无人便利店除了可以获得微信小程序的技术支持外，还可以得到微信的数据支持，因为顾客进店前需扫码进入小程序绑定微信号，无人便利店就可以由此获得部分顾客的身份信息，从而便可以有针对性地提供一些"个性化"的商品服务。

比如便利店周边的居民如果以上班族为主，就可以多上架一些速食零售；如果以带孩子的主妇为主，就可以多上架一些母婴商品。并且通过微信小程序订单收集数据，也可以让每一笔零售都有迹可循，让智慧零售商能更精准地定位顾客。

2.4.3　逛超市就像逛网店

超市在我们的生活中十分常见，大多数小区的入口处或者附近都会有一两个超市，虽然现在网购十分便利，但还是有很多人愿意去线下的超市购物。并且随着技术的发展，很多大型的超市品牌也开始提供"送货上门"服务，去尝试线上、线下相结合的经营模式。

现在微信小程序智慧零售就为超市零售业提供了很好的解决方案，并且已经在线下实体超市的经营中得到验证。

在没有应用微信小程序进行智慧零售经营之前，永辉超市主要需要面对两个问题，如图 2-43 所示。

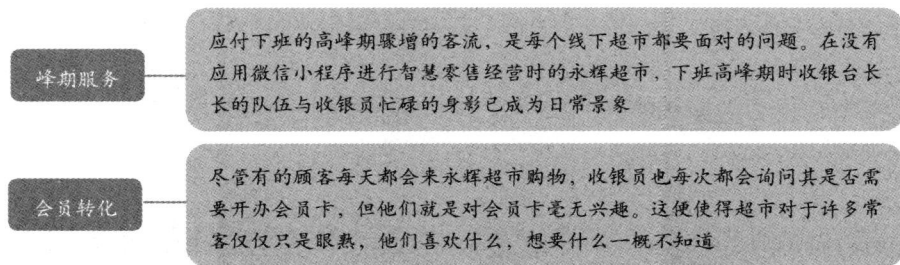

峰期服务 —— 应付下班的高峰期骤增的客流，是每个线下超市都要面对的问题。在没有应用微信小程序进行智慧零售经营时的永辉超市，下班高峰期时收银台长长的队伍与收银员忙碌的身影已成为日常景象

会员转化 —— 尽管有的顾客每天都会来永辉超市购物，收银员也每次都会询问其是否需要开办会员卡，但他们就是对会员卡毫无兴趣。这便使得超市对于许多常客仅仅只是眼熟，他们喜欢什么，想要什么一概不知道

◆ 图 2-43　超市零售的问题

而现在，进入永辉超市的顾客只需打开微信，进入永辉超市的智慧零售小程序"永辉生活"，如图 2-44 所示。超市顾客进入永辉生活小程序时会收到获取个人微信号的申请，并且该小程序还会邀请接受申请的顾客绑定手机号，成为永辉超市的会员，整个过程非常简单，顾客不需要再填写详细的个人信息和办理复杂的手续，因此，一般受到邀请的顾客都会绑定手机号成为会员。

准备购物的顾客只需使用永辉生活小程序中的"扫码购"功能扫码选购商品，然后在扫码购物篮中核对商品信息，最后在小程序中完成消费款项支付后，即可不用排队，直接出门。

◆ 图 2-44　永辉生活小程序

通过引入微信小程序智慧零售经营模式，三个月后，永辉生活小程序就覆盖了近 87% 的顾客，顾客支付率更是达到了 97%，并且永辉超市还将自己原来进行线上服务的"配送到家"也整合进了永辉生活小程序，大大提高了经营效益。

从上面的案例中我们可以看出，通过进行微信小程序智慧零售，永辉超市获得了以下 3 点好处，如图 2-45 所示。

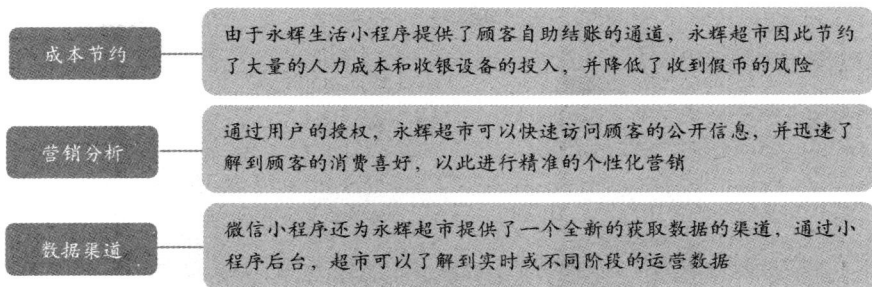

成本节约	由于永辉生活小程序提供了顾客自助结账的通道，永辉超市因此节约了大量的人力成本和收银设备的投入，并降低了收到假币的风险
营销分析	通过用户的授权，永辉超市可以快速访问顾客的公开信息，并迅速了解到顾客的消费喜好，以此进行精准的个性化营销
数据渠道	微信小程序还为永辉超市提供了一个全新的获取数据的渠道，通过小程序后台，超市可以了解到实时或不同阶段的运营数据

◆ 图 2-45　小程序为永辉超市带来的好处

2.4.4　"刷脸"购物时尚新体验

"人脸识别"是一个目前比较新潮的技术应用，其是人工智能技术的一种前端应用。虽然听上去有点儿"高大上"，但其实人脸识别技术离我们并不是那么遥远，不说前段时间负面新闻缠身的 iPhone X，一般人都会用到的支付宝登录时就用到了人脸识别技术，如图 2-46 所示。

◆ 图 2-46　支付宝刷脸登录

人脸识别技术是很大一部分企业的新零售规划中的一个理想的入口，国外著名的电商企业亚马逊就在其开设的无人便利店 Amazon Go 中应用了人脸识别技术，国内也有部分企业开始将人脸识别技术应用于线下门店的新零售转型中，其中腾讯与绫致时装合作开设的人脸智慧时尚店 Jack & Jones 就是一个代表，其门店如图 2-47 所示。

◆ 图 2-47　人脸智慧时尚店 Jack & Jones

当顾客进入该人脸智慧时尚店后，便可在门店中央的智慧试衣间前进行人脸识别，然后进入该门店的微信小程序，进行身份绑定，并开通微信免验密支付，成为该店的人脸识别会员。

当成为会员的顾客再次站在智慧试衣间前"刷脸"时，微信团队便会通过大数据技术分析会员顾客的微信数据并结合绫致商品库，向顾客展示其消费偏好的个性化服饰搭配推荐。

智慧试衣间＋人脸识别＋小程序的服装智慧零售模式很好地实现了无感导购体验，顾客在智慧试衣间选定了推荐的服装后，既可以呼叫导购进行实衣试穿，也可以直接在门店小程序上进行线上购买或收藏。

最后结账时，成为会员的顾客可在同样使用了人脸识别技术的会员收银台上进行刷脸认证，顾客甚至不需要拿出手机进行支付，面部识别系统将自动验证顾客身份，完成验证后，支付系统会自动关联到微信支付系统，自动进行免验密支付并为该顾客提供相应的会员权益，让顾客享受快速便捷的"无感"购物体验。

3
CHAPTER

稳定引流，用好主场平台的10亿流量资源

势不可当：
微信小程序智慧零售

一方面社交对商业的影响日益加大，另一方面，微信又是主流的社交软件之一，微信小程序智慧零售又是与微信紧密相连的。所以，利用微信进行社交营销和引流就变成了微信小程序智慧零售商户必备的技能。

本章便主要介绍商户引流方面的知识。

◇ 入门：原生平台自带10亿微信流量
◇ 拉新：线下门店的智慧引流技巧
◇ 利器：原来小程序如此吸粉

3.1 入门：原生平台自带 10 亿微信流量

微信的诞生使得微信引流借风而起，成为当今企业广泛使用的营销模式中的一种。微信引流之所以可以获得快速发展，主要就在于它不受时间、空间的限制，商家可以按照客户的需求准确营销。

不断增长的微信用户已经接近 10 亿，这使得微信成功跻身于移动互联网行业中的领头地位。微信功能越来越多样化，使得人们的生活更加多彩，而人们也变得越来越依赖微信。这便给微信引流创造了一个很好的环境。而微信小程序就诞生于微信之中，可以很好地利用微信这个原生平台进行引流。

3.1.1 微信引流的特点及优势

微信引流其实就是通过微信平台开展社交活动的一种网络营销手段。它具有 6 大模式，都是基于微信自身功能而形成的，具体如图 3-1 所示。

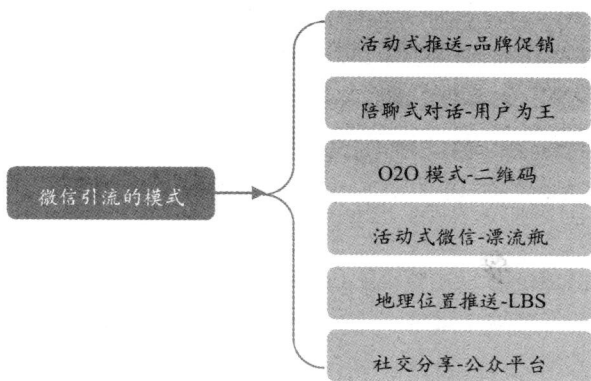

◆ 图 3-1 微信引流的模式

微信引流的特点和优势主要如下。

❶ 微信引流的主要特点

微信凭借其在人们生活中的火爆程度，可称得上是社交软件中的"时尚宠儿"。

随着微信公众平台功能的推出，微信也成为商家赚钱的"掌中聚宝盆"，各路商家通过微信公众平台建立自己的公众号，通过公众号沟通消费者，实现营销的目的。

如果说微信公众平台是商家的宣传工具，那么，微信小程序则是商家的一个重要销售渠道。只要有意愿，商家便可以注册和开发微信小程序，并通过微信小程序来打造自己的线上销售平台。

其实，无论是微信公众号，还是微信小程序，都属于微信引流的一部分。所以，微商要想让自己的引流取得更好的效果，还必须要对微信引流有所了解。微信引流具有 6 个特点，具体如图 3-2 所示。

◆ 图 3-2　微信引流的主要特点

❷ 微信引流的主要优势

微信引流从一出现就备受广大商家的关注，不少企业和微商以及个人都依靠它获得了不少利润。微信引流之所以会这么受关注，是因为它在营销方面具有以下 4 个方面的优势，具体如图 3-3 所示。

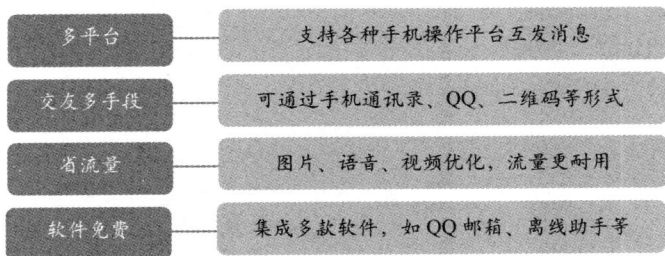

◆ 图 3-3　微信引流的优势

3.1.2　微信群的流量如何获取

微信群是微信中的一大流量集中地，对于想通过微信来对店铺进行引流的微信小程序智慧零售商户们来说，微信群是一块不可忽视的"宝地"。

但是商户们在学习微信群引流方法之前需要对微信群有大致的了解，清楚它本身具备哪些特点以及微信群里所蕴含的价值，所谓"知己知彼，百战不殆"。商户在清楚了微信群的基本特点和价值之后才能有针对性地将它的特点转化为优点，使它的价值无限扩大。

微信群的特点指的是它的特别之处。微信群的特别之处体现在以下 3 个方面，具体如图 3-4 所示。

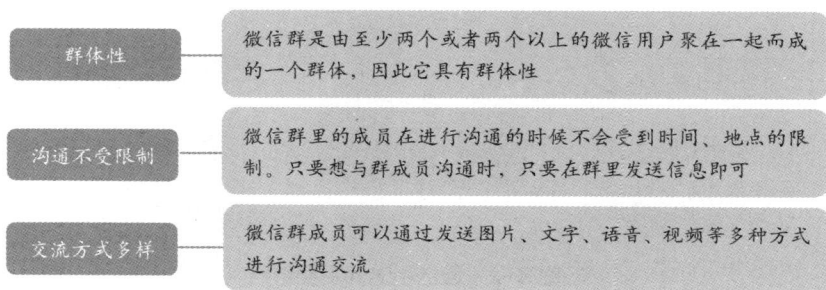

群体性	微信群是由至少两个或者两个以上的微信用户聚在一起而成的一个群体，因此它具有群体性
沟通不受限制	微信群里的成员在进行沟通的时候不会受到时间、地点的限制。只要想与群成员沟通时，只要在群里发送信息即可
交流方式多样	微信群成员可以通过发送图片、文字、语音、视频等多种方式进行沟通交流

◆ 图 3-4　微信群的特点

微信群的属性指的是它所具备的性质和关系，具体包括图 3-5 所示的 4 点。

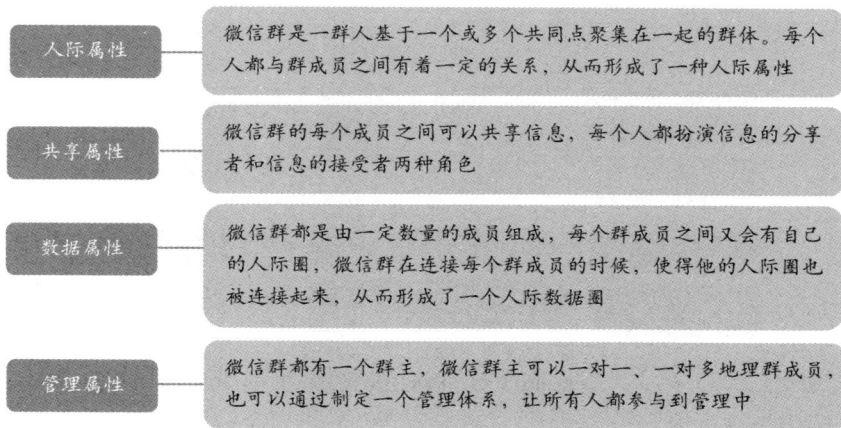

人际属性	微信群是一群人基于一个或多个共同点聚集在一起的群体。每个人都与群成员之间有着一定的关系，从而形成了一种人际属性
共享属性	微信群的每个成员之间可以共享信息，每个人都扮演信息的分享者和信息的接受者两种角色
数据属性	微信群都是由一定数量的成员组成，每个群成员之间又会有自己的人际圈，微信群在连接每个群成员的时候，使得他的人际圈也被连接起来，从而形成了一个人际数据圈
管理属性	微信群都有一个群主，微信群主可以一对一、一对多地理群成员，也可以通过制定一个管理体系，让所有人都参与到管理中

◆ 图 3-5　微信群的属性

微信小程序智慧零售商户在了解了微信群的特点和性质后，还需熟练掌握微信群的操作方法，俗话说"工欲善其事，必先利其器"，商户只有将微信群的基本操作都弄清楚之后，才能真正通过微信群引流。

❶ 建立微信群

商户要拥有自己的微信群，才能管理好自己的客户。那要怎样建立起自己的微信群呢？具体步骤如下。

步骤 01 打开微信，❶ 点击其界面右上角的"＋"按钮，然后 ❷ 选择"发起群聊"按钮，如图 3-6 所示。

步骤 02 进入"发起群聊"界面，❶ 勾选你想要将他加入群的好友后面的小方框，出现"√"，然后 ❷ 点击"确定"按钮，如图 3-7 所示。这样属于微商自己的微信群就建好了。

◆ 图 3-6 点击"发起群聊"　　◆ 图 3-7 "发起群聊"界面

商户在建立好属于自己的微信群之后就可以跟自己的群成员进行互动了。

❷ 管理微信群

微信群的管理可以分为对微信群名称的管理和群成员的管理两方面。对于微信群的名称管理是指给自己的微信群取一个适当的名字。

（1）微信群的名称管理

商户在管理自己的微信群群名称的时候，首先应该给自己的群取一个名字。微信群名字要根据群的实际情况来命名，商户可以参照以下几点来给自己的微信群命名，具体如图 3-8 所示。

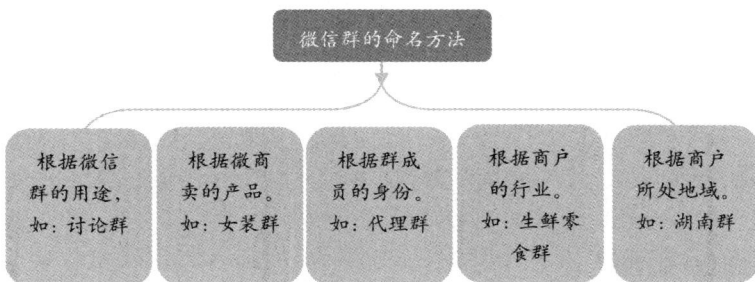

根据微信群的用途，如：讨论群

根据微商卖的产品。如：女装群

根据群成员的身份。如：代理群

根据商户的行业。如：生鲜零食群

根据商户所处地域。如：湖南群

◆ 图 3-8　商户给微信群命名的方法

在想好要取什么名字之后，商户就可以设置群名称了。设置群名称的步骤如下。

❶ 点击微信群聊天界面右上角的 图标，如图 3-9 所示。进入"聊天信息"界面，❷ 点击"群聊名称"按钮，如图 3-10 所示。即可输入群名字。如果商户要修改群名称，也可按照这种方法修改。

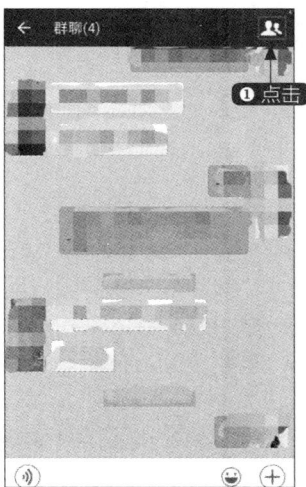

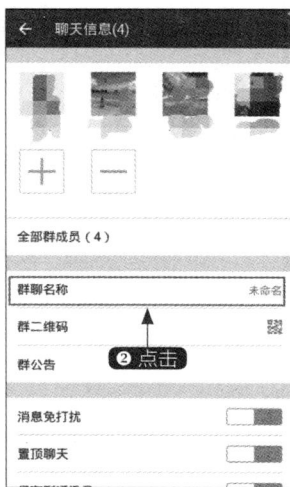

◆ 图 3-9　点击"　"　图标　　　　◆ 图 3-10　点击"群聊名称"

（2）微信群的成员管理

当商户还想再邀请更多的人加入自己的微信群或者觉得某人不再适合待在自己群里的时候，想要把他删除，该怎么操作呢？按照以下步骤操作即可。

进入群界面，❶ 点击右上角的🖼图标，如图 3-11 所示。操作完成后就会进入如图 3-12 的"聊天信息"界面，然后根据需要 ❷ 点击"＋"、"－"按钮，即可完成群成员添加和删除。

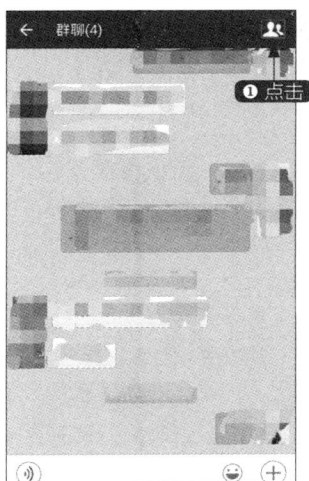

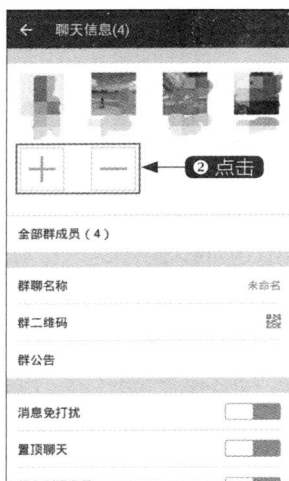

◆ 图 3-11　点击"🖼"◆ 图标　◆ 图 3-12　点击"＋"、"－"按钮

（3）微信群的设置

商户在对自己的微信群进行设置的时候，主要需要对 3 个方面的信息进行把握。具体来说包括微昵称设置、群聊天背景设置、群消息设置，相关的设置方法如图 3-13 所示。

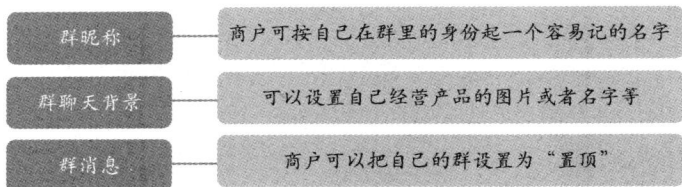

群昵称	商户可按自己在群里的身份起一个容易记的名字
群聊天背景	可以设置自己经营产品的图片或者名字等
群消息	商户可以把自己的群设置为"置顶"

◆ 图 3-13　商户微信群设置的三个方面

做好上述工作后，微信小程序商户就等于在微信中有了一个可以稳定引流的基础平台。初期在微信群中引流时商户可不必操之过急，在微信群中引流是一项细水长流的工作，商户可以通过慢慢在群中发布店铺优惠券，分享店铺小程序等方式将群成员吸引到店铺中，并渐渐让他们成为会员。

3.1.3　朋友圈的流量如何引导

除了微信群，朋友圈也是微商微信引流的一块宝地，因此对商户来说，了解一些朋友圈的引流技巧也是必不可少的。微商要让朋友圈发挥最大的引流效果，那以下内容就必须要了解。

❶ 微信朋友圈引流细节

对于新手微信小程序智慧零售商户来说，学习一些朋友圈的基本技能是非常有必要的，有时候小细节也能发挥大作用。具体来说，商户可以从以下几个小细节去学习朋友圈的玩法。

（1）手机号就是微信号

一个简单易记的微信号能帮助微信小程序智慧零售商户更好地将自己的微信号传递出去，因此商户可以将自己的手机号设置成微信号。这跟其他那些难记的英文名、符号名等更容易让人记住，而且这样客户在记住你微信号的同时也会将你的电话号记住。

（2）将二维码设成壁纸

将二维码设置成手机的壁纸，这样在跟对方互加好友的时候就会更快捷、方便，同时也能节省时间和流量。

（3）对客户进行备注、分组

微信小程序智慧零售商户给自己的每个好友做好备注是很有必要的，这样会让你更好地记住每个好友，而且对好友的情况也会比较了解。这样才能在好友管理上更简单、有条理，对于商户来说也能节省很多时间，并且根据分组可以更有针对性地进行客户跟进。

对好友进行分组管理也是很重要的，要把特征相似的群体，比如说爱好兴趣相似或者收入水平相似的，归纳在一个群里面，甚至可以将其打造成一个方便管理和宣传推广的社群。

（4）把重复的内容收藏好

有时候微信小程序智慧零售商户会遇到几个客户询问同一个问题的情

况，这个时候如果每个人都重新发一遍会很浪费时间。这时商户就可以先把那些重复回答率很高的内容收藏起来，当有客户问的时候直接复制粘贴发送就好。

这些内容可以保存在微信"我的收藏"功能中，也可以记在手机的记事本里，这个就看商户自己的选择。

❷ 微信朋友圈图片引流

微信朋友圈的营销推广离不开图片，照片是微信小程序智慧零售商户向他人传递自己与产品的一种最直接的媒介。因此运营者一定要注意朋友圈照片是否有特色，能够吸引到别人。

微信朋友圈的照片主要可以分为两类，一类是商户本人的照片，另一类是商户产品的照片。运营者要让这两类照片都具有特色，让人一看就可以眼前一亮，知道照片是属于谁的。

（1）给照片"化个妆"

做商户的除了产品要吸引人之外，自己本身也要有足够的吸引力。如果自身条件够好，那是最好的，但是如果自身条件不是那么优秀的话，那就可以从自己的照片来进行一点改善。

微信小程序智慧零售商户想要让自己的照片变得更具吸引力，可以在拍照的时候先化个妆。在进行拍摄时，如果运营者的拍照技术好就可以在进行拍摄时多注意一下拍摄的技巧，以及拍摄场地布局、照片比例布局等。

如果运营者的拍照技术有限，那么就要学会使用一定的图片编辑软件，让图片变得更美，例如强大的 PS、美图秀秀等软件。

（2）给照片"加点料"

微信小程序智慧零售商户在拍摄自己产品的图片放到朋友圈的时候，除了要注重产品照片的真实性之外，还可以给照片增加一点特色。

运营者在拍产品照的时候可以给产品进行布景。布景要根据产品本身的特色出发，要让整体看起来和谐。例如，如果你是做化妆品的商户，那么你在给产品布景时就可以选择在产品周围放置一些鲜花作陪衬，鲜花的颜色可以跟化妆品的包装色相协调，也可以有一定差异但是不能太突兀。

或者是选择前期给产品拍纯色照片，后期通过修图软件给产品加上后期特效。加后期的前提是微信小程序智慧零售商户要拥有这些技能。

专家提醒

微信小程序智慧零售商户在拍自己或者产品的照片时，一定要记得给照片加上个人的标志。这样不仅可以进行宣传，让人一看就知道是属于谁的照片，还可以防止别人盗图。

照片上的标志可以是自己的微信号、电话等联系方式。照片的标志可以选择在拍照的时候就用标志牌写上拍在照片里，也可以选择后期添上去。

❸ 微信朋友圈文字引流

目前还无法将小程序直接分享到朋友圈中，因此朋友圈消息的内容编辑会直接影响到引流效果。商户的朋友圈里除了会有大量的照片外，还不应缺少文字。充满吸引力的文字可以从以下 5 个方面去打造，具体如图 3-14 所示。

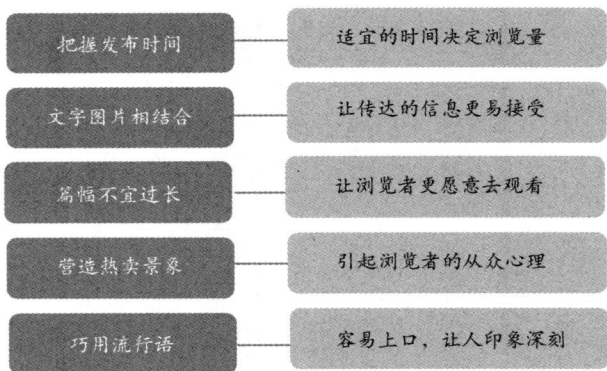

把握发布时间	适宜的时间决定浏览量
文字图片相结合	让传达的信息更易接受
篇幅不宜过长	让浏览者更愿意去观看
营造热卖景象	引起浏览者的从众心理
巧用流行语	容易上口，让人印象深刻

◆ 图 3-14　打造朋友圈文字的 5 个技巧

微信小程序智慧零售商户在发朋友圈的时候要选择好恰当的时间，一般早上8 点半到 9 点这个时候人们会去浏览朋友圈。且内容要采用图文结合的形式发布，篇幅不宜过长，文字要容易引起人们的浏览欲望。

3.2 拉新：线下门店的智慧引流技巧

上面介绍的多是线上的微信小程序智慧零售商户在微信中的引流技巧，其实，拥有线下实体店面的微信小程序智慧零售商户也是可以很好地利用微信和小程序来进行引流。

下面笔者就带大家看看线下门店是如何利用微信来引流的。

3.2.1 支付即会员，粉丝速聚集

线下实体零售商户最常使用的一种引流方法就是会员营销，通过为会员顾客提供一些优惠和附赠的服务，以实现长期稳定地吸引和维护客流。

一般传统的实体零售商户吸收会员的方法都是采用人工的方式，顾客在结账时由收银员询问顾客是否持有会员卡，如果顾客没有，收银员再询问顾客是否要开通会员卡，整个过程很没有效率，而且成功率也不高。

为何传统实体零售店如此难以吸收会员？这不得不提到传统实体零售店会员制度的 3 个弊端，具体如图 3-15 所示。

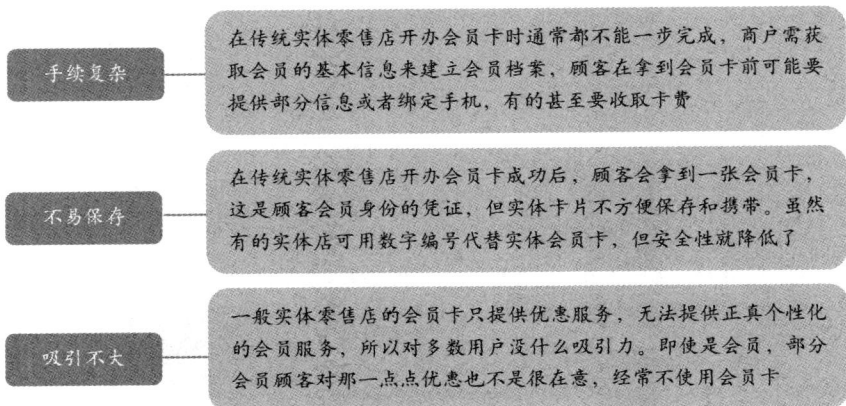

手续复杂 —— 在传统实体零售店开办会员卡时通常都不能一步完成，商户需获取会员的基本信息来建立会员档案，顾客在拿到会员卡前可能要提供部分信息或者绑定手机，有的甚至要收取卡费

不易保存 —— 在传统实体零售店开办会员卡成功后，顾客会拿到一张会员卡，这是顾客会员身份的凭证，但实体卡片不方便保存和携带。虽然有的实体店可用数字编号代替实体会员卡，但安全性就降低了

吸引不大 —— 一般实体零售店的会员卡只提供优惠服务，无法提供正真个性化的会员服务，所以对多数用户没什么吸引力。即使是会员，部分会员顾客对那一点点优惠也不是很在意，经常不使用会员卡

◆ 图 3-15 传统实体零售店会员制度的弊端

与传统实体零售商户相比，微信小程序智慧零售商户在利用会员营销来为门店引流这一点上就显得更有优势。

首先，因为微信小程序可以通过向顾客申请来获得顾客的微信公开信息，所以在运用了微信小程序进行智慧零售经营的门店中，顾客可以很轻松地一键完成会员注册和登录。并且在会员卡发放方面，微信小程序智慧零售商户不仅可在顾客首次进入门店小程序时邀请其成为会员，还可以在小程序中设置顾客自助领取会员卡的功能，避免费力的人工询问。

但是即便这样，还是会有一部分顾客不想成为会员，他们中有的可能是因为来门店消费频率过低，觉得没有必要成为会员；有的可能不太了解门店的会员制度，看不上会员优惠；有的可能只是单纯的反感和排斥推荐消息而已。

但微信小程序智慧零售商户可以将这一部分顾客看作潜在的会员，在这部分顾客使用门店微信小程序完成支付后再赠送一张会员卡，这样的话，可能他们中的一部分就会因商家盛情难却的攻势，而半推半就地被转化为会员。

至于另一部分顾客，商户也不必急着将他们排除到会员范围之外，在他们通过门店小程序完成支付后，可以将他们的消费记录暂且保存，通过进行数据分析，尝试为他们提供一些个性化的服务，让这部分的顾客渐渐被转化为会员，从而真正实现"支付即会员"。

3.2.2 "打卡"新玩法，顾客多回购

"每日打卡"或者"每日签到"是手游和APP中常见的元素，如图3-16所示。

◆ 图3-16 手游打卡

因为微信小程序的特色之一就是"无须安装卸载，用完即走"，所以微信小程序最初是没有签到打卡这类留存顾客的功能，但随着微信小程序智慧零售的发展，一些线下实体店开始在自家的小程序中加入了打卡功能来吸引顾客再次回购消费，这其中 MUJI 无印良品的线下实体零售店铺就一个很好的例子。

顾客在进入 MUJI 无印良品消费时，使用微信扫描门店小程序码，即可在 MUJI 无印良品小程序上完成打卡，通过打卡，顾客能在 MUJI 无印良品店铺中获得消费以外的里程和积分。MUJI 无印良品通过小程序中打卡的玩法，让顾客的每一次到店和每一笔消费都被小程序赋予意义，如此一来，商户与顾客间便会形成良好的沟通互动，商户也从而增强用户黏性，并有效实现顾客回流和二次转化。

对于零售商户来说，比起一次性短暂的大量流量来说，他们反而更希望稳定持续的流量，特别是对线下实体零售商而言。因为线下实体零售商户通常受到时间和空间的限制，一时间大量的客流反而超出了他们的服务范围，带来的利益他们也消化不了，所以稳定持续的客流才能让线下实体零售商户的利益最大化。

微信小程序的打卡玩法为实体零售商户吸引顾客回购提供了一个很好的解决方案，通过打卡这一场景的设置，让顾客产生消费习惯，这样门店也就能收获到稳定持续的客流。而为了吸引顾客打卡，商户可向已经玩熟打卡玩法的手游和APP 学习，设置打卡奖励和月签到表或周签到表，如图 3-17 所示。

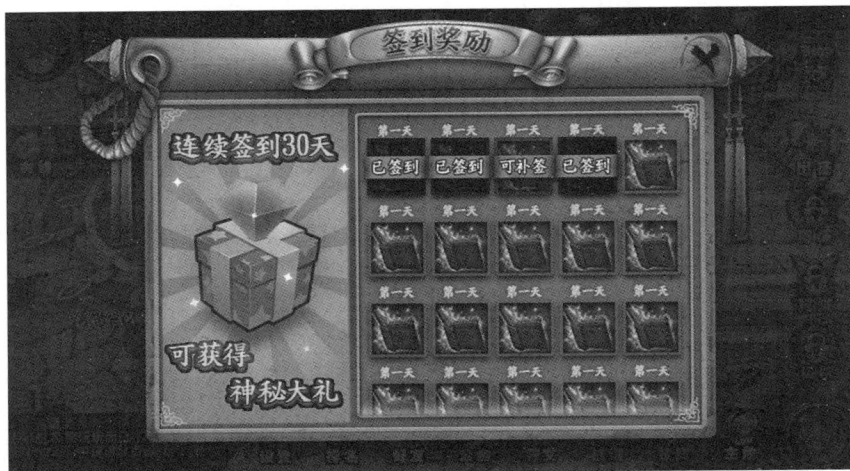

◆ 图 3-17　手游签到

3.2.3　社交购物，目标受众自动聚集

社交属性是微信的一个重要属性，因为这个属性，商户们可以很轻松地在微信中展开社群营销，这也是微商为何能在微信中如鱼得水的一个原因。而对于拥有线下实体店微信小程序智慧零售商户来说，不仅可以在微信中开展社群营销，还可以利用"社交购物"来吸引顾客。

要知道何为"社交购物"，首先要从社交说起，社交便是社会交往，是人与人之间的互动，而这个互动通常都有一定的形式，比如一起吃饭、一起玩游戏或者一起逛街买东西，这就形成了社交游戏和社交购物等。

社交购物很关键的一点就人们之间需要分享各自的消费体验，比如女生们一起买衣服时总会这样交流："这件衣服好不好看啊？""这料子不错，摸上去很舒服""哇！你穿着好好看啊，要不我也买一件吧"。而通常线上的店铺是无法提供这种购物体验的，而线下店铺在此时对顾客来说就显得更有吸引力了。

微信小程序智慧零售商户可以在小程序上发布一些拼团优惠，或者开展"姐妹价""好友价"等优惠活动，吸引顾客组队前来进行社交购物。而这样的社交购物通常可以给商户带来以下几点好处，如图 3-18 所示。

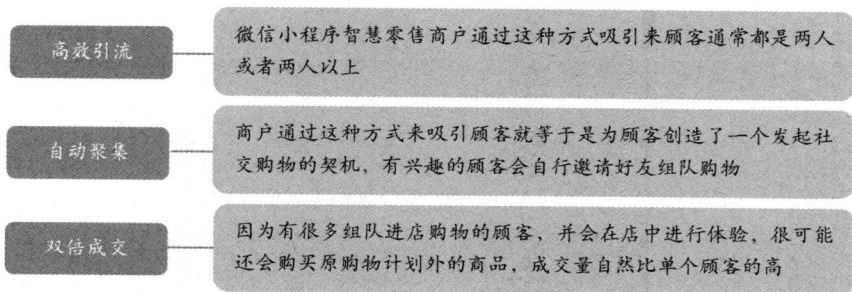

高效引流	微信小程序智慧零售商户通过这种方式吸引来顾客通常都是两人或者两人以上
自动聚集	商户通过这种方式来吸引顾客就等于是为顾客创造了一个发起社交购物的契机，有兴趣的顾客会自行邀请好友组队购物
双倍成交	因为有很多组队进店购物的顾客，并会在店中进行体验，很可能还会购买原购物计划外的商品，成交量自然比单个顾客的高

◆ **图 3-18　社交购物带给商户的好处**

3.2.4　打造"活"的智慧小程序

以前的技术是将商品和数据连接起来，构成了互联网电商。每个人在互联网上有一个由数据构成的分身，人们通过这个分身，在互联网上获取商品信息和进行购物。在这个分身后面的可以是任何人，商品与数据紧密相连，而商户与顾客

的交流和联系往往要通过额外的方式进行。

但随着技术的进步，人本身的特征也开始在与线上的链接中发挥作用，如交易支付时使用的指纹验证、手机的面部识别解锁、音乐软件的语言识别播放，这使得人们与设备、程序或是数据之间似乎可以形成一种微妙的互动，当这种互动发生在智慧零售之中时，便会带给顾客独特的购物体验，一般顾客都是会偏向于这种体验的，而这种体验我们通常称之为"人情味"。

微信小程序智慧零售商户想利用"人情味"来吸引顾客，首先就让作为智慧零售入口的小程序"活"起来，这里的"活"并不是指生理意义上的"活"，而是指要让门店小程序变得更加智能，商户可以通过引领智能识别和智能推荐技术，让门店小程序不仅仅只是一个入口，还可以是门店的接待员和服务员，并且在商户进营销活动时，能成为沟通顾客的窗口。

3.2.5 用小程序去进行促销活动

实体门店需要拉新引流时，开展促销活动无疑是最常用的方法之一，传统的门店促销活动开展时，除了用优惠来吸引感兴趣的顾客外，一般都是发放传单或让营销人员在门店周围赠送优惠券招揽顾客。但是商户如果使用微信小程序进行智慧零售经营，促销活动就将变得轻松多了。

就拿一家社区超市作为例子来说，超市可以将详细的优惠信息放到小程序中，把最有吸引力的内容打印成海报，并附上门店小程序的小程序码，如图 3-19 所示。

◆ 图 3-19 线下超市促销活动海报

这样既可以节省发放传单的人力和材料成本的支出，又可以为顾客提供一个自行获取优惠信息的窗口，并且顾客中的微信熟练使用者得知门店小程序可以获取详细的促销活动信息后，就会自助通过附近的小程序入口进入小程序查看优惠信息，这也相对减少了活动现场引导人员的工作压力，正可谓一石三鸟。

发放优惠券的工作也可以交给小程序完成，如图 3-20 所示。并且在通过微信的智能算法识别出了参与活动的超市会员顾客或有过数据记录的顾客后，根据他们的不同消费喜好，门店小程序可以向他们发放不同的优惠券，实现个性化的促销活动。

此外，促销活动中如果有现场互动环节，也可以在这些环节中加入门店小程序的应用，争取调动所有顾客对促销活动的热情，而不是只有靠近舞台或主持人的那部分顾客最积极。

◆ 图 3-20　小程序发放优惠券

3.3　利器：原来小程序如此吸粉

小程序自上线以来就备受关注，各种类型的小程序层出不穷，在 2017 微信公开课公布的数据中，我们可以看到微信小程序已经上线了 58 万个，并拥有了 1.7 亿的日活跃用户。微信小程序无疑将成为新一代的吸粉引流利器，微信小程序强大的吸粉引流能力已经无法被忽视。下面笔者就带大家看看几个目前非常火热的微信小程序，供大家参考学习。

3.3.1　"花帮主识花"上线 5 个月积累 60 万用户

人们对这个世界总是充满好奇的，特别是喜欢经常外出游玩的人。多数人出去旅游游玩时都是去看风景名胜或者自然美景，与自然接触的多了，就不免会看到一些美丽的花花草草，而很多时候我们却叫不出这些花草的名字。

这时候很多人就会拍照发朋友圈求助"大神"好友，但如果"大神"好友也不知道这些花草的名字呢？这时部分人就又会去百科搜索或者在网上求助专家，如果得不到结果，就会十分难受。

因此叫不出花的名字已经成为人们普遍的一种痛点，但好在现在的图像识别技术也十分进步了，人们可以通过拍照获取图像，用图像识别技术的来获取图像中的信息，这也基本就是"花帮主识花"小程序的识花流程，如图 3-21 所示。

◆ 图 3-21 小程序识花流程

"花帮主识花"小程序是一款识花小程序，通过拍摄植物，将照片上传到云端数据库进行分析识别，最后告诉识花者植物的名字和相关百科信息。"花帮主识花"小程序上线短短 5 个月就累计了 60 万用户，这其中的原因除了其解决了人们普遍的好奇心痛点外，小程序轻便和用完即走的特性也占了很大一部分原因。

人们对陌生植物的了解其实是一个低频痛点，一般人在日常生活中并不会频繁接触到陌生的植物，所以在识花小程序之前的识花 APP 没有太大的影响力。

3.3.2 "小睡眠"为用户提供超过 5000 万次服务

如今睡眠质量差已经成为一种普遍的城市病，特别是在都市上班族群体中这种情况尤其突出，睡不好，甚至失眠对他们来说已经是家常便饭。因此人们产生了一种迫切需要改善睡眠质量的需求，"小睡眠"小程序满足了这一点需求，它提供了多款原创的助眠白噪音，还有个性化的睡眠辅助方案供用户选择，为广大用户提供了快速、轻松改善睡眠质量的解决方案，如图 3-22 所示。

◆ 图 3-22 "小睡眠"小程序

"小睡眠"小程序目前已累计为用户提供了超过 5000 万次的服务，并且还推出了自己独立的 APP，满足用户更复杂的需求，同时提供更精准的服务。"小睡眠"小程序取得的成功是有目共睹的，与识花小程序不同，"小睡眠"没有运用到太多技术手段，但它却能如此吸引微信用户，笔者认为主要原因有以下几点。

❶ 满足刚需

睡眠是人的一种生理本能，也是人生活中的一种刚性需求，"小睡眠"小程序正是为提升睡眠质量服务的。并且人们提升睡眠质量的需求不但硬，而且还很广，更好的睡眠质量是每个人都需要的，即使是没有睡眠问题的人群，也对"睡得香"有着不小的需求。

❷ 轻便体验

使用"小睡眠"小程序来助睡或者提升睡眠质量，用户可以收获到十分轻便的体验。首先，小程序不需要下载和安装，用户打开即可使用；其次，"小睡眠"的界面也十分简单，只有一个页面，用户不用来回切换界面，只需点击一个步骤就可使用。轻便的体验让"小睡眠"小程序不同于传统的助眠枕、助眠熏香等产品，用户不仅可以十分简便地使用，还不用花费任何成本，很容易引发社交圈之间的分享。

❸ 早期上线

"小睡眠"小程序作为第一批跟随微信官方发布小程序步伐上线的工具型小程序，自然是得到了微信本身和媒体的关注，上线第一天，"小睡眠"小程序就收获了 70 万的新用户。"小睡眠"小程序率先抢占了助眠小程序的市场，在微信用户只可以使用有限的小程序时就进入了微信用户的视野，因此聚集了大量用户。而现在再去微信小程序中搜索"睡眠"，会产生大量的助眠小程序结果，如图 3-23 所示。

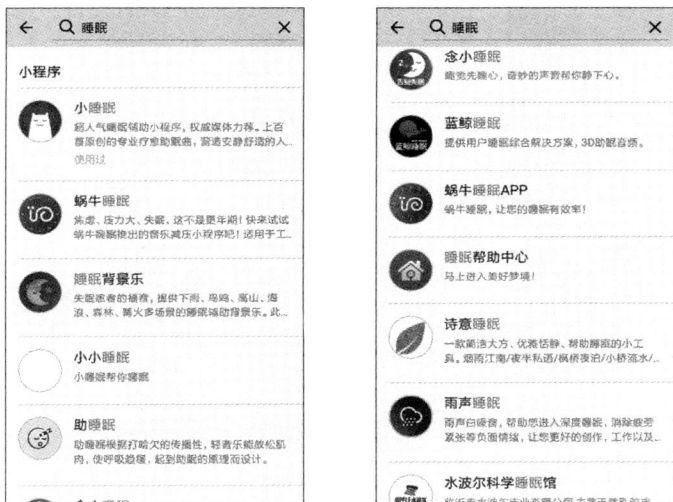

◆ 图 3-23 "睡眠"搜索结果

❹ 覆盖广泛

普通 APP 用户的年龄层基本都在 35 岁以下，但小程序不一样，小程序的用户覆盖范围是可以借助微信进一步扩大的。微信具有强大的社交通信功能，很多中老年群体为了与子女或亲戚交流也会使用微信，而微信小程序的一大特点就是使用简单方便，所以中老年群人是微信小程序很大的潜力用户。

随着年龄的增长，身体各种机能老化，中老年人群很多都有睡眠问题，"小睡眠"小程序能够切实改善睡眠质量，获取和使用也十分简单，本身也具有吸引中老年用户的潜力。而根据小睡眠团队给出的数据表明，已经有 16% 的用户都属于中老年群体。

3.3.3 铂涛旅行酒店预订峰值突破日均 62000 单

以前人们在外进行商务旅行活动时，要住宿时通常是通过第三方平台来预订酒店，图 3-24 所示即为微信和支付宝两大常用 APP 上的住宿服务入口。

◆ 图 3-24　微信与支付宝上的住宿服务入口

一般的酒店可能只会有自己的官网平台，不会有 APP 平台，一是由于 APP 的开发、运营和维护的成本太高，二是由于现在智能手机的内存虽然在不断增大，但人们却越来越不愿意将手机内存分给那些不常使用的 APP 了，而普通酒店的 APP 便很容易被划到不常使用 APP 这一类中。

所以许多酒店将部分预订业务授权给第三方平台，但这又等于在和竞争对手在分享客流，并且，在第三方预订平台最吸引的往往是那些大品牌的酒店或者与第三方平台有深入合作的酒店，中小酒店和地方性的酒店获得的客流相对较少。

但引入了微信小程序的酒店就不同了，这些酒店可以在微信小程序上开发自己专属的线上服务平台，从而摆脱对第三方平台的引流依赖。

铂涛旅行酒店就是一个很好的例子。图 3-25 所示为铂涛旅行酒店预订房间的小程序"铂涛旅行"，其界面清晰简单，除了预订房间的必要信息外，没有任何多余的信息。

◆ 图 3-25　铂涛旅行界面

　　并且"铂涛旅行"小程序不只是一个预订房间的便捷窗口，用户在入住酒店后"铂涛旅行"小程序就变成了一个方便的服务平台，用户可以在其中自助完成订房、续房和退房操作，而不必亲自到前台办理手续。

　　铂涛旅行酒店将微信小程序与自身企业的日常经营融合起来，这也使得铂涛旅行酒店不仅可以通过微信小程序为其吸引客流，还能够利用微信小程序让酒店经营更有效率，同时小程序也让酒店顾客更加方便，提升用户体验，吸引更多回头客。凭借"铂涛旅行"小程序，铂涛旅行酒店的日均峰值订单突破了 62000 单。

3.3.4　微软小蜜小程序 0 宣传获得 500 多万访问量

　　微软小蜜是一款结合了众多人工智能技术的小程序，也是一款很实用的办公类小程序。微软小蜜可以将用户拍摄或上传的图片中的文字内容识别出来，并根据图片的内容，生成可编辑的 PPT 文件，具体流程如图 3-26 所示。

　　微软小蜜也是第一批跟随微信官方发布小程序步伐上线的工具型小程序，但开发微软小蜜的微软 Office 365 中国团队似乎只将其作为一个试验前端技术的平台，并没有去进行任何主动的运营和推广，但凭借自身过硬的质量，微软小蜜也是吸引了大量的用户，目前微软小蜜小程序的累计访问量已经超过了 500 万，并有累计超过 100 万张图片处理量和超过 40 万份 PPT 制作量，每日使用微软小蜜的用户也有 70% 是老用户。

◆ 图 3-26　微软小蜜生成 PPT 的流程

3.3.5　"if 试用"小程序总点击量超过 60 万次

"if 试用"小程序是第一批申报并完成上线的小程序，其核心业务是时尚类产品的试用测评。图 3-27 所示为"if 试用"小程序的界面。

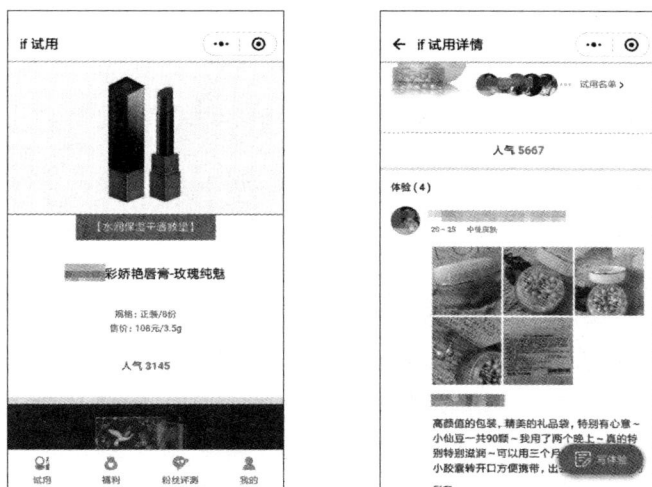

◆ 图 3-27　"if 试用"小程序界面

从界面中可以看出，"if 试用"小程序的界面虽然很简洁，但其核心业务主要依托的产品展示功能和用户体验分享交流却也一点都没有缩水。

正是对自身业务的准确把握，"if 试用"小程序能精准定位受众，在微信中吸粉无数。据了解，截至 2017 年 5 月底，"if 试用"小程序的注册用户已经超过 2 万，总点击量更是超过 60 万次，凭借这些用户基础，"if 试用"小程序的业务范围也从开始的美容化妆品扩展到如今的时尚生活领域。

4 CHAPTER

搜索排名，增加曝光流量自然来

势不可当：
微信小程序智慧零售

　　微信中搜索排行对小程序的使用率起到了决定性的作用。如果商户能够让自己的小程序智慧零售平台搜索排名靠前，自然就能获得较高的使用率。

　　那么，如何才能有效地提高微信小程序的搜索排名呢？这也是本章将要重点解答的一个问题。

◆ 规则：小程序排名这些说了算

◆ 优化：小程序排名带动智慧零售

4.1 规则：小程序排名这些说了算

因为微信小程序的搜索排名对用户的使用起到十分大的引导作用，所以，许多微信小程序电商运营者一直致力于提高自家微信小程序的搜索排名。传统电商尚且如此，作为日后即将取代传统电商的新零售商户就更需要重视微信小程序的搜索排名了。

但是，在此之前，微信小程序智慧零售商户还必须弄清楚微信小程序的搜索排名是由哪些因素决定的，只有如此，对于如何提高自家微信小程序的搜索排名才能做到有的放矢。

4.1.1 使用总量

微信小程序的总使用量在搜索排名中的影响占比约为 50%。也就是说，一个微信小程序的排名，从很大程度上来说是由微信小程序的使用次数决定的，使用次数多的微信小程序排在越靠前的位置。所以，微信小程序智慧零售商户要想提高微信小程序的排名，需要着力于增加其使用量。

那么，微信小程序智慧零售商户怎样来增加小程序的使用量呢？笔者个人认为主要有两种思路，如图 4-1 所示。

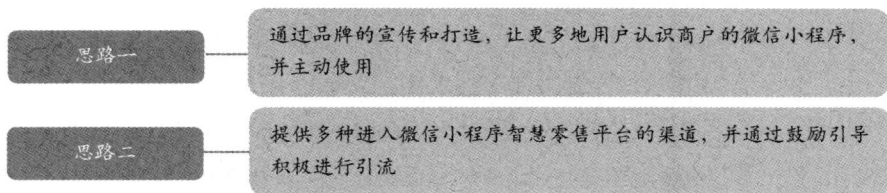

思路一	通过品牌的宣传和打造，让更多地用户认识商户的微信小程序，并主动使用
思路二	提供多种进入微信小程序智慧零售平台的渠道，并通过鼓励引导积极进行引流

◆ 图 4-1 增加小程序使用量的思路

4.1.2 关键字词

微信小程序名称中是否有用户搜索的关键词在搜索排名中的影响占比约为 35%。通常来说，在名称中包含关键词的情况下，名称越短，商户的微信小程序的搜索排名也就越靠前。

当用户选取某个关键词搜索微信小程序时，系统会把名称中有该关键词的小程序排在前面，而那些名称中没有该关键词的小程序将被排在相对后面，甚至不会出现在搜索结果中。

图 4-2 所示为在微信小程序中搜索"快餐"的结果，从该搜索结果中可以看出，所有排名靠前的微信小程序都有一个共同点，那就是名称中都有"快餐"这个关键词。而我们熟悉的西式快餐（如肯德基、麦当劳）的微信小程序，均未出现在搜索结果中。

所以，如果用户在搜索结果中选择小程序进入，这类名称中没有关键词的快餐就会被排除在外。因此，运营者在给微信小程序电商取名时一定要多花一些工夫，一定要基于微信小程序智慧零售平台自身的主要业务并结合热点关键词进行命名，并尽可能地控制好名称的长度。

◆ 图 4-2　搜索"快餐"的部分结果

另外，值得一提的是，微信小程序的名称具有唯一性，也就是说，名称如果被其他运营者抢先一步注册，那么，你将无法再用同样的名字。所以要想获得满意的微信小程序名称，商户还需尽早注册。

4.1.3　使用频次

微信小程序描述（也就是介绍）中关键词的出现频次在搜索排名中的占比约

为 10%。一般情况下，描述中关键词出现的次数越多，商户的微信小程序智慧零售平台的排名也就越靠前。

另外，用户在搜索某一关键词之后，可能也会查看搜索结果的微信小程序平台的描述。如果在描述中看不到关键词，那么，用户很可能会认为该微信小程序是在"挂羊头卖狗肉"。这样一来，用户很可能就不会再进入该微信小程序了。

相反地，如果在描述中多次出现关键词，那么，用户便会觉得该微信小程序智慧零售平台能够提供其想要的服务，并且会认为该微信小程序智慧零售平台与之相关的服务相对较为全面，而用户对小程序也就多了一些信心。

所以，在编辑微信小程序的相关介绍时，微信小程序智慧零售商户一定要有意识地增加关键词的使用频率，全面对店铺平台进行介绍，让用户通过描述看到平台的专业。

4.1.4 上线时间

微信小程序电商平台的上线时间在搜索排名中的占比约为 5%。在其他条件相同的情况下，微信小程序电商平台上线的时间越早，其排名也就相对越靠前。

要想在一种新生事物中获得发展，方法多种多样，但是如果能及早入场，那么，获胜的概率往往要更大一些。微信小程序智慧零售也是如此，如果商户尽早发布小程序，那么，小程序的发展契机通常也要更多一些。这主要体现在以下两个方面，如图 4-3 所示。

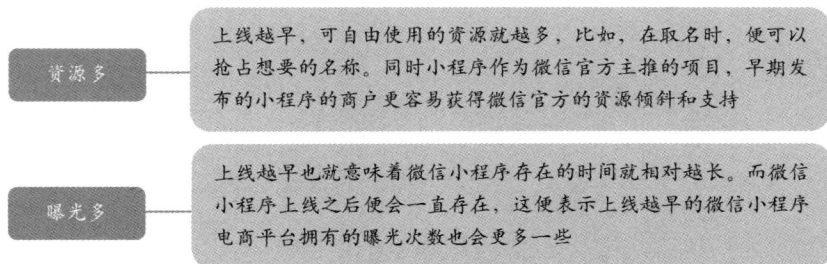

资源多　上线越早，可自由使用的资源就越多，比如，在取名时，便可以抢占想要的名称。同时小程序作为微信官方主推的项目，早期发布的小程序的商户更容易获得微信官方的资源倾斜和支持

曝光多　上线越早也就意味着微信小程序存在的时间就相对越长。而微信小程序上线之后便会一直存在，这便表示上线越早的微信小程序电商平台拥有的曝光次数也会更多一些

◆ 图 4-3　尽早发布对小程序的好处

因此，如果商户有运营微信小程序智慧零售的想法，一定要尽快发布微信小程序。虽然上线时间在搜索排名中的占比不是很高，但是，它对于微信小程序智慧零售商户日后的运营和发展却是影响深远而重大的。

4.1.5　使用状态

虽然微信小程序是否在使用并不在搜索排名中占比，但是，如果一个微信小程序暂停使用，那么，它便会因为用户无法进入，使用量不断减少而出现排名下降的情况，而且停止使用的微信小程序对于用户来说也就失去了意义。所以，微信小程序正在使用对于其搜索排名也是非常重要的。

以罗辑思维的"得到"小程序为例，作为首批小程序，就在其推出之后第 5天，也就是 2017 年 1 月 13 日。罗辑思维创始人罗振宇在微信聊天信息中便表示"得到"将退出小程序，具体如图 4-4 所示。

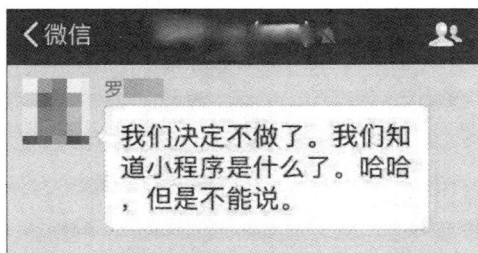

◆ 图 4-4　罗辑思维创始人罗振宇的微信聊天信息

随后，"得到"小程序便宣布暂停服务，用户在进入该微信小程序时，便只能看到如图 4-5 所示的画面。

◆ 图 4-5　"得到"小程序暂停服务

当然，在看到微信小程序良好的发展势头之后，罗辑思维不惜打脸重新重返微信小程序，并推出以内容为卖点的"得到商城"（现已更名"知识礼物"）小程序。但是，一段时间的暂停服务却让其失去了本应拥有的巨额使用量。

如果是一个名字中的关键词有众多同类商家的微信小程序智慧零售商户也犯了与之相同的错误，那么，结果很可能就是将用户驱赶至其他微信小程序，这就相当于是挖个坑把自己给埋了。

4.2 优化：小程序排名带动智慧零售

正是因为微信小程序的搜索排名将作为一种场景呈现给用户，所以，许多微信小程序智慧零售商户想方设法提升自身微信小程序的排名。但是，在此过程中，如果方法不正确，结果很可能只能是劳心劳力却没有得到预期的效果。其实，提升小程序排名是有技巧的，只要掌握了技巧，自然就能事半功倍。

4.2.1 借势热点关键词

在影响小程序搜索排名的各种因素中，最直观的无疑就是关键词。但是用户在搜索时所用的关键词可能会呈现阶段性的变化。具体来说，许多关键词都会随着时间的变化而具有不稳定的升降趋势。

因此，运营者在选取关键词之前，需要先预测用户搜索的关键词，下面笔者从两个方面分析介绍如何预测关键词。

❶ 参照热点预测关键词

社会热点新闻是人们关注的重点，当社会新闻出现后，会出现一大波新的关键词，搜索量高的关键词就叫热点关键词。

因此，微信小程序智慧零售商户不仅要关注社会新闻，还要会预测热点，抢占最有力的时间点预测出热点关键词，并将其用于微信小程序的名称中。下面笔者介绍一些预测热点关键词的方向，如图 4-6 所示。

❷ 根据季节预测关键词

即便搜索同一类物品的小程序，用户在不同时间阶段选取的关键词仍有可能会有一定的差异性。也就是说，用户在搜索关键词的选择上可能会呈现出一定的季节性。因此，运营者需要根据这种季节性，预测用户搜索时可能会选取的关键词。

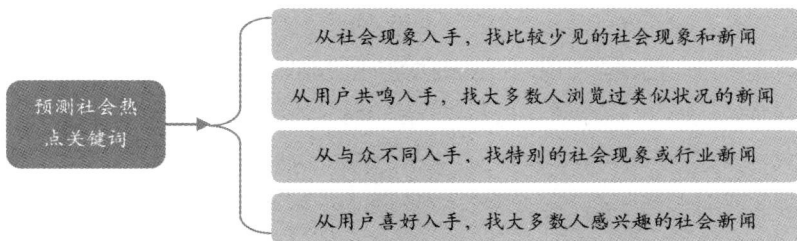

图 4-6 预测社会热点关键词

季节性的关键词预测还是比较容易的，微信小程序智慧零售商户除了可以从季节和节日名称上进行预测，还可以从以下方面进行预测，如图 4-7 所示。

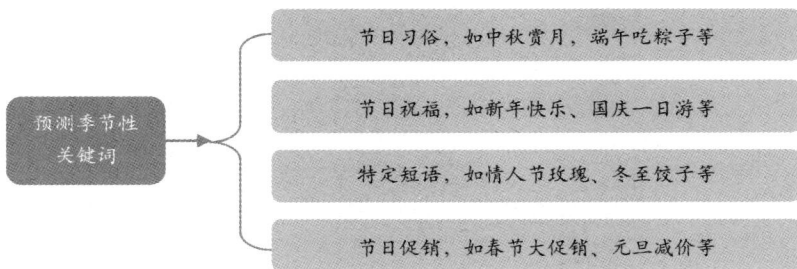

图 4-7 预测季节性关键词

值得一提的是，关键词的季节性波动比较稳定，主要体现在季节和节日两个方面，如用户在搜索服装类小程序时，可能会直接搜索包含四季名称的关键词，即春装、夏装等；节日关键词会包含节日名称，即春节服装、圣诞装等。

4.2.2 增加关键词频率

增加关键词出现的频率也是提高微信小程序搜索排名的一种不错的方法。就算使用了大量的关键词，小程序的搜索排名却因为点击量等其他因素而没有排在最前面，但大量的关键词也会第一时间吸引到依据关键词搜索小程序的用户的注意，让其在感觉上更倾向于选择关键词出现次数多的小程序。

不过在增加关键词的使用频率之前，微信小程序智慧零售商户还需调查选择值得被多次曝光的关键词。这一点商户可以查看朋友圈的动态，抓取近期的高频词汇，将其作为关键词嵌入小程序中，并适当地让选取的关键词多出现几次。

图 4-8 所示为某微信用户朋友圈的截图，从该图可以看出"三生三世"出现的频率很高，所以，运营者可以将"三生三世"作为关键词嵌入小程序中，并增加该词汇的使频率。

需要特别说明的是，运营者统计出近期出现频率较高的关键词后，还需了解关键词的来源，只有这样才能让关键词用得恰当。

◆ **图 4-8　朋友圈近期关注较多的关键词**

比如，在了解到上图的"三生三世"关键词是来源于电视剧《三生三世十里桃花》之后，运营者可以将该词嵌入小程序中。有需要的甚至可以写一篇关于该剧的微信文章，然后在文章中对小程序进行推广，这样做除了把握热门关键词之外，还可以从一定程度上起到引流的作用。

另外，关键词的精准程度是影响小程序搜索率的重要因素，所以，在选取关键词并增加其使用频率之前，运营者还需要判断所选取的关键词与小程序的内容是否具有相关性。

只有当关键词与小程序具有一定联系时，才有可能对小程序的搜索排名起到切实的作用。对此，运营者可从小程序的名称和相关介绍，这两个方面入手，通过精准关键词的选择直接命中用户的痛点。接下来，笔者将就这两方面进行具体介绍。

❶ 名称中关键词的精准程度

运营者的小程序名称应该准确地描述出小程序的功能或业务，让搜索的用户一眼就能判断小程序是否实用，而不能靠一些没有实际作用的热词吸引用户眼球。对小程序功能的准确描述是一个关键点。

比如，一个餐饮零售商户的小程序，却因为近期女装时尚等元素流行，而在其小程序中频繁地出现"女装""时尚"等关键词就十分的不合适，这样一来会误导搜索用户，根本达不到真正提升微信小程序搜索排名预期的效果；二来吸引来的都不是目标用户，对微信小程序智慧零售商户也带不来什么实质性的好处，因此商户在给自家的小程序命名时一定要找准关键词。

❷ 介绍中关键词的精准程度

小程序介绍内容中关键词的精准程度也能影响到微信小程序电商的搜索率，关键词在相关介绍中出现的位置与排名有较大的相关性，因此，运营者最好是将关键词放在小程序介绍的最前面，如第一段或正文最前面的 10 个字内，而且要尽可能加大使用频率，增加小程序内容的全面性。

对于关键词使用频率高的微信小程序，许多人会产生一种感觉，那就是这个小程序中与该关键词相关的信息是最全面的，进而在此基础上理所当然地将它们作为第一选择。

所以，在小程序的介绍中，运营者需要尽可能地增加关键词的出现频率，让用户觉得你的小程序内容最全面。

4.2.3　做好自定义设置

为了增加搜索的针对性，微信向小程序运营者开放了自定义关键词功能。运营者可以通过如下步骤，为自己的微信小程序电商自定义关键词。

步骤 01 登录"微信公众平台 I 小程序"，点击菜单栏中的"推广"按钮，❶ 进入"自定义关键词"版块，❷ 点击该界面下方的"添加关键词"按钮，如图 4-9 所示。

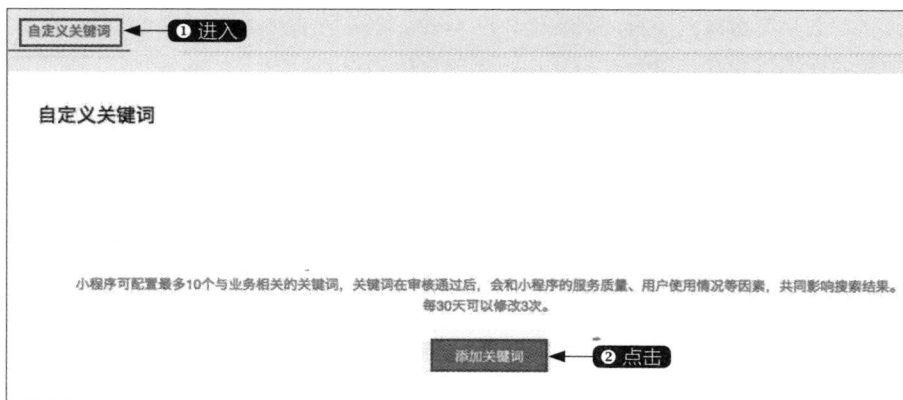

◆ 图 4-9 "自定义关键词"版块（1）

需要特别说明的是，只有已经发布的微信小程序才拥有自定义关键词功能，如果小程序还未发布，那么，进入"推广"界面之后，页面中会显示"暂时无法使用"，具体如图 4-10 所示。

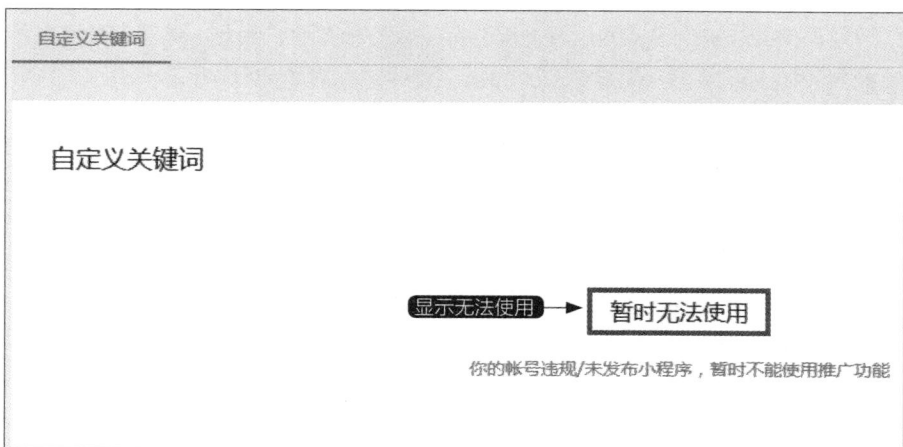

◆ 图 4-10 "自定义关键词"版块（2）

步骤 02 点击"添加关键词"按钮之后，❶ 进入如图 4-11 所示的"添加关键词"界面，在该界面 ❷ 输入关键词，❸ 点击后方的"确定"按钮，自行添加关键词。关键词添加完成之后，❹ 点击下方的"提交审核"按钮。

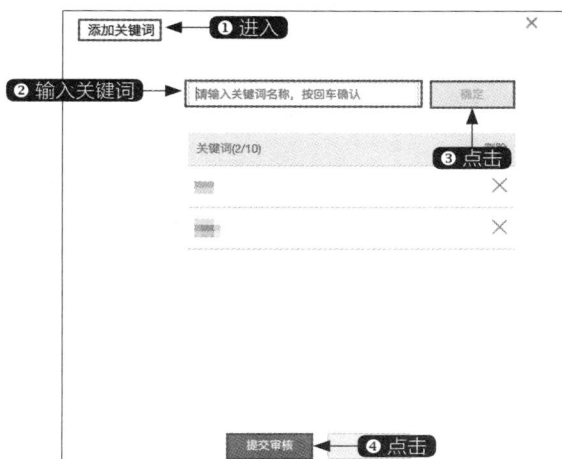

◆ 图 4-11　自定义关键词

　　值得一提的是，微信小程序最多只能添加 10 个关键词。在具体操作时，运营者一定要结合自身实际情况，选择对微信小程序电商推广效果相对较好的词汇作为关键词进行添加。

　　步骤 03　执行上述操作后，自定义关键词添加申请便提交完成。与此同时，"推广"界面中将提示"关键词搜索策略将在 ×× 日生效"，如图 4-12 所示。另外，自定义关键词每个月只能修改 3 次，因此，运营者在添加关键词时需要慎重。

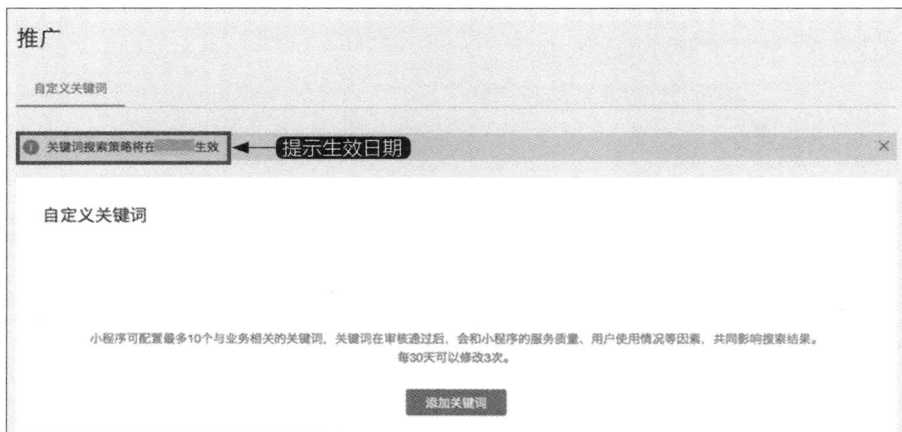

◆ 图 4-12　自定义关键词

步骤 04 自定义关键词申请提交完成之后，运营者将在 7 个工作日之内得到申请结果。如果申请通过了，便可以在"关键词管理"版块看到"审核通过，使用中"的字样，并且在每个关键词后方都会显示"审核通过"，具体如图 4-13 所示。

◆ **图 4-13 "关键词管理"版块**

与此同时，"推广"界面中将以折线图的形式表示推广效果，如图 4-14 所示。微信小程序智慧零售商户可根据这些图的走势判断自定义关键词获得的推广效果，并决定是否要对关键词进行更改。

对于大多数微信小程序智慧零售商户来说，自定义关键词的操作并没有太多难度，真正令他们头疼的是选用哪些词。对此，运营者需要根据自身小程序的业务范围选用相对热门的关键词。

需要特别说明的是，热门与热点不同，热门是表示关键词已经出来，并且这些词本身具有较高的搜索量，因此，热门关键词是不需要预测的，运营者需要做的主要是进行关键词的选择

那么，热门关键词应该如何选择？笔者认为，运营者可以从 8 个方面分析、选择热门关键词，具体如图 4-15 所示。

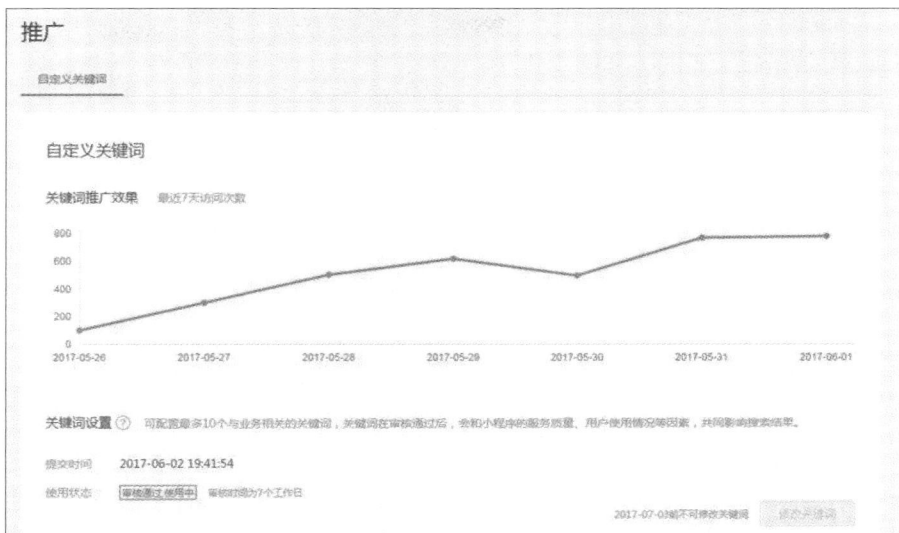

◆ 图4-14　自定义关键词

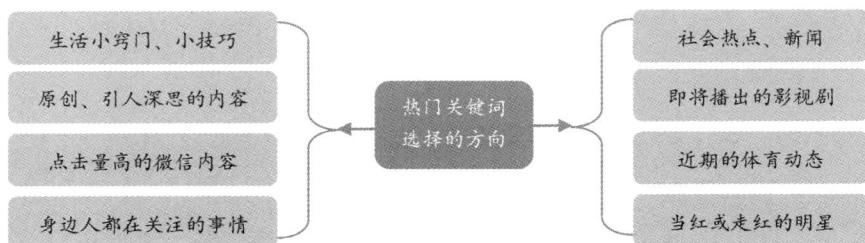

◆ 图4-15　热门关键词选择的方向

　　关键词可粗略分为两类，一类是包含的范围相对较大，相对主流的关键词，即目标关键词，上文提到的热门关键词便属于此类。还有一类就是长尾关键词，它是指词汇包含范围相对较小，相较于目标关键词而言，用户搜索频率较低的关键词。

　　虽然长尾关键词的搜索率要比目标关键词低，但是，作为关键词的一种，它也可以为微信小程序电商带来一定的流量。而且，因为长尾关键词的语义相对具体，所以，它往往比目标关键词更能获得精准用户。

那么，如何获取有效的长尾关键词呢？笔者认为，运营者可以通过 4 种方式对长尾关键词进行挖掘，如图 4-16 所示。

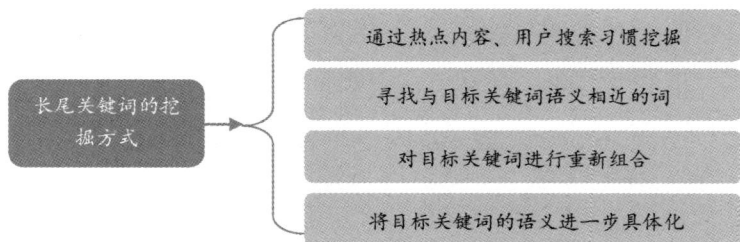

◆ 图 4-16　长尾关键词的常见挖掘方法

比如，"服装"作为产品的一个种类，在小程序的搜索中可视作目标关键词。而"衣服"与"服装"语义大致相近，因此，运营者可以将其作为一个长尾关键词。另外，"服装"又包括许多种类，运营者可将其中相对具体的"男装"、"女装"作为长尾关键词。

某个小程序名为"微商服装衣服男装女装鞋子皮包包"，所以，用户搜索"服装""衣服""男装""女装"，在结果页面都可以看到该小程序，具体如图 4-17、图 4-18、图 4-19、图 4-20 所示。

◆ 图 4-17　搜索"服装"的结果　◆ 图 4-18　搜索"衣服"的结果

◆ 图4-19 搜索"男装"的结果 ◆ 图4-20 搜索"女装"的结果

虽然该小程序的由于名称相对较长，显得不是太好看，但是，与其他小程序相比，它却有两大优势。首先，因为长尾关键词的添加，它可以更精准地获得潜在用户。其次，随着关键词数量的增加，该小程序被搜索到的概率增加，商户小程序能通过搜索这一途径获得更多流量。

专家提醒

长尾关键词的添加并不一定尽可能多地将关键词加入小程序名称中。当然，不可否认的一点是，名字较长的小程序因其包含的关键词相对也比较多。所以，与其他小程序相比，此类小程序往往能通过搜索获得更多的点击量。

4.2.4 利用链接来引流

因为微信小程序的搜索排名与用户的使用次数直接相关，而通过链接增加人流量又是增加用户使用次数的重要途径。所以，链接的引流效果也可对小程序的搜索排名产生影响。

链接大致可以分为两类，一类是实现小程序内页面跳转的内部链接，另一类是由其他平台跳转至小程序页面的外部链接。单从流量的获取效果来看，外部链接明显要好于内部链接。因此，这一小节笔者将重点对外部链接引流的相关内容进行解读。

搜索引擎判断页面与关键词的相关性一般都是以页面上含有的元素进行分析，若页面上多次出现"外卖"，或堆砌相关关键词，搜索引擎就会判断为该页面是与"外卖"相关的内容。

这就导致许多商家在页面上堆砌搜索次数高的关键词，让搜索引擎误以为该页面与热门关键词有关，实际上该页面的主题内容与关键词没有相关性，页面得到流量后，再诱导用户点击广告，不管用户的体验如何。

虽然这样相关性的排序算法曾经被滥用过，但是并不可取，与这样的自说自话的行为相比，搜索引擎更加注重他人的说法，如很多摄影网站都说你的网站是摄影领域的专家，那么，搜索引擎就会极大可能认为你的网站确实是摄影方面的权威。

因此，微信小程序智慧零售商户在导入其他网站链接时若使用其他网站吹捧自己的链接，那么，外部链接的优化就相当成功了。

随着搜索引擎优化的对象越来越多，微信小程序电商要获得外部链接变得越来越难，目前，还比较有效并能快速获得链接的方法，应当是链接诱饵了。链接诱饵主要是从内容入手，需要精心设计和制作，创建有趣、实用的内容来吸引外部链接。

通常，通过链接诱饵获得的外部链接，都符合好的链接标准。下面笔者分别从诱饵制作和诱饵种类两方面进行介绍。

❶ 诱饵的提供

微信小程序电商的链接诱饵最主要的还是内容要有创意，因此，暂时还没有统一的标准和适用于所有情况的模式。在制作小程序链接诱饵时需要注意以下几个方面，如图 4-21 所示。

❷ 诱饵的类别

链接诱饵有很多种类，小程序运营者可以根据诱饵的种类来思考吸引链接的方法，图 4-22 所示为链接诱饵的常见类别。

制作链接诱饵的注意事项

要坚持制作和积累链接，因为并不是每一个链接诱饵都能够成功

若以内容为王，必定要在标题上下功夫，好的标题就是链接成功的一半

链接诱饵的主要目的是吸引目标对象的注意，所以应该去掉诱饵页面中的所有广告性质的内容

在链接诱饵的页面上可以提醒和鼓励目标对象进行分享

链接诱饵在排版上，整洁的页面有利于目标对象的阅读，容易引起对象的分享，而设计上，在链接诱饵页面中加入图片视频或列表可以增加外部链接数量

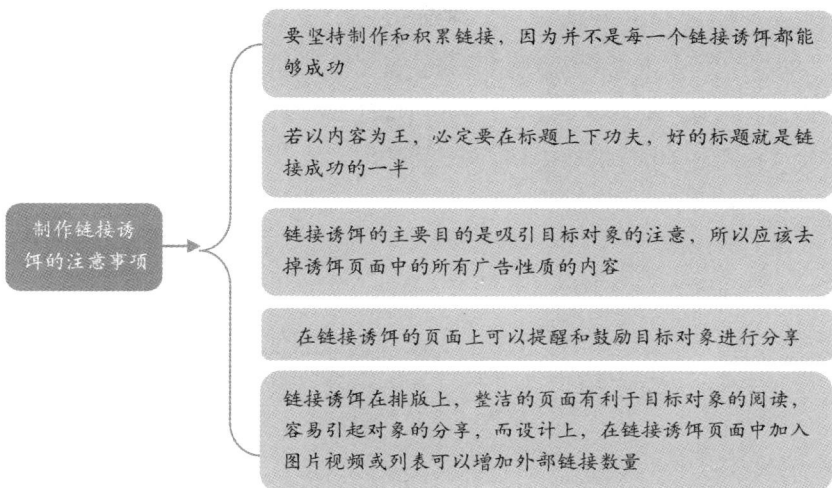

◆ 图 4-21 制作链接诱饵的注意事项

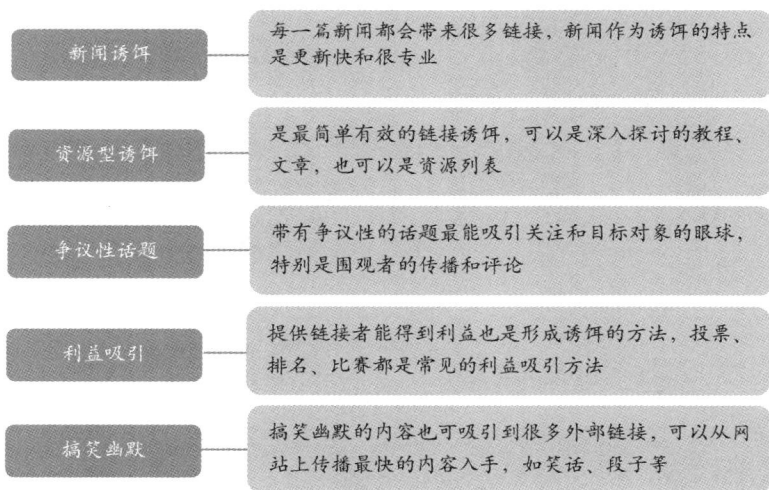

新闻诱饵

每一篇新闻都会带来很多链接，新闻作为诱饵的特点是更新快和很专业

资源型诱饵

是最简单有效的链接诱饵，可以是深入探讨的教程、文章，也可以是资源列表

争议性话题

带有争议性的话题最能吸引关注和目标对象的眼球，特别是围观者的传播和评论

利益吸引

提供链接者能得到利益也是形成诱饵的方法，投票、排名、比赛都是常见的利益吸引方法

搞笑幽默

搞笑幽默的内容也可吸引到很多外部链接，可以从网站上传播最快的内容入手，如笑话、段子等

◆ 图 4-22 链接诱饵的类别

4.2.5 口碑好评换排名

可能部分小程序商户在看到本节标题之后，会认为争取用户好评与微信小程序的搜索排名并无直接关系，其实不然。从关键词的搜索排行上来看，用户点击

量越高的小程序越排在前面。

而许多用户点击某一小程序，很可能是基于其他用户或者某些小程序应用商店的好评。因此，用户好评实际上就是用户进入小程序之前重点参考的场景，它对微信小程序电商的搜索排名可以说是至关重要。

那么，如何争取用户的好评呢？笔者认为，可以通过一定的举措增加小程序内相关产品的好评率，这一点对购物类小程序尤其重要。对此，该类小程序的商户可以通过提高产品质量和服务水平，以及赠送物品等方式，赢得用户的好评。

图 4-23 所示为"京东购物"小程序中某手机壳的"商品详情"界面，从该图不难看出，商家为了增加对用户的吸引力，推出了购手机壳送钢化膜和挂绳的方案。而结果是许多用户基于赠送的钢化膜等物品，给出了好评，图 4-24 所示为部分顾客对该手机壳的评价。

◆ 图 4-23 某手机壳"商品详情"界面　◆ 图 4-24 部分顾客的评价

专家提醒

用户之所以会给微信小程序电商或小程序中的产品好评，可能有两个原因。

一是它对于用户确实是有用处的，出于理性给好评。对此，小程序商户和商家可以通过完善小程序功能和提高产品质量等途径实现。

二是用户对它产生了好感，出于感性给好评。为此，小程序商户和商家可以通过互动增强情感联系、赠送物品让用户觉得买得值等方式，增强情感分。

4.2.6　宣传提高使用率

要想让用户使用微信小程序店铺进行购物，提高小程序的使用量，小程序商户首先要做的就是制造场景让用户知道微信小程序店铺平台的存在。对此，微信小程序商户可以通过多种渠道从线上、线下分别对微信小程序进行宣传。

❶ 线上宣传

线上宣传微信小程序电商平台，除了要让用户知道微信小程序店铺的存在之外，还需要为用户进入小程序提供一个一点即可进入的渠道。也就是说，不仅要多渠道宣传还要让小程序随时可以进入。

对此，微信小程序智慧零售商户如果有自己的微信公众号，便可以在公众号文章中适时插入微信小程序的链接卡片，提供进入小程序店铺的场景。图 4-25 所示为某微信公众号文章的截图，其采用的便是这种宣传方式。

除此之外，小程序商户还可以通过图片 + 链接的形式进行宣传。图 4-26 所示为某小程序店铺的一张宣传图片，这张图片最妙的地方就在于，在有网络的情况下，点击"狂点下方秒进商城"便可以进入微信小程序电商平台。

❷ 线下宣传

线下宣传微信小程序电商平台最重要的一点是让用户知道小程序的同时，方便用户进入小程序。虽然线下不能像线上一样点击链接直接进入小程序，但是，小程序商户可以借助二维码，让用户扫码进入。

图 4-27 所示为"i 麦当劳"的宣传海报，在这张海报中，不仅提供了"消费就获得积分"、"兑换惊喜优惠券"等诱饵，更在右上方提供了该小程序的二维码。这样一来，经常光顾麦当劳的顾客，看到该海报之后，很可能就会选择扫码进入小程序，而这便达到了引流的目的。

◆ 图 4-25　某公众号文章的截图　　◆ 图 4-26　某小程序电商平台宣传图

◆ 图 4-27　"i 麦当劳"小程序的宣传海报

5
CHAPTER

多样推广，爆款小程序引爆流量

势不可当：
微信小程序智慧零售

如今社会是一个网络化的社会，信息之间的流通速度异常之快。微信小程序智慧零售商户在为自己的店铺和微信小程序引流时，不仅要注意引进流量，也要注重将自身的微信小程序推广出去，这样才能真正将店铺的微信小程序打造成有自身特色的智慧零售服务平台。

◇ 借势：新媒体入口让新零售更见成效

◇ 收益：小程序火速转化推广流量

5.1 借势：新媒体入口让新零售更见成效

流量的多少可以说是直接影响到一个小程序的成败，而小程序要获得充足流量，除了自身要主动做好引流工作外，在新媒体平台流量入口的推广工作也是必须要重点对待的工作之一。

那么，微信小程序智慧零售商户需要在哪些新媒体平台进行推广？又通过何种方式推广呢？本节笔者将通过 8 大平台进行具体解读。

5.1.1 微博平台

虽然，微博的发展时间并不长，但它给企业或商家带来的营销力量却是惊人的。在互联网与移动互联网快速发展的时代，微博凭借其庞大的用户规模以及操作的便利性，逐步发展成为企业微营销的利器，为企业创造了巨大的收益。由于网络营销的迅速发展，具有非常火爆的人气，微博成为各大企业与商家营销推广的重要平台。

简单来说，微博营销就是企业、商家或个人，为创造自身的价值利用微博平台进行的一种营销方式。通过微博营销，运营者可以对小程序进行适度的宣传，并获得一定的流量。

在微博平台上，企业、商家或个人只需要用很短的文字就能反映自己的心情或者发布信息的目的，这样便捷、快速的信息分享方式使得大多数企业与商家开始抢占微博营销平台，利用微博"微营销"开启网络营销市场的新天地。

值得一提的是，微博的每一个用户，都是小程序运营者的潜在营销对象，运营者可以利用微博更新消息向网友传播小程序的相关信息，以此增加小程序的曝光率。通常来说，在微博中推广微信小程序主要有 3 种方式，具体如下。

❶ 硬广告

硬广告是生活中最常见的一种营销方式，它指的是人们在报刊、杂志、电视、广播、网络等媒体上看到或听到的那些为宣传产品而制作出来的纯广告。

其中，微博中的硬广告传播速度非常快，涉及的范围也比较广泛，常常以图文结合的方式出现，也常伴有视频或者链接。微博广告的特征主要有形式多样、位置固定、内容鲜明和需要付费4点。

从现实来看，微博用户一般对各种硬广告大都有排斥的心理，所以，小程序运营者发布广告时，要尽量将那些硬广告软化，文字内容不要太直接，要学会将广告信息巧妙地设置在那些比较吸引人的软文里，只有这样，对用户才有吸引力，而那些生硬的广告只会让用户产生反感的情绪。企业或商家发布的广告信息能够让用户产生转发的欲望，这才是微博广告营销的王道。

小程序运营者在发布微博硬广告时，最常见也是最直接有效的方式就是图文结合。除此之外，企业在优化关键词的时候，也应该多利用那些热门的关键词，或者是那些容易被搜索到的词条，只有这样才能够增加用户的搜索率。

图5-1所示为新浪微博中关于"爱比趣"小程序的一条微博消息，其采用的便是图文结合的硬广告推广。

◆ 图5-1 关于"爱比趣"小程序的微博消息

该微博中虽然没有直接展示小程序的相关页面，但是却用文字和图片，对"爱比趣"小程序的获得方法及其中的一个功能进行了详细的介绍。因此，虽然这是一个硬广告，但是因为小程序具有实用性，许多微博用户在看到该信息之后，仍有使用的兴趣，这便起到了引流的效果。

❷ 互动推广

进行微博互动营销，最主要的一点就是要主动与别人进行互动。当别人点评了你的微博后，你就可以和他们进行对话。小程序运营者还可以利用微博举办一些具体的活动，以此来加强与粉丝的互动。在互动中，可以挖掘客户或者潜在的客户，以此来实现产品或服务的互动营销。

微信小程序智慧零售商户可以举办一些抽奖活动或促销活动来吸引粉丝的眼球，进而增加与用户的互动。在抽奖活动中，微信小程序智慧零售商户可以设置一些条件，比如粉丝按照一定的格式转发或评论相关信息，这样就有机会中奖。

如果在促销活动中，微信小程序智慧零售商户提供比较大的折扣和优惠，甚至还能使小程序获得病毒式传播。在微博中发布促销信息时，文字一定要有诱惑性，图片一定要精美。微信小程序智慧零售商户还可以请各种人气博主帮忙转发，这样可以更加扩大小程序的宣传力度。

总之，微信小程序智慧零售商户只要不断地和粉丝保持互动，对粉丝发布的微博，特别是与自身小程序相关的内容经常进行转发、评论，让粉丝感觉到自己的诚意，就可以获得粉丝的信任。获得粉丝的信任是进行微博营销的第一步，只有与粉丝建立亲密的关系才能让粉丝帮忙转发相关的营销信息。

专家提醒

值得注意的是，在进行微博运营时，还应该适当地转发别人的微博，对别人的微博进行留言。这样的话，不仅可以加强彼此的互动，也可以获取更多博主的信任。你对别人的关注度高，别人也会对你更加关注，这就是微博营销的主要策略之一。

但是，在转发别人的微博时一定要把握一个度，转发过多、留言过多、互动过多的话，只会让别人感到厌烦，甚至是对你取消关注。因此，在进行微博运营时一定要坚持适度原则，只有把握好了那个度，才能够让微博营销真正地达到想要的效果。

❸ 话题营销

一般来说，微博用户在打开微博之后，大多都会先选择微博里的那些好玩的内容来浏览，然后就是查找热门微博或者是查看热门话题。因此，对微信小程序智慧零售商户而言，可以抓住用户的这一习惯，借势进行话题营销。

在进行话题营销时，小程序运营应该先了解用户对什么话题感兴趣，然后选取合适的话题，将小程序的相关信息嵌入其中，用户在搜索话题时，就可以搜索到自己的内容了。微信小程序智慧零售商户在发微博的时候，应该对热门关键词加上双井号如：＃热门关键词＃，这样就可以增加用户的搜索率了。

5.1.2 百科平台

在互联网上微信小程序智慧零售商户可以借助百科平台来做推广，将小程序的相关信息通过百科传递给用户，方便用户形成对小程序品牌和产品的认知，同时也有利于向潜在用户推广小程序。

用好百科可以使小程序的网络营销变得更为有效，其中最为直接的好处便是能促进辅助 SEM（搜索引擎营销）的优化，因为百科信息在谷歌、搜狗等搜索平台中拥有很高的搜索排位的权重。

比如说，如果用户在搜索平台中搜索小程序所在企业的网页时，企业的主站竟然排在了网页中不显眼的位置，这对企业及小程序形象的树立肯定是有负面影响的，而通过百科平台编辑企业信息能较好地解决这一问题。

百科词条是百科营销的主要载体，做好百科词条的编辑对网络营销至关重要。百科平台的词条信息有多种分类，但对于企业的网络营销方面而言，主要的词条形式包括 4 种，具体如图 5-2 示。

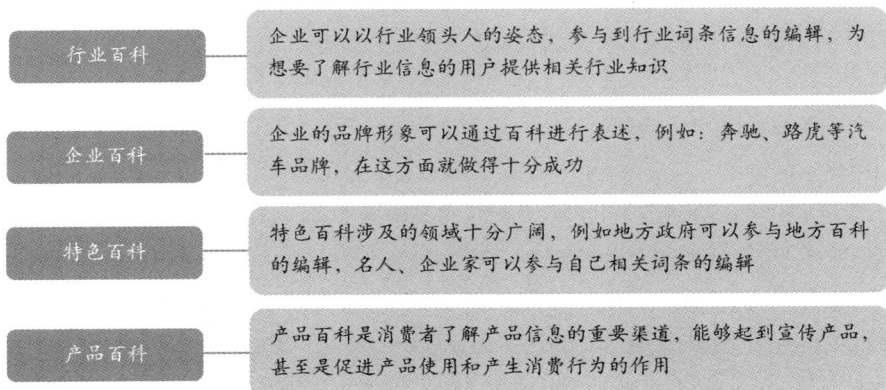

行业百科	企业可以以行业领头人的姿态，参与到行业词条信息的编辑，为想要了解行业信息的用户提供相关行业知识
企业百科	企业的品牌形象可以通过百科进行表述，例如：奔驰、路虎等汽车品牌，在这方面就做得十分成功
特色百科	特色百科涉及的领域十分广阔，例如地方政府可以参与地方百科的编辑，名人、企业家可以参与自己相关词条的编辑
产品百科	产品百科是消费者了解产品信息的重要渠道，能够起到宣传产品，甚至是促进产品使用和产生消费行为的作用

◆ 图 5-2 百科营销的主要词条形式

对于小程序百科推广而言，最为合适的词条形式无疑便是产品百科。图 5-3 所示为百度百科中关于"小程序数据助手"的相关内容，其采用的便是产品百科的形式。

◆ **图 5-3　"小程序数据助手"的产品百科**

在该百科词条中，一方面，"小程序数据助手"这个名称多次出现，这便很好地增加了小程序的曝光率。另一方面，对使用方法、功能等介绍，有助于受众基于实用性使用该小程序，这对小程序用户的获得无疑起到了非常积极的作用。

5.1.3　问答平台

问答平台在网络营销运营上，具有很好的信息传播和推广作用，如果企业能利用好问答平台，对快速、精准的定位客户有很大帮助。

问答平台在营销推广上具有两大优势：精准度和可信度高。这两种优势能形成口碑效应，对网络营销推广来说显得尤为珍贵。

通过问答平台来询问或作答的用户，通常对问题涉及的东西有很大兴趣。比如有的用户想要了解"有哪些购物类小程序比较好用"，有一定小程序使用经验的用户大多会积极推荐自己使用过的满意小程序，提问方通常也会接受推荐去试用。

提问方和回答方之间的交流很少涉及利益，用户通常是根据自己的直观感受来问答，这就使得问答的可信度很高，这对企业而言则意味着的转化潜力，能帮助产品形成较好的口碑效应。

问答平台营销是网络营销的重要方式，因为它的引流效果是众多网络推广中较好的，能为企业带来直接的流量和有效的外部接链。基于问答平台而产生的问答推广，是一种新型的互联网互动推广方式，问答推广既能为商家植入软性广告，同时也能通过问答来引流潜在用户。图 5-4 所示为关于"摩拜单车"小程序的部分问答信息。

◆ 图 5-4 "摩拜单车"小程序的部分问答信息

在上面这个问答信息中，不仅打造了"摩拜单车小程序"这个高频词汇，更重点对该小程序给用户带来的便捷性进行了解读。如果看到该问答的是经常使用共享单车的人员，那么，即便只是抱着试一试的心态，他（她）也会进入"摩拜单车"小程序看一看，而这无形之中便给该小程序带来了大量流量。

专家提醒

无论是哪种问答平台的问答营销，在熟悉技巧、了解细节方面做得好，才能形成良好的营销推广效果。而且需要注意的是，随着网络技术的发展，各种技巧和细节不是一成不变的，小程序运营者要做好问答营销需要不断完善和改进。

5.1.4 直播平台

互联网营销对平台的需求不断提升，各种互联网平台都成为网络营销的热点。其中，形式多样的网络直播平台更是热点中的热点。网络直播对网络营销来说，无疑是具有很大促进意义的平台。

尤其是随着近年来直播市场的火热，各大直播平台聚集了大量用户，无论是信息披露、品牌宣传，还是客服沟通、娱乐活动都可以进行直播，而且通常还能获得不错的宣传效果。

除了直播之外，许多直播平台还开放了短视频版块。用户只需将短视频上传至平台便可为用户提供一个随时可以播放的入口。图 5-5 所示为斗鱼直播平台"斗鱼视频"版块中推广"帮你开店"小程序的视频画面。

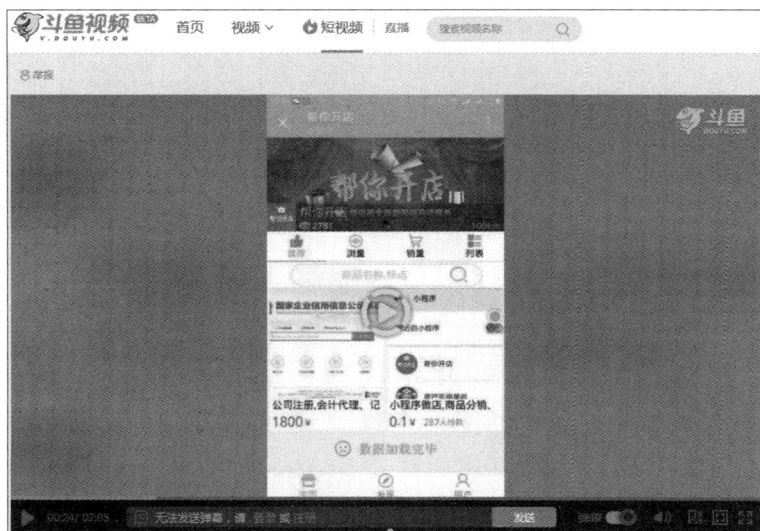

◆ 图 5-5 "帮你开店"小程序的视频画面

对此，小程序运营者既可以通过邀请明星等实时进行直播的方式为小程序造势，增强宣传效果。也可以就某一问题制作一个短视频，并将之上传至直播网站，为小程序放置一个永久广告。

5.1.5 视频平台

视频相比文字图片而言，在表达上更为直观、丰满，而随着移动互联网技术的发展，手机等因素的阻碍越来越少，视频成为时下最热门的领域，借助这股东风，爱奇艺、优酷、腾讯视频、搜狐视频等视频网站获得了飞速发展。

随着各种视频平台的兴起与发展，视频推广也随之兴起，并成为广大企业进行网络营销经常采用的一种方法。微信小程序智慧零售商户可以借助视频推广，近距离接触自己的目标群体，将这些目标群体开发为自己的客户。

视频背后庞大的观看群体，对网络营销而言就是潜在用户群，而如何将这些潜在用户转化为用户，才是视频推广的关键。

视频推广，是指企业以视频的形式，宣传推广各种产品和活动等内容，因此，不仅要求高水平的视频制作，还要有吸引人关注的亮点。常见的视频推广，包括电视广告、网络视频、宣传预告片和微电影这几种形式。

如今的视频推广主要往互联网方向发展，与传统电视广告相比，互联网视频推广的受众更加具有参与性，在感染力、表现形式、内容创新等方面更具优势。互联网视频推广的传播链，通过用户自发的观看分享和传播，带动企业推广产生"自来水式"的传播效果。

对于微信小程序智慧零售商户来说，最简单、有效的视频推广方式便是在视频网站上传与小程序相关的短视频。图 5-6 所示为优酷视频中推广"群里有事"小程序的视频画面。该视频看似是站在受众的角度推荐实用性小程序，实际上却是为"群里有事"小程序做推广，而事实证明，这样做比直接为小程序打广告要招人待见得多。

◆ 图 5-6 推广"群里有事"小程序的视频画面

5.1.6 音频平台

音频推广是一种新兴的推广方式，它主要以音频为内容的传播载体，通过音频节目运营品牌、推广产品。随着移动互联的发展，以音频节目为主的网络电台迎来了新机遇，与之对应的音频营销也进一步发展。

音频推广主要有3种方式，即内容植入、自媒体搭建和策划专题节目。接下来分别对这3种方式进行简要说明。

❶ 内容植入

内容植入即在音频中加入宣传推广信息，因为用户能在开车、散步等多种场景中收听音频节目，所以，单从实用场景来看，音频广告效果要比平面广告、视频广告要好得多。

微信小程序智慧零售商户可以将小程序的相关信息作为广告嵌入音频中，只是如果内容植入得过于生硬，受众很可能会反感，因此，在做内容植入时运营者还需进行适度软化，比如，可以通过幽默的语言让广告变得更有趣。

❷ 自媒体搭建

如果商户要将音频平台作为小程序的主要引流入口之一，还可以搭建专门的自媒体音频平台。然后，在自媒体平台中对小程序进行宣传推广。比如在目前比较知名的音频平台喜马拉雅FM上，用户只要注册即可在个人中心和"主播工作台"界面发布录音和开启音频直播，可以很轻松地成为音频自媒体人，如图5-7所示。

但需要特别说明的是，如果不能吸引足够的听众，那么，搭建自媒体平台很可能会成为一件费力不讨好的事。

❸ 策划专题节目

策划专题节目，就是企业通过专题节目来进行营销，它是粉丝参与度比例最高，也是最为常用的一种音频营销形式。如图5-8所示为喜马拉雅FM中"摩拜单车"的音频推广画面，该推广实际上便是通过策划专题节目来实现的。

◆ 图 5-7　喜马拉雅 FM

◆ 图 5-8　"摩拜单车"的音频推广画面

　　"内容植入、自媒体搭建、专题节目策划"这三种核心的音频营销方式，可以有很多形式的创意玩法。微信小程序智慧零售商户可根据自身情况，选择一种或多种方式结合灵活运用，发挥出音频节目营销的潜力。

5.1.7　论坛平台

在互联网时代，企业可以通过网络虚拟论坛，发布企业的产品和服务等相关的信息，从而达到企业品牌营销推广的目的。这种利用论坛进行营销的方式，也是网络营销的方式之一。

对微信小程序智慧零售商户而言，论坛营销有助于企业积累人气，从而提升知名度形成广泛传播的口碑效应。而对用户而言，论坛的开放性、低门槛，使得大多数网友都能参与其中，用户的很多诉求都会在这里表达，这使论坛充满活力和人气。

论坛可以说是一个有共同兴趣和话题的社群，所以企业在论坛中运营推广产品和服务，主要是对论坛用户进行社群运营。论坛的用户人气是营销的基础，微信小程序智慧零售商户可以通过图片、文字等内容帖子，与论坛用户交流互动，这也是辅助搜索引擎营销的重要手段。

在论坛中塑造企业的影响力，能在很大程度上带动其他用户的参与，从而进一步引导潜在用户往企业产品上引流。论坛营销最主要的是发帖推广，微信小程序智慧零售商户可以通过内容恰当的帖子来引导话题，带动潜在用户的积极参与和进一步引流。

图 5-9 所示为某汽车租赁公司在百度贴吧中发帖推广小程序的画面。虽然该帖明显是推广小程序，但是，因为标题中将用车福利作为噱头，还是吸引了大量用户，以至于该帖还获得了 13 个回帖。而这无疑是给小程序进行了一次很好的宣传。

◆ 图 5-9　某汽车租赁公司发帖推广小程序的画面

5.1.8 网站平台

随着互联网技术的发展，人们越来越多地享受互联网的福利，而对企业而言，互联网上的新媒体运营技巧以及新媒体网站，是企业营销推广必须要了解和掌握的。微信小程序智慧零售商户可以通过在新媒体网站平台中发文的形式，进行小程序推广。

图 5-10 所示为虎嗅网中关于"王者荣耀赛事"小程序的相关画面。虽然这是一篇关于小程序的评论文章，但是，内容中却多次提到该小程序的名称，并且还对小程序的功能进行了简要分析。

因此，无论该文章的出发点究竟是什么，单从效果来看，它对于受众认识和使用该小程序无疑都起到了很好的促进作用。而且，因为属于评论性文章，所以，在受众看来，该文章的内容更具客观性。

◆ 图 5-10 虎嗅网中关于"王者荣耀赛事"小程序的相关画面

微信小程序智慧零售商户可以参照这种发文的方式，在新媒体平台中发布一篇评论性文章，并将小程序的相关内容嵌入其中，从而在宣传小程序的同时，达到抢占新媒体平台的流量入口的目的。

5.2 收益：小程序火速转化推广流量

微信小程序为商户带来的收益是不言而喻的，通过微信小程序的赋能，商户们拥有了具有自己特色的专属平台，而要打造一个成功的平台，充足流量是必不可少的。微信小程序易于推广方便引流，并且微信对流量的转化能力又是十分强大的，所以微信小程序推广为微信小程序智慧零售商户带来的收益是巨大的。

下面笔者就介绍几款爆款小程序，带大家看看小程序的流量转化诀窍。

5.2.1 蘑菇街赢得高转换率

蘑菇街是一个定位于 16 ～ 26 周岁年轻女性用户的社交化的女性时装电商平台。蘑菇街十分重视其平台社交化的构建，致力于为用户提供一个分享购物体验的良好环境，这一点是因为服装类零售电商有其独特性。

服装类的商品可以直接通过图像或视频将效果直接呈现给顾客，从而激发顾客的兴趣与购买欲，而其他类型的零售电商就很难做到这一点，比如食品类的电商就很难仅仅通过图像和视频将食物的美味传递给顾客，这也是蘑菇街如此重视平台社交化的原因之一。

诞生于大型社交平台的小程序从一出生起就自然带有社交属性，因此小程序很快便被蘑菇街看中。微信平台不仅流量巨大，社交化程度高，十分有利于推广，而且现在有了微信小程序，商户不必再费力地将流量引到自己的 APP 中，而是可以在微信中直接利用小程序搭建平台，完成流量转化。所以微信小程序必将成为蘑菇街这类电商转型新零售，引入智慧零售模式的一个重要契机。

图 5-11 所示为蘑菇街在微信的第三方服务中的入口，微信用户可以通过该入口进入蘑菇街的微信小程序商城，如图 5-12 所示。

"既是独立于 APP 的新战场，更是原先业务的延伸"理念是蘑菇街对其微信小程序的定位。所以在蘑菇街的微信小程序商城界面中，既可以看到蘑菇街 APP 中同样具备的"直播特卖"功能，如图 5-13 所示。也有目前小程序上比较流行的打卡玩法，如图 5-14 所示。

◆ 图 5-11　微信第三方服务中的
蘑菇街入口

◆ 图 5-12　蘑菇街的微信
小程序商城

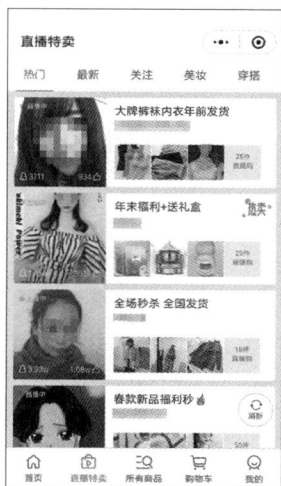

◆ 图 5-13　蘑菇街小程序
"直播特卖"界面

◆ 图 5-14　蘑菇街小程序
打卡玩法

　　蘑菇街对其微信小程序商城保留和增加了一部分功能的同时，也舍弃了一部分功能，如蘑菇街 APP 中的"内容导购"功能在蘑菇街小程序中便不见踪影了。蘑菇街团队对其微信小程序的定位十分清晰，那便是转化，因此蘑菇街小程序做出了取舍，精简功能，力求为顾客提供一个简单的购物环境，让可以"即看即买，即买即走"。

但是，虽然蘑菇街在小程序中舍弃了"内容导购"功能，但其并没有完全放弃内容导购，而是将内容导购的内容放到了公众号中，在公众号中发布推荐产品的文章，然后在文章中插入推荐产品在小程序商城中的链接，完成内容导购与付款消费的衔接，如图 5-15 所示。

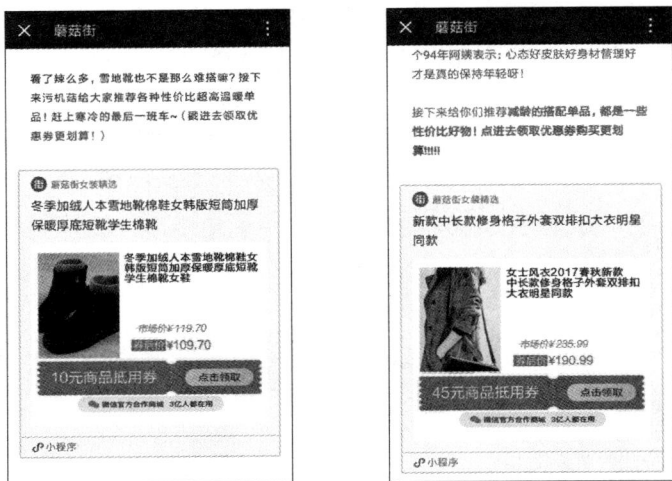

◆ 图 5-15　推荐文章中插入小程序链接

蘑菇街创新了以往的服装电商零售模式，将引流与转换有机结合，将"看"与"买"联系起来，实现引导化的智慧零售，不仅精准导流，而且还精准销售。蘑菇街通过这种方式让新用户数量快速增长，仅仅两个月，蘑菇街小程序上的新客户已经超过 300 万，并且其购买转换率是 APP 的两倍。

5.2.2　齐鲁信息日增 1000 用户

由齐鲁信息开发、运营的小程序"高速 e 行"是为解决高速公路收费站容易拥堵，人们经常需要排队通过这一痛点问题而诞生的一款小程序。图 5-16 所示为"高速 e 行"小程序的主界面，其背后是智能识别和移动支付两大技术的结合，用户在"高速 e 行"小程序中绑定添加车辆并填写车牌、车型等车辆信息，然后对付费账号进行充值，开启免密支付，如图 5-17 所示。

◆ 图 5-16 "高速 e 行"小程序　　◆ 图 5-17 "高速 e 行"使用指导

完成上述流程后，用户在通过指定高速收费站时，就可以不用停车，也不用排队付通行费，可以直接通过。高速收费站内的车辆智能识别设备将自动识别用户车辆，再将费用清单发送给用户完成支付，如果用户开启了免密支付，那系统将自动为用户完成付款，这样用户即使是手机没电了也不用担心无法直接通行。

"高速 e 行"解决了广大车主在高速收费站时的通行难题，所以一上线便大受欢迎，自 2017 年 10 月试行以来，覆盖 215 个收费站、1700 条车道，日均增长 1000 用户。但"高速 e 行"能够日增 1000 用户的奥秘还不止于此，重要的是其为用户提供了一个"马上就能用，用了就能走"的场景。

用户可以在高速服务站和高速收费站通过扫码轻松地获得该小程序，或者在高速收费站"附近的小程序"中获取该小程序，可谓是"马上就能用"。而用户使用了"高速 e 行"就可以免去以往烦琐的出示驾照、付费、找零等流程，用户可快速通过，可谓是"用了就能走"。

而"高速 e 行"的这种在用户使用后马上就让用户感受到便利也大大提高了用户的转化率，使用过它的用户很容易被转化成忠实用户。

虽然"高速 e 行"这类智能高速通行方案目前还只是在一部分地区进行试点运行,但相信很快就会在全国推广开来,到时候广大车主就可以享受新技术带来的智慧出行体验了。

5.2.3 麦当劳回购增加 37%

麦当劳十分重视微信上的技术更新,早在微信小程序还未上线之时,麦当劳便在自己的微信服务号上开发出了自助点餐服务,在小程序上线时,麦当劳也是首批上线的小程序之一。

所以麦当劳对自身小程序的推广的重点更多是在提升自身的品牌效益,升级顾客体验方面。这其中会员的推广便是麦当劳微信小程序的一个重点,顾客进入麦当劳餐厅消费时,麦当劳店内的宣传画报或者工作人员便会引导顾客扫码进入麦当劳的微信小程序,如图 5-18 所示。

◆ 图 5-18　顾客在门店内扫码进入小程序

顾客如果是首次进入麦当劳微信小程序,那麦当劳微信小程序便会引导顾客注册成为会员,如图 5-19 所示。并且在顾客成功完成一次消费支付后,麦当劳小程序还会自动赠送给成为会员的顾客一张优惠券，可以在麦当劳小程序的会员界面找到，如图 5-20 所示。

◆ 图 5-19　首次进入麦当劳小程序界面　　◆ 图 5-20　麦当劳小程序会员界面

　　在麦当劳小程序的主界面，除了"积分商城""麦有礼""点餐"三个常规的选项外，还有一系列有特色的会员服务，如图 5-21 所示。

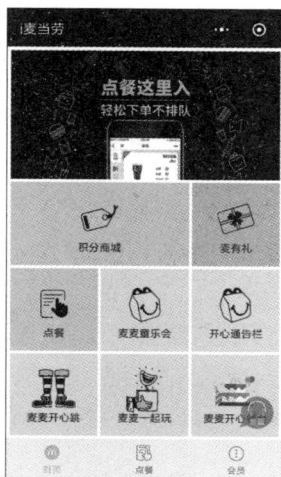

◆ 图 5-21　麦当劳小程序会员服务界面

正是由于麦当劳如此专注于小程序会员服务的打造和推广，麦当劳的优惠券兑换核销率提升了31%，顾客的回购率增加了37%，将大量普通顾客和普通会员转化成了忠实会员。

5.2.4　太平洋保险提高效率15倍

太平洋保险公司创新了微信小程序在保险产品方面的应用，推出了微信小程序"太畅通"，这是业内首款在微信小程序中使用视频功能的车险理赔产品，如图5-22所示。

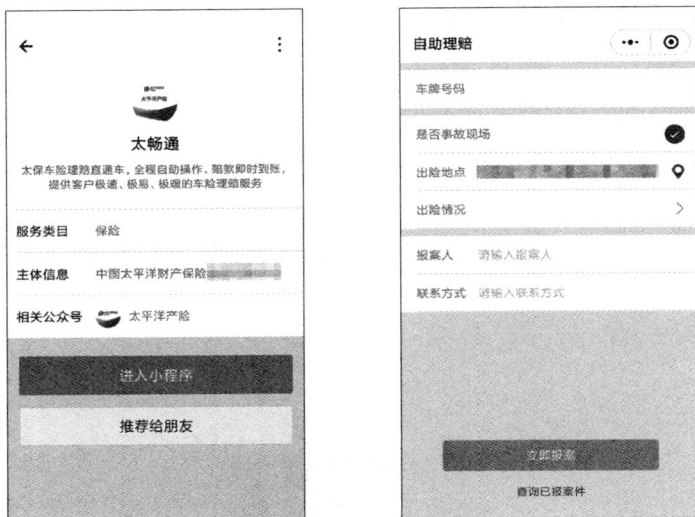

◆ 图5-22　"太畅通"微信小程序

有了"太畅通"微信小程序后，车险出险客户在完成报案后不再需要在原地等待保险公司的核损人员，而是可以通过"太畅通"微信小程序中的"一键视频"功能，直接连通保险公司的核损人员进行现场核损工作，客户在核损人员的指引下，完成查勘、定损工作，然后将核损视频上传审核。

审核过查勘视频后，后台理赔人员会在线定损，之后客户只需确认好理赔金额，然后提交汇款渠道即可，赔款实时到账，整个流程一气呵成，如图5-23所示。

◆ 图 5-23 "太畅通"自助理赔流程

太平洋保险公司通过这种小程序在线理赔的模式完成车险理赔工作，不仅让车险用户不用在原地苦苦等待查勘员到位查勘，也大大缓解了保险公司对查勘员的调度压力。同时，传统车险理赔模式中客户需长时间等待、难以查询理赔进度、赔付进度慢的问题也得到了解决，"太畅通"微信小程序既提升了车险客户体验，也为保险公司省去了大量到现场查勘人力成本。

太平洋保险公司通过"太畅通"微信小程序完成了车险业务的流程再造，解决了车险查勘、理赔申请和赔付到位等环节的痛点问题，大大节约了成本，提高了效率。并且除了"太畅通"外，太平洋保险公司还有"太贴心"等多款保险产品类小程序，借助这些小程序展开智慧化的保险经营，太平洋保险公司目前已获得约两百万起接入案件、节省成本约一个亿，提高效率 15 倍。

6
CHAPTER

智慧场景，小程序场景链接新零售需求

势不可当：
微信小程序智慧零售

这是一个连接时代，一些在我们看来风马牛不相及的事物，却能通过某一种载体连接起来。似乎在这个时代，没有什么是不能建立联系的。

通过场景深挖潜在消费者的需求，正是智慧新零售的特点。本节将介绍场景的相关知识。

◇ 重塑：新零售场景如此带动零售业变革
◇ 架构：新零售场景这样引发用户需求
◇ 链接：小程序创造需求场景

6.1 重塑：新零售场景如此带动零售业变革

场景原是指影视剧中的场面、情景。正是一个个场景的衔接，构成了影视剧的故事情节。其实，在现实生活中，我们时时刻刻出现于各种场景之中。

比如，笔者右手拿着咖啡，坐在电脑屏幕前构思接下来的内容是一个场景。大家在闲暇的午后，坐在阳台上，手捧一本书，这同样是一个场景。唯一不同的是，在这些场景中我们自己成了场景中的"主角"。

移动互联网时代，场景不仅带来了一种连接方式，更是创造新价值的一种方式。在场景思维之下，商业竞争已经不再是简单的流量争夺，而是场景的争夺。在这种大环境下，商业开始面临重塑，谁拥有了场景就等于谁拥有了市场。

6.1.1 何为场景思维

所谓场景思维，简单地理解就是用场景来进行相关问题的思考。比如，微信小程序电商运营者要想更好地引导消费者购买产品，就需要知道在怎样的场景下，消费者更愿意使用该产品。而这便是产品使用的场景思维。

场景营销需要通过场景构建来实现，而构建场景的效果又取决于做场景的思维。因此，在此过程中，场景思维就变成了场景营销的关键。那么，微信小程序智慧零售商户应该用什么样的思维做场景呢？笔者个人认为有4种，下面就让我们一起来了解这4种做场景的思维方式。

❶ 以用户为中心

随着购物条件的改变，消费者的需求也开始发生一些变化。电子商务的出现，让消费者有了更多的选择空间。所以，大多数消费者更注重的是以更低的价格获得某一种产品。

而购物选择进一步增加之后，购买到便宜的商品已经不是一件难事了，与此同时，消费者日益渴望获得更好的购物体验，于是市场导向也随之发生了变化，具体如图6-1所示。

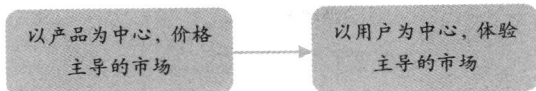

◆ 图6-1　市场导向的变化

对于微信小程序智慧零售商户来说，只有将市场主流的需求融入场景思维之中，构建的场景才能更得消费者的心。

所以，在价格主导市场的时代，运营者在做场景时，只需用低价便可以获得一大批消费者的认可。这也是淘宝、京东等电商平台得以发展的重要原因。而到了体验主导市场的时代，消费者需要的是获得更好的购物体验。此时，运营者可能很难再用价格取得突破。

这主要有两方面的原因，首先，大多数电商平台中产品的价格普遍都比较低，商户很难再从价格上取得明显的优势。其次，用户购物的关注点已经转移到体验上，如果购物体验不好，即便微信小程序电商平台运营者在价格上取得了优势，可能也留不住消费者。

当然，这也并不是说消费者注重购物体验，就可以忽视价格因素。而是说要在保证价格优势的同时，通过场景思维为消费者营造更好的购物体验，增加消费者购物的附加值。

❷ 融合是新出路

市场的发展带来的是市场的日益饱和，在这种情况下，运营者与其在现有市场中挤破脑袋占有一席之地，倒不如寻找一条新出路，通过另辟蹊径在新市场中占据一个有利的位置。

比如，随着APP的发展，能够满足消费者购物需求的APP越来越多，但是消费者经常用到的却只有那么几个。所以，与花费大量时间和精力争夺APP中的消费市场相比，在刚刚发展起来的微信小程序中通过电商平台的打造，分得一块市场蛋糕，无疑是一种更明智的选择。

而跨界融合很多时候就是实现 1 + 1 > 2 的一条新出路，比如，单车和二维码原本看来是风马牛不相及的，但是，共享单车却通过跨界融合将两者做了一个很好的结合，也取得了不错的效果。

❸ 社群是试验田

社群即通过社交活动聚集起来的一个具有同样需求或者共同爱好的群体。与普通大众相比，社群成员因为平时的接触相对更多一些，对某一事物的认识相对来说更加深刻。

而且社群中的人员是因为共同兴趣聚集而成的，所以，当微信小程序运营者的产品与其共同兴趣相关时，社群中的成员不仅更有发言群，而且它们很可能就是运营者未来的消费者。

所以，对于微信小程序智慧零售商户来说，社群就相当于是一块试验田。在进行场景营销的过程中，运营者可以先找到相关的社群，并充分倾听社群成员的意见。如果相关方案能够在社群中得到大多数人的支持，就说明该方案很可能会得到大部分消费者的认同。

❹ **场景需要被记忆**

微信小程序智慧零售商户构建场景的目的就是在潜在消费者的大脑中留下印象，让受众在对产品有需求时，回想起运营者为之构建的场景，并在场景的暗示下，选择运营者的产品。

其实，许多品牌请明星代言并进行轰炸式的广告营销就是这个道理。当产品通过广告构建的场景传达至受众的大脑时，受众对该品牌就会留有一定的印象。所以，在对该产品有需求时，受众可能会想到曾经看到过某个品牌的广告，而且从广告来看，这个品牌的产品还挺不错的，于是自然而然地就将其作为购买对象了。

当然，就像打广告一样，运营者在进行场景营销的过程中，一定要通过各种方法尽可能地让场景和场景中的产品被受众记住。因为只有这样，运营者构建的场景才能在受众的头脑中留下深刻的印象。

而场景在受众心中留下的印象又与其能够产生的影响直接相关。如果场景不能给受众留下印象，那么，在受众看来，即便是对场景中的产品有需求时，也不能想到该场景。这样一来，运营者构建场景的种种努力相当于白做了。

所以，从场景营销的效果出发，微信小程序智慧零售商户一定要想方设法让受众记住场景。

当然，具体的方法因人而异，运营者既可以用语言艺术进行幽默的宣传，也可以通过福利的赠送增加场景营销的影响力。

6.1.2 传统思维的没落

在几年前我们经常可以听到"流量为王"、"入口争夺"等词汇，仿佛不知道这些词汇的人就跟时代脱节了似的。但是，如果今天还有人跟你讲这些词汇，你很可能会选择性地倾听他（她）的观点。

因为很显然，在这个场景连接一切的时代，如果还在关注流量和入口，那就真的是与时代脱节了。这也从侧面反映出，场景的出现带来了商业思维的改变，传统的模式在新形式面前逐步崩塌。

在传统商业模式中，运营者要做的更多的或许只是获得潜在消费者的注意力。为此，运营者可以通过入口的增加扩大自身的影响力，而且因为入口比较多，即便每个入口取得的实际效果比较有限。但是，在入口数量的堆积之下，运营者仍能获得一定的营销效果。

但是，随着消费者需求日渐饱和，这种传统的商业思路已经明显走不通了。表 6-1 所示为 APP 运营状态的变化，它便是对传统商业模式的强有力说明。

表 6-1 APP 运营状态的变化

时间	早些年	近几年
取胜方式	以数量取胜	以质量取胜
实际情况	APP 质量没那么不重要，只要数量多企业就能获得发展	越来越多 APP 成为摆设，10 个普通 APP 不如一个超级 APP

而且当运营者未提供消费者满意的使用场景时，运营者得到的流量越多，失去的用户也会越多。比如，消费者在某微信小程序电商平台购买了一件商品，结果发现商品与描述严重不符。在这种情况下，运营者得到的是一个订单，而失去的将是一位顾客今后的购买意愿。

因此，入口、流量在商业中的能够起到的作用正在不断被弱化，越来越多的运营者也开始意识到场景才是商业制胜的关键，而传统的商业模式也正在被场景思维逐步取代。

6.1.3 由流量到场景

商业营销思维是时代的产物，每个场景都会产生与之对应的营销思维。聪明的运营者之所以可以走在行业的前列，就在于能够用发展的眼光看待未来，先他人一步在新生事物中勇敢地进行摸索。

流量时代即将到来之时，大部分运营者可能知道流量能够从一定程度上增加产品的销量，但却不会想到流量对销量的提升作用是如此明显。所以，运营者们不敢贸然花费时间和精力来做引流。

也正是因为如此，那些敢于"第一个吃螃蟹"的人通过引流获得了意想不到的效果，一跃成为行业的领头羊。而看清大势的其他运营者也意识到流量的重要性，于是争相进行引流。

殊不知，那些早期运用流量思维的运营者已经将大部分消费者培养成了忠实用户。在这种情况下，可供分享的蛋糕本来就比较小了，再加上加入竞争的运营者数量又比较庞大。所以，即便运营者花大力气进行引流能够获得的长期用户可能也会比较有限。

随着消费者购物要求的提高，运营者们发现这么一个问题，那就是流量越来越难以转化成购买力了。有时候微信小程序电商平台的访问量成百上千，能够达成的交易可能就那么几十笔。

这其实就是消费者的购物眼界变高了。以吃饭为例，如果是在经济欠发达、或者位置比较偏僻的地区，消费者想的可能只是能找到一个饭店填饱自己的肚子。但是，当消费者回到经济发达的城市之后，如果要在微信小程序中点外卖，可能不仅会要求饭菜可口、价格便宜，还会要求卖相好看、能够在短时间内拿到。

而对于微信小程序电商运营者来说，非常可怕的一点就是，随着市场对消费者需求的迎合，市场的天平发生了明显的倾斜，消费的主导权已经完全握在了消费者的手中。消费者挑选商家可以让自己获得更满意的商品，而商家如果挑选消费者，得到的只能是不断流失的客流量。

但是，即便运营者开始意识到自己处于越来越被动的地位，为了自身平台的发展，也只能迎合消费者的需求。而从消费者的角度来看，既然有选择了，那就不妨多比较一下在做出抉择。因此，运营者为了争取消费者只能是为消费者提供产品的使用理由，只能是通过消费场景的构建引导消费者购买自己的产品。而运营者的运营重点也只能是由流量获取转向场景构建。

6.1.4　争夺场景

正是因为越来越多的微信小程序电商运营者看到了场景对于销售的重要性，于是市场中开始围绕场景展开了新一轮的争夺。虽然运营者争夺场景的方式不尽相同，但是，其争夺策略大致可以分为以下 3 类，接下来，笔者就来具体为大家解读这 3 种市场中较为常见的场景争夺策略。

❶ 与同行竞争场景

在部分运营者看来，一个行业内的市场总份额就那么多，而份额获得的多少在一定程度上又取决于运营者能够给消费者提供场景的多少。所以，这部分运营者的策略就是通过加大投入规模，为消费者创造更多的使用场景。这一点在竞争比较激烈的行业中较为常见，比如共享单车，如图 6-2 所示。

◆ 图 6-2　共享单车场景争夺

我们走在大街上经常可以看到在相近位置上摆放着各种品牌的共享单车，之所以会出现这种情况，就是因为共享单车的运营者为了与同行竞争使用场景，大量增加共享单车的数量。当然，对于共享单车运营者来说，为了在竞争中生存下来必须为之，但是，这在加剧部分实力不济公司倒闭的同时，也造成了共享单车的大量堆积乱象，如图 6-3 所示。

◆ 图 6-3　共享单车堆放乱象

专 家 提 醒

与同行竞争场景策略相对来说更适合走在行业前列的企业，因为它考验得更多的是企业的实力，如果企业有足够的实力，那么，放手一搏即可。相反，如果企业不济，那么在与同行竞争场景时必然会处于劣势。

❷ 抱团构建综合场景

俗话说得好："一根筷子易折断，十双筷子牢牢抱成团"。一个微信小程序电商平台的力量终归是比较有限的，如果能够借助他人的力量为己所用，那么，能够获得的影响力自然会出现一定的提升。

所以，部分企业开始与其他企业进行跨界合作，共同构建场景。比如，当用户使用 GPS 导航时，如果有购物需要，系统会优先给用户推荐与之合作的企业在附近的店铺。而当用户在店铺购物时，又被告知使用某银行的银行卡支付可以获得一定的优惠。这样一来，GPS、店铺和银行之前便通过综合场景联系在一起。

而对于用户来说，有的东西虽然不一定用得到，但是放在那里也不碍事，甚至有可能会觉得"现在"用不上，"以后"却可能会用得上。

这就好比人们需要购买小刀、剪刀、开瓶器时，可能会直接买一个瑞士军刀。虽然瑞士军刀中除了这些东西之外，还有很多其他的工具。但是，它能够折叠，所以，并不会碍事。而且说不定以后会用到其他工具？这样直接买一个瑞士军刀不就省时省力了吗？

因此，虽然通过跨界合作与其他企业共同构建场景有捆绑销售之嫌，但是，只要处理得当就不会让目标用户反感，而且随着品牌曝光的增加，还能从一定程度上提高产品的销售量。

❸ 努力扩大势力范围

在网购还未兴起，物流快递还不太完善的时代，店铺的销售大多只能在买卖双方在场的情况下进行当面交易。这就导致一个店面的销售活动被限定在一定的范围内，也就是说，店面的销售将出现一个销售半径，一旦超过半径，销售活动将很可能难以取得预期的效果。

举个简单的例子，一个只在长沙做线下粮食销售的店面，它的销售通常来说只会在长沙周边，甚至说只在店铺周围方圆几里进行。所以，北京肯定也是有人需要买粮食的，但是，这个店铺却不会把自己的粮食拿到北京去卖。

这主要有两方面的原因，首先，这个店铺的主要业务在店铺周边，还未与北京地区建立完善的销售网络，不会贸然尝试将销售做到北京去。其次，从长沙到北京的距离比较远，因此，运输费相对来说是比较高的，如果店铺要把粮食运去北京，很可能不仅赚不到钱，还要亏本。

但是，随着近年来电子商务的发展，快递运输业日益完善，与快递公司长期合作，将快递从长沙寄去北京可能也就十多块钱，再加上微信小程序等工具让网上开店变得越来越容易，所以，即便长沙的粮食卖到北京也可能会赚钱。

正因为如此，越来越多企业开始通过新渠道构建场景，扩大自己的势力范围。比如，一个做湖南特产的实体店，可以通过微信小程序搭建线上销售平台，再通过宣传引导潜在消费者下单，扩大自身的影响范围（也就是势力范围），让产品销售到全国各地。

6.1.5 碎片化的需求

随着生活节奏的加快，人们的购物习惯早已发生了一些变化。一方面，人们需要处理的事情越来越多，能够用来进行购物的时间变得碎片化。另一方面，人们自身也越来越渴望用尽可能短的时间完成购物。这种碎片化的消费，对场景营销也提出了一些新的要求，分别是便捷的体验、个性的服务和良好的口碑。

那么，为什么消费者会要求便捷的体验、个性的服务、良好的口碑，商户又怎么达到消费者的要求呢？接下来笔者就来和大家梳理一下。

❶ 便捷的体验

前面也已经提到了，生活节奏的加快让消费者在非常有限的时间内就要做出决定，所以，他们会希望能够快速买到自己想要的东西。这就是为什么消费者会要求微信小程序智慧零售商户能够为自己营造便捷的体验。

以白领订外卖为例。一般来说，上班族中午会有一段吃饭和休息的时间。但是，如果平时不做饭又正好碰到手上事情需要赶快做完的情况，白领们就只能选择在网上订外卖。

订外卖只需下单，商家便会通过送餐员将饭菜送到消费者手中，所以，它在上班族看来是解决中餐问题最好的选择。但是，如果消费者在点餐时不仅不能快速找到自己想吃的东西，口味需要特别设置，米饭需要另外点，还要饿着肚子等超时未送达的饭菜，那么，消费者便会觉得早知如此，还不如随便在附近找个店铺吃点东西。

因此，微信小程序智慧零售商户在做场景营销时一定要重点考虑为消费者打造便捷的体验，让消费者快速地获得他（她）想要的产品。这不但会影响消费者的购买率，还会影响消费者对微信小程序电商平台的看法。

❷ 个性的服务

在这个消费者主导市场的时代，产品的获得只是购物最基本的要求。而且因为选择的空间比较大，消费者担心的不是能否买到某件产品，而是能否买到有特色的、契合自身需求的产品。

还是以订外卖为例。可能消费者就想点个"辣椒炒肉"，而这道菜在大多数外卖平台中都可以找到。所以，此时有"辣椒炒肉"这道菜只是最基本的要求，让消费者做出选择的变成了其他因素。比如，店铺中这道菜的价格是否便宜、自己能否尽快拿到外卖、店铺中这道菜的品相是否好、包装是否好看等。

换句话来说，消费者消费的已经不仅仅是产品本身，而是与产品相关的一切服务。除了为消费者提供质量过硬的产品之外，还需要完善的服务体系，为消费者提供个性化的服务。

❸ 良好的口碑

口碑一直以来都是消费者进行购物的重要参考因素。虽然即便是同样的东西，在不同的人看来感受可能不尽相同。就好比榴梿有人看到就流口水，也有人看到就想捂着鼻子跑开。但是，消费者还是会认为大多数人认为好的东西虽然不一定有多好，却一定不会太差。

所以，人们在购物时都会倾向于选择口碑相对较好的产品。在电子商务出现之前，口碑还只是人们口耳相传，能够造成的影响比较有限。但是，电子商务出现之后，消费者在购物完成后可以对产品进行评价，这便让产品的口碑直观地呈现在其他消费者面前了。

这样一来，产品评价就成了购物时的直接参考因素。消费者在购物之前便会习惯性地查看其他消费者对该产品的评价，如果其他消费者都表示这个产品不值得买，那么，消费者自然不会再冒险进行购买。

因此，微信小程序电商平台运营者一定要尽可能地争取消费者的好评，这一方面需要保证产品的质量，让消费者觉得产品没让他（她）失望。另一方面也要尽可能地提高服务的质量，让消费者觉得钱没白花。

6.1.6 "人""货""场"的重建

不管是新零售还是传统零售。在零售行业中"人""货""场"是三个十分重要的元素，正是这三点构成了零售，但其实这三点在小程序中也可以找到相似的影子。比如人，便可以对应微信用户；货物，可以对应着二维码，每件商品都可以有其对应的二维码；场，则对应着微信定位功能，而在小程序中便是附近的小程序功能，如图6-4所示。

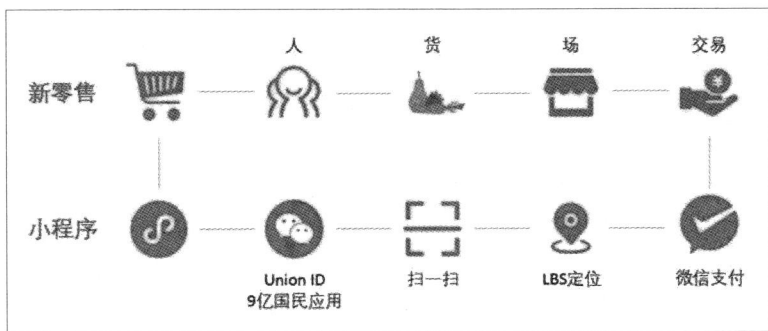

◆ 图6-4　微信小程序中的"人""货""场"

微信小程序提供的场景与零售业的完美契合也使得其有能力作为智慧零售乃至整个新零售的链接入口。而微信小程序的一些独特优势，也让其能重新架构"人""货""场"三元素的关系和形态。

下面笔者就为大家详细介绍微信小程序智慧零售对"人"、"货""场"的影响。

❶ "人"的重建

"人"便是用户、顾客。零售行业与其他商品销售行业，批发、代理等行业的最大不同之处就是，零售商直接面对的就是商品销售产业最末端的消费者。因此零售商并不只是简单地将商品卖给顾客就可以了，往往还会提供售后服务等延伸服务，因为零售商要与顾客保持联系，这种联系不随着商品交易的完成而结束，零售商才能保证顾客会再次回购，从而获得稳定的客流。

而微信平台正是为零售商提供了一个与顾客保持长久联系的场景，顾客可以将商户的小程序标星收藏，让其置顶于顾客的小程序界面，与商户生成长久的联系，如图6-5所示。顾客也可以从小程序中进入商户的公众号，主动接受商户的信息推送，与商户产生更深的联系，如图6-6所示。

◆ 图6-5　置顶的标星小程序　　◆ 图6-6　小程序关联公众号

通过微信，零售商与顾客的关系能得到跨时间、跨地域的深入联系。商户可以在小程序中进行服务升级，提高用户体验。

❷ "货"的重建

"货"就是指货物、商品。零售行业对货物的管理大致有寻货、进货、补货、定价这几个环节，这些环节一同构成了零售货物流通的流水线，在这样的一个流水线中，对货物管理的效率和成果至关重要，因为零售商是需要通过了解这条流水线中的数据来做出决策的。

如果让每一件货物都有二维码作为标识，那对货物的管理无疑会更加轻松，整个流水线环节中，二维码可以方便商户记录和分类货物信息。而在商品的销售中，商户也可以通过顾客的扫码信息统计到市场数据，从而去分析顾客的消费趋势，从而去对之后的销售方向进行决策，也可以据此打造爆款商品。

❸ "场"的重建

"场"就是指购物环境，具体一点可以说是门店。对于门店的管理，零售商既要考虑到大的布局，也要考虑到小的环境。所谓大的布局，就是指门店的地理位置，门店要在人流集中的地方，这样才可以为门店吸引足够多的客流，但通常在人流聚集的商业中心地区，门店都非常多，要如何从其他门店中争取顾客是一个重点。

而小的环境，指的便是店内的场地环境的规划，商品的摆放，让顾客如何在店内逛得舒服，买得轻松，这是一个重点。

商户引入了微信小程进行智慧零售经营后，上述两个重点问题就都可以得到很好地解决，运用附近的小程序这一场景，小程序的 LBS 位置服务可将顾客精准地引导至门店内。

而运用小程序的智能推荐和智能导购服务，商户可以为每一位进店顾客提供一位全程陪同服务的智能导购员，完美提升顾客的购物体验。

6.1.7 小程序引领"去中心化"变革

在以往的零售模式中，传统电商和 O2O 平台占据着主导地位，中小型企业和商户十分依赖平台的统一流量入口，但是由于中小型企业和商户自身的品牌效应和吸引力不够，在平台中常常无法获得更多的流量。

所以这些中小型企业和商户必须花费不少成本去为其店铺导流，但同样是由于中小型企业和商户与平台中的大品牌、大企业相比，自身的品牌效应和吸引力不够，费尽力气导入的流量常常还会被平台稀释掉，最后还要从平台手中购买流量。

如此恶性循环下，中小型企业和商户只能获得碎片化的流量和销售，难以获得核心的用户数据。这便是以传统电商平台为中心的中心化零售形态，而中小型企业和商户势必是要冲破这种中心化零售形态，完成"去中心化"变革。

微信小程序便非常符合中小型企业和商户们"去中心化"变革的需求，微信小程序可以为中小型企业和商户打造自己专属的独立平台，同时商户又可利用微信小程序开展会员营销，将顾客转化为自己的会员，而不是仅仅只是平台的会员。

通过微信小程序，中小型企业和商户们可以在移动商城、门店、收银、物流、营销、会员、数据等核心商业要素上下功夫，构建自己的智慧零售链条，打造"去中心化"的智慧新零售形态。

6.2 架构：新零售场景这样引发用户需求

微信小程序智慧零售商户之所以要进行场景营销，就是希望可以通过场景的构建，引导消费者进行购物，而从消费者的角度来看，只有能够满足某一需求的产品才是值得购买的。所以，在做场景时正确的思维应该是在场景中融入消费者的需求，从而让用户与场景之间产生联系。

6.2.1 设计场景思维

场景营销的效果通常与场景构建的思维有一定的关系。因为只有在场景设计时融入场景思维，运营者才能将表达的内容传达给潜在的消费者。如果运营者自己都对场景把握不准，那么，当消费者看到你构建的场景时，只能是一头雾水。所以，微信小程序智慧零售商户一定要在构建场景以前就先对场景进行一些必要的设计。那么，运营者具体如何进行场景的设计呢？笔者在这里给大家提供 3 条思路，下面笔者就为大家分别进行讲解。

❶ 了解潜在消费者的属性

每一种产品都会有相对确定的消费人群，微信小程序智慧零售商户在做场景营销时需要明白一点，场景的构建主要针对的是产品的潜在消费者，而不是对产品毫无兴趣的人。

所以，微信小程序商户在设计场景之前，还需要对产品进行一个定位，看一看哪些人群是产品的消费者，并通过调查了解潜在消费者的消费痛点，从而针对性地为消费者设计场景。

比如，经营潮牌服饰的微信小程序商户的主要潜在消费者是年轻人，而不是小孩子或者老人。所以，在设计场景之前，商户可以换位思考，如果自己是年轻消费者会有哪些需求。或者可以通过问卷调查等方式了解年轻消费者的需求，然后再将消费者需求强烈的用场景呈现出来。

❷ 对数据进行分析和监控

俗话说得好："事实胜于雄辩"，很多时候你看到的东西或许会与事实有一定的差距。这就好比是小程序商户精选挑选之后觉得某件产品非常好，应该会得到消费者的支持，而实际上是这个产品可能在小程序商户看来是有卖点的，但是，消费者却可能会认为它是毫无用处的。

所以，营销靠的不是感觉，而是事实。那么，小程序商户怎么透过现象看到事实呢？其中一种较为直观、有效的方法就是看数据。具体来说，看数据主要需要做好两方面的工作。

首先是对数据进行分析。比如，在场景构建之前，小程序商户如果要了解目标消费的消费痛点可以进行问卷调查，并对相关数据进行分析，消费者在购物时更看重哪些因素。又比如，在微信小程序电商的运营过程中，小程序商户可以结合数据对场景营销的效果进行分析。

其次是对数据进行监控。比如，小程序商户可以通过数据的监控，了解消费者什么时间段使用微信小程序电商平台购物的频率比较高、消费者在平台中喜欢购买哪些种类的商品。

数据分析和监控的好处就在于，通过数据小程序商户可以看到当前真实的运营情况，并为未来指明方向。如果运营情况良好，小程序商户只需坚持场景营销即可。如果运营情况不佳，小程序商户便可以根据数据对场景进行调整。

❸ 通过调查反馈适时调整

任何事物都不可能做到尽善尽美，场景设计也是如此。有时小程序商户的场景设计可能确实有可圈可点的地方，但是却不代表没有可以改进的地方。毕竟事物是不断发展的，在"今天"看来已经足够好的东西，可能"明天"就与时代脱节了。

比如，在微商刚兴起时，微商在朋友圈进行营销还能获得不少人的关注，但是，当微商在朋友圈用硬广告营销了一段时间之后，微商的朋友们会有拉黑他（她）的冲动，也就更不用说会认真看营销内容了。

所以，在设计场景时小程序商户应该抱以这种想法：没有最好的场景，只有更好、更适合的场景。那么，怎么设计更好的场景呢？其中一种简单、有效的方法就是通过调查了解场景营销的效果，并根据消费者的反馈进行完善。

毫无疑问，在设计场景时理清思路是很有必要的，但是，光理清思路还不够，因为思路只是提供了一个方向。而在具体实施时，除了方向之外，还需要注意其他一些问题，这其中就包括了场景设计的原则。

总的来说，在设计场景时，微信小程序智慧零售商户需要把握好3大原则，具体解读如下。

（1）场景要放对位置

根据场景能够起到的实际作用，我们可以粗略地将场景分为两大类，一类是真实的场景，另一类是虚假的场景。

真实的场景很好理解，简单来说就是通过这个场景的构建，可以在实践过程中为小程序商户的营销活动起到正面作用的一类场景。而虚假的场景就是与之相对的，构建了也不会对营销活动起到太大的实际作用，甚至反而会对营销活动起到负面作用的一类场景。

有时候场景中小程序商户要表达的内容是完全相同的，但是却会让场景出现真实和虚假之别。这其实与场景要表达的内容无关，只是场景出现的情景不同，让它能够起到的作用也会发生变化。

比如，同样是游戏广告，当它出现在喜欢玩游戏，并且正想着要通过玩游戏来放松一下的人群的电脑中时，它很可能会让游戏小程序商户获得一批用户。但是，当它出现在有其他事情要做，又有强迫症的人的电脑中时，它却会让这部分人觉得特别厌恶，并让这部分人永远对这个游戏失去兴趣。

所以，场景营销的关键就在于场景出现的位置。在做场景设计时，微信小程序智慧零售商户一定要对场景的出现位置进行评估。因为只有让场景出现在它应该出现的地方，场景营销才能获得应有的效果。

（2）细节是制胜关键

俗话说："细节决定成败"，这句话虽然有一点夸大细节对整体的影响。但是整体本身就是由一个个细节组成的，如果细节没有做好，那么，有细节组成的整体很有可能也会出现问题。

而且人们在看待某一事物时，虽然通常会从整体进行把握，但是在把握整体时，本身参考的仍是某些具体的细节。甚至会直接根据自己对某一细节的喜好便做出最终决定。

比如，小程序商户为某款篮球鞋设计场景的主题是穿着舒适、外形好看，但是，某一位消费者可能并不会太在意小程序商户要表达的主题，他可能在看到这款篮球鞋的气垫之后，觉得减震效果应该不错，所以便决定买一双。

可以看出在上面这个例子中，小程序商户通过场景设计想向消费者传达一个相对较大的主题，而从消费者的角度来看，小程序商户设计的场景或许起到了吸引消费者注意力的作用，但是，消费者在决定购买产品时看的却仅仅是一个局部的细节。

因此，微信小程序智慧零售商户在进行场景设计时既要把握好场景要表现的主题，更要用细节凸显主题。因为走心的细节往往更能在潜在消费者心中产生深刻的印象，让营销获得预期的效果。

（3）效果来自于接触

营销就是面对潜在消费者进行宣传，从而增加消费者对产品的了解，甚至于让消费者产生购买产品的欲望。而营销的效果从一定程度上来说却是由潜在消费者，或者说更具体地由潜在消费者对场景的接触决定的。

一个场景设计出来只有与潜在消费者接触才能产生应有的效果。因为场景营销的效果来自于场景对消费者的引导作用。如果目标消费者都不能接触到相关场景，那小程序商户设计出来的场景又怎么可能会对消费者起到应有的作用呢？

例如，微信小程序智慧零售商户销售的主要是高档化妆品，却不向对化妆品有需求的年轻的高收入人群宣传，而是通过场景设计在经济欠发达地区，或者对产品基本上没有需求的低年级学生大肆宣传，那场景营销的效果就可想而知了。

场景相当于是产品与潜在消费者之间建立联系的一根纽带。当潜在消费者接触小程序商户精心设计的场景越多时，消费者便会对产品留有更深的印象。这样一来，消费者对产品更加熟悉，与产品的关系更加牢固，自然也就更容易选择产品，甚至变成产品的忠实用户。

6.2.2　呈现需求场景

从一定意义上来说，潜在消费者对产品的认知来自于小程序商户通过场景描述向消费者传达的信息。所以，微信小程序智慧零售商户对场景的描述实际上是与消费者对产品的需求有一定联系的。

那么，微信小程序智慧零售商户如何通过场景描述呈现消费者的需求，让消费者对产品产生购买欲呢？笔者个人认为，对于这个问题，小程序商户需要从3个方面进行考虑，这3个方面分别是整体描述一个场景、将环境作为切入点和凸显对消费者的价值。

整体怎么描述一个场景？环境怎么作为场景描述的切入点？又如何通过场景描述凸显产品对消费者的价值？对于这些问题，可能部分小程序商户会有一些疑问，接下来笔者就来分别进行解答。

❶ 整体描述一个场景

通常来说，微信小程序商户描述的场景中需要包括3个方面的内容，一是圈定目标消费者，通过场景告知哪些人群是适合这个场景的；二是通过场景展示消费者的需求；三是告诉消费者怎样可以满足其需求。

比如，当销售学生奶粉的小程序商户要想消费者呈现一个场景时，一定要告诉消费者学生是最适合买这些奶粉的。因为这些奶粉可以为学生提供钙、铁、锌等元素，帮助学生健康成长。然后在告诉消费者在微信搜索小程序或直接扫码就可以进入微信小程序电商平台选购学生奶粉。

在这其中，小程序商户描述中的"学生"就是产品的目标消费者，"帮助学生健康成长"就是消费者对奶粉的需求，而"搜索小程序或直接扫码"则是满足消费者需求的方式。

❷ 将环境作为切入点

环境可以说是场景描述的一个变数，因为在不同环境中目标消费者对同一产品的需求是有差异的。所以，在进行场景描述时，小程序商户还需根据场景呈现的具体环境来描述，或者说将场景描述放在相对合适的环境。

比如，人们在日常生活中可能手机充电比较方便，所以，不会太担心手机电不够用。但是，当坐长途汽车时，使用手机的时间比较长，充电又不太方便，所以，人们才会重视手机充电不方便这个问题。

针对这一情况，销售充电宝等可以为手机充电的产品的小程序商户便可以在长途汽车上通过座椅广告为消费者设计一个需求场景。让消费者在意识到充电不便问题之后，自然而然地进入小程序商户提供的微信小程序店铺。

❸ 凸显对消费者的价值

小程序商户构建场景的直接目的是引导消费者购买产品，而对于消费者来说，只有有价值的产品才值得花钱购买。所以，小程序商户在构建需求场景时，还需要通过场景凸显产品对消费者的价值。

具体来说，小程序商户可以通过场景的设计告诉消费者，在什么样的情况下需要使用产品、产品对于消费者有哪些作用、产品还有哪些潜在的使用价值还未被消费者发现等，让消费者觉得产品确实是值得购买的。

可能很多人都记得这样一个营销故事：一名市场经理来到一个地区后发现这里的人都不穿鞋，于是认为这里没有市场。而另一名市场经理在看到同样的情况之后却非常开心，认为这里的市场潜力非常巨大。

而小程序商户在呈现需求场景时要做的就是在主流市场还未形成时，向消费者传递产品的价值，从而开创一个新的市场潮流。

在上面这个营销故事中，营销人员关注的重点不应该是当时市场上的情况，而应该是是否可以将产品的使用价值转化为消费者的需求。因为一个区域内的人不穿鞋很可能不是这些人不需要鞋，而是不知道穿鞋能起到什么作用。小程序商户在呈现场景时要做的就是告诉消费者"穿鞋子是很舒服的"、"鞋子是非常有使用价值的"。

6.2.3 量化场景需求

对于微信小程序智慧零售商户来说，数据是场景营销中不可或缺的一种工具。一方面，通过对数据的分析，小程序商户不仅可以获知消费者的消费痛点，还能知道场景营销的效果，并为接下来的场景设计指明方向。

另一方面，人对数字通常比较敏感，而且当场景中加入数据时，让人感觉更加真实。所以，数据有时也可以充当证据，对小程序商户构建的场景进行证明，从而增加场景的可信度。

这一点"香飘飘"在做广告时便用得很好。说起"香飘飘"，大多数人首先想到的可能会是这样一句话："一年卖出 7 亿多杯，杯子连起来可以绕地球两圈"。之所以会如此，就是因为这句广告语中用数据为消费者构建了一个"香飘飘"奶茶非常畅销的场景。

而消费者在接受外界信息时，本身又是容易受到从众心理的影响。当看到"香飘飘"这么畅销之后，可能会觉得这是大多数人的选择，应该买一杯试一试。于是"香飘飘"便通过数据量化场景获得了消费者的购买力。

也正是因为以数据量化场景取得了不错的效果，"香飘飘"一直沿用这种思路。图 6-7 所示为"香飘飘"奶茶 2016 年推出的一则广告。

在这则广告中最吸睛的当属"一年 12 亿人次在喝"。当观众看到这句广告语时，心中便会联想到中国人口也就十几亿，差不多平均每个人每年都喝了一杯，这奶茶的销量也太高了，那"我"要不要试一下呢？

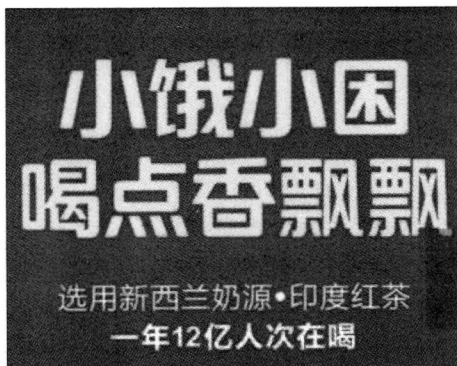

◆ 图 6-7 "香飘飘"奶茶广告

其实，"香飘飘"是卖奶茶，微信小程序智慧零售商户是卖产品。两者之间是有共通性的，既然以数据量化场景需求可以卖奶茶，那用同样的思路又怎么不能卖其他的产品呢？

6.2.4　场景也是入口

随着场景思维在商业营销中被不断运用，越来越多人开始发现场景已经不再仅仅是一个场景。它还可以起到暗示潜在消费者消费的作用，甚至直接作为一种消费入口呈现。

而且很多时候在我们看来非常平常的一些场景，也可能会变成一种消费入口。比如，当我们看到微信好友在晒朋友圈、晒美食、晒如图6-8所示的图片时，图片中的美食看起来很好吃似的、朋友穿的衣服看起来也很不错。

◆ **图 6-8　朋友圈好友动态**

我们自然而然地会询问好友是在哪里吃东西、衣服是在哪里买的。并去对应店铺查看，甚至是购物。这样一来，一个晒朋友圈的场景就变成了一个引导其他人消费的入口。

对此，微信小程序智慧零售商户可以将生活中常见的一些情景，作为构建场景的素材，并在场景中适时给出一个进入微信小程序电商平台的入口。这样既会让目标消费者觉得很真实，也不会让营销变得过于生硬。

6.2.5 场景增加产品吸引力

随着消费观念的转变，越来越多的消费者在购买产品时，已经不再仅仅考虑产品的质量、价格，更将购买产品时小程序商户提供的服务作为重要的参照标准。而场景作为服务的一部分，其对消费者购买意愿的影响越来越大，甚至可以说，产品的吸引力一定程度上来说取决于小程序商户为消费者提供的场景。

举个简单的例子，小程序商户在为生鲜产品的保鲜构建场景时，如果只是简单地使用一些文字进行介绍，受众对生鲜的保鲜也仅仅停留在这些文字上。

而单纯的文字通常是比较容易被人忘记的。而且单凭文字，也很难展现出生鲜的保鲜程度。

但是，有一个电视广告就做得很好，该广告中，消费者购买的是一条鱼，当其拿到快递时，打开一看，这条鱼还是活蹦乱跳的。

虽然这个广告看上去有一些夸张，但是，受众却会觉得保鲜工作确实做得不错，所以，自然也就更愿意在广告宣传的平台中购买生鲜产品。

6.3 链接：小程序创造需求场景

既然场景营销能在商品的销售中发挥如此之大的作用，那是否可以使用微信小程序来进行场景营销呢？答案是肯定的，通过微信小程序，商户可以将线上线下的场景链接起来，让场景营销能够更加深入消费者的生活中。

6.3.1 分享能力打通客流经营

对于大多数人来说，互联网上的社交就是分享，分享心情、分享经验、分享遇见的美好、分享一切可以分享的事物。所以我们经常可以看见很多人在吃饭前要拍照发微博或朋友圈，出差或者旅游到了一个新的城市也要到处拍照，在个人社交媒体中发文，如图6-9所示。甚至还有的人，对于日常生活中琐事的感悟与体会也有分享到社交网络中的欲望。

◆ 图 6-9　微信朋友圈中的分享内容

可以说，分享已经成为当今网络社交中的重要一环，因此现在大多数互联网产品，不论是网站还是应用，不管是社交平台还是实用工具，往往都会有分享或者转发功能。

即使对于某些平台来说，这些分享功能会帮助潜在的竞争对手引流，吸收自身的用户，但这是互联网环境中的大趋势，是不可逆转的。

分享功能将不同平台的互联网用户连接起来，形成一股流量，而随着连接的人越来越多，连接的范围越来越广，这股流量最终就会形成大潮，零售商户们正可以借着这股大潮，实现智慧零售转型。

通过互联网分享功能来引流和经营客流对于线上零售商户来说可谓是家常便饭了，因为这是线上零售商户引流的主要手段之一。对于线下零售商户来说，吸引客流更是重要，因为实体零售商户的经营本质就是客流经营，而客流经营不仅仅要将客户与商户联系起来，还需生成与商品、服务、商户资源等多方面的联系，通过微信小程序强大的分享功能，联系的架构将更加轻松，客流经营也将更加容易。

微信小程序能提供更多的场景来促进用户的分享，微信用户除了可以直接将小程序分享给微信好友外，还可以分享小程序中提供的优惠券。

如果商户有自己的微信公众号，更可以在公众号的内容推送中加入小程序，让被分享的文章也作用到客流经营中，形成内容服务与商品的联系。如果商户没有自己的微信公众号或者自己的微信公众号还达不到内容服务的要求，微信小程序还提供了一个对这类商户很有利的场景，那就是"社交立减金"。

商户只需使用自家店铺的管理员账号登录微信支付丨商户平台，在"运营工具"中进入并开通"公众号活动配置"权限后，便可创建"社交立减金"活动，如图 6-10 所示。

◆ 图 6-10　开通"公众号活动配置"权限

创建成功后，顾客每次在商户的店铺中完成消费支付，都会收到图 6-11 所示的立减金，从而引发微信用户主动分享商户的小程序，带来更多顾客，助力客流经营。

◆ 图 6-11　社交立减金

借助"社交立减金"这一分享功能，微信小程序智慧零售商户可以获得以下4点好处，如图6-12所示。

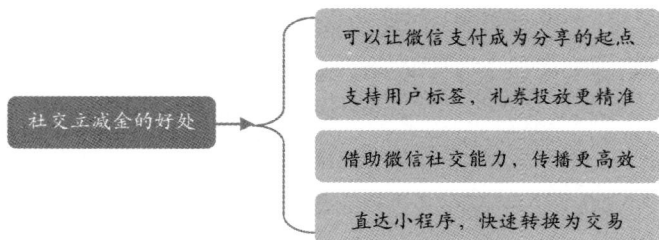

社交立减金的好处

- 可以让微信支付成为分享的起点
- 支持用户标签，礼券投放更精准
- 借助微信社交能力，传播更高效
- 直达小程序，快速转换为交易

◆ 图6-12　社交立减金的好处

6.3.2　定位功能创造新契机

借助微信中的"附近的小程序"功能，线下实体商户不仅可以告诉消费者自身门店的详细位置，为有兴趣的顾客提供导航，更可以借助"附近的小程序"标识服务范围，创造线上线下融合，社区化销售的新契机。如爱鲜蜂闪送超市，其便借助于"附近的小程序"，打造出了"30分钟掌上便利店"这一定位，如图6-13所示。为数量众多的社区用户提供了一个消费新场景。

现在城市中的小区居民楼多是高层建筑，即便有电梯，上下楼也不太方便。并且如今很多城市中的小区是封闭式小区，小区中零售便利店的数量和规模都有限，这些便利店由于规模有限，通常只专注于服务所在楼栋的居民，不会做到覆盖整个社区的送货上门服务。

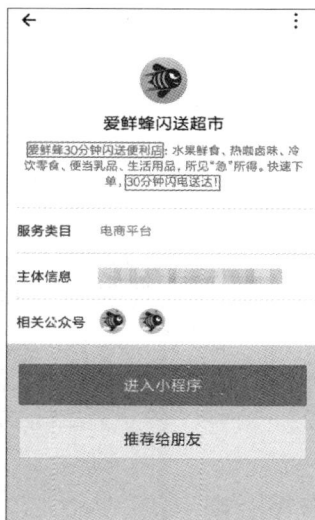

◆ 图6-13　爱鲜蜂小程序

而我们又经常可以看到人们在点外卖时在备注信息中拜托送餐员帮忙带包烟或者带瓶饮料等情况，可见人们对送货上门服务还是有一定需求的。爱鲜蜂看到了这个需求，在城市中广布便利店，由这些便利店完成最后的配送。

用户只需在附近的小程序中找到爱鲜蜂的闪送便利店，便可进入小程序下单订购，享受送货上门服务。"附近的小程序"已然成为爱鲜蜂进行社区经济覆盖的一个入口场景。

6.3.3　支付能力创建消费渠道

微信支付强大的支付能力可以赋能给微信小程序智慧零售商户，助其创建一个新的消费渠道，在这个消费渠道中，用户不仅不用烦琐地现金找零支付，甚至不用使用手机扫码支付，只需要在商户小程序中确认订单，轻轻一点即可完成支付。如果商户还使用了射频标签自动识别等智能化技术，那么用户就甚至都不需要拿出手机，商户的门店小程序会自动完成支付，实现真正的无感支付。

通过微信强大的支付能力在微信小程序中创造的这个可以最快速完成支付的消费渠道，成为满足快节奏生活下的人们快速消费需求的绝佳场景。

7
CHAPTER

场景营销，新零售
发掘新顾客

势不可当：
微信小程序智慧零售

场景营销最重要的就是通过场景的提供，成功吸引潜在消费者的目光，并将受众转化为顾客。

在此过程中，微信小程序商户需要做的就是用场景营销策略构建场景，让受众觉得你的产品确实值得购买。

◇ 解惑：认识场景的方方面面
◇ 创新：新零售有新模式

7.1 解惑：认识场景的方方面面

微信小程序电商运营者要做好场景营销，首先需要对场景营销有足够的了解。但是，大多数运营者实际上对场景营销的了解是比较有限的。也正是因为如此，许多运营者对于场景营销都有一些疑问，这主要体现在 6 个方面，这一节笔者就根据个人经验对这 6 个方面分别做出讲解，帮助大家更好地进行场景营销。

7.1.1 构建场景的方法

场景的构建是场景营销的基础，如果构建的场景达不到要求，那么，即使后期的营销推广做得再好，场景营销的效果也将大打折扣。通常来说，微信小程序智慧零售商户需要通过 3 个步骤来构建场景，下面笔者就对场景构建的 3 个步骤一一进行解读。

❶ 找到潜在消费群体的需求

微信小程序智慧零售商户进行场景营销最直接的目的，就是让潜在消费者看到自己的微信小程序平台和产品的优势，从而通过场景把普通受众转化为微信小程序店铺平台的消费者。

而在此过程中，有一个问题直接关系到场景营销的目的是否能够达成，那就是微信小程序智慧零售商户构建的场景中是否直击受众的消费痛点，毕竟只有受众觉得值得的事物，他们才会愿意为之买单。

因此，在真正开始构建场景之前，微信小程序商户还需要通过必要的市场调查，了解潜在消费群体的需求，只有这样营销场景的构建才能有的放矢，走进消费群体的心里。

❷ 结合消费需求打造新卖点

潜在消费群体需求的获取只是场景构建的基础，因为很多时候获得需求是一回事，能否将需求用场景呈现出来又是另一回事。

比如，在共享单车出现之前，可能很多人都知道公交车还不能真正解决许多人最后一公里的问题。但是，即便知道了消费者对交通工具有需求，却没有找到合适的载体，满足消费者的需求，那么，所有的努力就相当于纸上谈兵。

而且随着事物的变化发展，消费者对同一事物的需求必然也会发生变化。某一段时间内的卖点可能过了一段时间之后就变得不那么重要了。此时，微信小程序智慧零售商户需要做的就是打造新的卖点。

比如，在共享单车出现之前，人们只是找不到一个载体解决最后一公里的问题。但是共享单车出现、发展之后，共享单车几乎变得随处可见。而消费者也开始对消费体验、成本等方面提出了新的要求。面对这一变化，共享单车经营者需要做的就是让共享单车的使用更加便捷和实惠。

❸ 呈现场景并进行宣传造势

找到卖点之后，微信小程序智慧零售商户接下来要做的就是将卖点通过场景呈现出来，而在此过程中，场景的认知度与其影响力是密切相关的，所以，运营者通过宣传造势让更多的潜在消费者知道场景的存在。

对此，微信小程序智慧零售商户可以通过一些举措，将产品的使用场景变成一种流行场景。共享单车之所以可以在短期内快速发展，除了随处可见的共享单车给消费者提供了便利之外，很重要的一点就在于它顺应了节能减排、绿色出行的时代要求。

而且骑单车作为一种运动，对于整天坐在办公室里的白领来说，也是一次难得的锻炼机会。所以，越来越多人开始将骑共享单车的相关内容进行分享，而共享单车也就在一次次的分享之中，成为一种流行的出行方式。

需要说明特别说明的是，就好比是新闻的 5 要素，在每一个场景的构成过程中有 5 个要素是必不可少的，具体如图 7-1 所示。

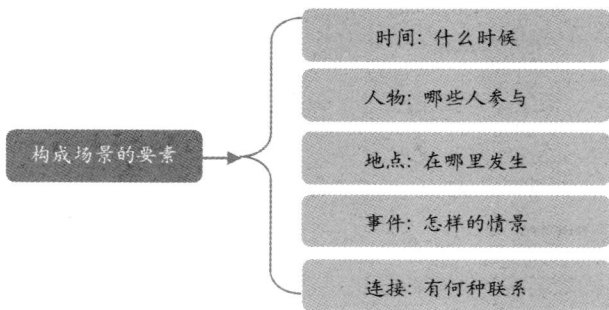

时间：什么时候

人物：哪些人参与

地点：在哪里发生

事件：怎样的情景

连接：有何种联系

构成场景的要素

◆ 图 7-1　构成场景的要素

7.1.2 小程序场景应用

小程序的应用场景是多种多样的，无论是衣食住行，还是休闲娱乐，我们生活中的方方面面基本上都可以用到微信小程序。

比如，想买衣物有"京东购物"、"拼多多"；点外卖可以选择"饿了么外卖服务"、"美团外卖＋"；租房子可以上"58同城生活"；等公交可以看"车来了精准的实时公交"；觉得无聊了想看电影，可以选择在"腾讯视频"在线观看，也可以在"猫眼电影"上直接购票。

小程序的应用场景是多种多样的，而运营者要做的就是在保证小程序的服务类目符合微信小程序规范的同时，结合目标消费者的需求痛点，为消费者构建更贴心、走心的应用场景。

7.1.3 用场景带动销售

对于微信小程序智慧零售商户来说，衡量场景营销成效最直接的标准就是构建的场景能否带来销量的提升。那么，如何用场景带动销售呢？笔者个人认为，这需要微信小程序智慧零售商户分别从售前、售中、售后这3个阶段分别构建场景，具体分析如图7-2所示。

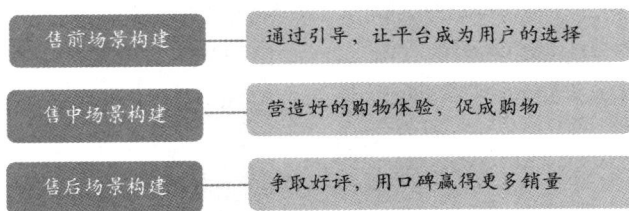

◆ 图7-2 构成场景的要素

接下来就让我们来看看在销售的各个阶段中，如何通过场景来带动销售。

❶ 售前场景构建

售前场景构建最重要的一点就是让平台成为潜在消费者的选择。对此，微信小程序智慧零售商户需要做的就是让潜在消费者在认识微信小程序电商平台的同时，让潜在消费者看到平台的优势。

对此，微信小程序智慧零售商户不仅要做好通过场景构建宣传工作，更要保证好产品的质量、控制好产品的价格，毕竟质量和价格才是消费者购物的主要参考因素。只要产品自身素质过硬，即便是稍加宣传也能让微信小程序店铺平台走出去，"酒香不怕巷子深"说的就是这个道理。

❷ 售中场景构建

售中场景构建最直接的目的就是坚定潜在消费者的购物决心，让其完成购物。当然，要达到这一点，微信小程序智慧零售商户还需要为潜在消费者营造一个便捷、舒适的购物体验。

比如，随着生活节奏的加快，人们购物的时间日益碎片化。很多消费者可能没有太多时间用在购物上，他们可能会希望在几分钟内就完成购物。基于这一点，微信小程序智慧零售商户需要通过明确的导航等为消费者做好购物引导，让消费者能够更好、更快地找到自己需要的东西。

❸ 售后场景构建

虽然销售完成就表示微信小程序智慧零售商户已经获得了一笔订单，但是，这并不是一次销售活动的完结。因为消费者完成购物之后，微信小程序智慧零售商户还需为其提供相关的售后服务。

需要特别说明的是，微信小程序平台的口碑将对其今后的销售产生很大的影响。而售后场景构建的重点就是在为消费者提供优质售后服务的同时，通过沟通交流，获得更多好评，从而让微信小程序店铺平台在消费者心中获得口碑，并通过口碑获得更多销售量。

7.1.4 以场景打造品牌

2016 年马云在阿里云栖大会上提出新零售的概念，在笔者看来，他所谓的新零售就是指一种由运营者自己经营而无须再依靠电商平台的个体电商模式。

虽然这看起来是未来电商的一种趋势，但是要让其变成现实，真正落地应用却并非是一件易事。

毕竟消费者在购物时对品牌还是比较看重的，品牌的知名度在一定程度上与销量挂钩。而大多数微信小程序商户本身的品牌知名度并不是很高，所以，对于这些微信小程序商户来说，目前最关键的一点是打造和宣传自己的品牌。

其实，场景营销就是一种很好的打造品牌的方式。那么，怎样用场景打造品牌呢？笔者个人认为，微信小程序智慧零售商户可以以3个方面努力，具体如下。

❶ 通过场景扩大潜在消费群体

一个品牌的知名度与其消费群体的大小是有一定关系的，比如，某个品牌如果只是在当地进行销售，那么，它可能只是当地的品牌，如果将它放到其他地方销售，很可能会因为没有知名度而被认为是山寨货。

所以，打造品牌首先要做的就是让这个品牌走出去，让它被更多的人认识。对此，微信小程序智慧零售商户可以通过场景的制造突破人们对产品使用人群的固有认识，自行扩大产品的消费群体。

比如，奶茶本来只是一种闲暇时喝的饮料，但是，"香飘飘"却通过广告制造场景，暗示消费者"小饿小困"也可以喝他们的奶茶。也正是因为如此，该品牌奶茶的消费群体得到了明显的扩大，而其知名度也大幅提高。

❷ 增加品牌与消费群体的互动

随着时代的发展，品牌的营销方式也在不断变化。曾几何时，一个品牌要获得知名度，只要请明星代言，在电视上多打几个广告就行了。而如今，打广告的品牌已经多不胜数了。即便是同一类产品，在同一个电视台放置广告的可能也会超过10家。在这种情况下，即便打广告也不一定能被消费者记住。

相对于打广告，互动带来的体验感通常能带给消费者更深的印象。消费者可能不会记得某个品牌在电视上打了广告，但是却可能会对自己曾经在某品牌的活动中参与的互动记忆犹新。

❸ 满足实际需求，谋求"共赢"

从实体店到网店，消费者在购物时的选择可谓是越来越多了。而前面也已经提到了，如果只是为了宣传而宣传，通过打广告的方式增加品牌的知名度，大部分消费者可能并不会买账。

毕竟在有选择空间的情况下，消费者都会权衡，并做出对自己更有利的选择。这也是为什么许多人在购物时会有"货比三家"的想法。所以，在场景营销过程中，微信小程序智慧零售商户还需要根据消费者的实际需求构建场景，通过"共赢"获得消费者的认可。

7.1.5 场景的O2O营销

很多时候多一条宣传途径获得的效果就会更好，在场景营销的过程中如果仅仅是做线上或线下，那取得的营销效果通常是比较有限的。只有打通线上线下，实现场景的 O2O 才能让场景营销事半功倍。

那么，如何实现场景的 O2O 呢？从笔者个人的实践经验来看，主要有 3 种方法可供微信小程序智慧零售商户参考，具体如下。

❶ 立足数据分析

在进行场景 O2O 营销之前，微信小程序智慧零售商户需要通过数据分析量化消费者的需求，知道消费者需要的是什么，并通过线上和线下的场景营销为每位潜在消费者提供更加具体的场景体验。

比如，同样是购物，年轻人可能会注重便捷性，所以，这部分人可能会选择在线上购物。而年纪稍大一些的人群则更相信自己能够亲眼看到的东西，因此，他们可能更习惯于在线下完成购物。

所以，在此过程中微信小程序智慧零售商户需要做的就是对消费者进行分类，并了解各消费群体的偏好，结合自身需求有针对性地为消费者构建场景，用"走心"的营销让消费者"交心"。

❷ 线上线下联动

实现场景 O2O 最关键的一点就是将线上线下打通，实现线上线下的联动。所以，在场景营销的过程中，微信小程序智慧零售商户一定要做好线上线下的结合，而不能让线上线下"各自为政"。

比如，一个线上销售的微信小程序店铺平台，它的线上流量可能是比较有限的。此时，微信小程序智慧零售商户可以在线上宣传的同时，在线下通过举办活动、发放传单等方式，将线下的人流引至线上。以线上经营、线下引流的方式，促进微信小程序店铺平台的良性发展。

❸ 让场景无处不在

场景的影响是潜移默化、深远持久的。大多数人可能有过这样的经历，某一天自己要购买某件东西，突然想起不久前看到过一个广告，或者是觉得产品的包装似曾相识，并据此做出选择。其实，这就是场景营销的一种体现。

通常来说，消费者接触到产品宣传的频率越高，宣传中的场景便越有可能对消费者产生影响。通过线上线下场景的构建，消费场景可以变得无处不在，而场景对消费的引导作用自然而然也会出现大幅提升。

7.1.6　提高场景转化率

场景营销是一回事，将场景转化成消费者的购买力又是另一回事。如果微信小程序智慧零售商户构建的场景打动不了消费者，消费者自然也不会买账。

那么，怎样提高场景转化率呢？微信小程序智慧零售商户不妨试一试如下所示的方法。

❶ 从消费者的生活中挖掘场景

场景构建不应该是简单地根据 6 要素随便将一个场景呈现在消费者面前，而应该是在满足消费者需求的基础上，构建一个能够引导消费者购物的场景。要做到这一点，从消费者的生活中挖掘场景可以说是不可或缺的。

从消费者的生活中挖掘场景可以说是一种简单有效地提高场景转化率的方法。一方面，通过对消费者生活场景的挖掘，微信小程序智慧零售商户可以更好地获取消费者的真实需求。另一方面，通过生活场景挖掘构建的场景，更贴合消费者的实际情况，也更能获得消费者的共鸣。

❷ 卖的是产品，更是优质服务

微信小程序店铺平台看似是在向消费者销售产品，实际上销售的除了产品自身之外，还有平台提供的服务。而且随着购物渠道的增加，消费者对平台的服务也越来越看重。

所以，在这种情况下，微信小程序店铺平台能否为消费者提供优质的服务就显得非常重要。对此，微信小程序智慧零售商户应该在提升自身服务质量的同时，通过场景的构建，让电商平台在潜在消费者心中树立一个优质服务的形象，从而让其更加放心地完成购物。

❸ 创造机会让消费者主动掏钱

前面也提到了，场景转化率的关键就是将场景转化成潜在消费者的购买欲。或者说，通过场景的构建，让消费者觉得你的产品确实是值得购买的，并主动掏钱进行购物。

当然，消费者不会无缘无故地购买一些自己完全不需要的东西。所以，微信小程序智慧零售商户需要做的就是通过场景的构建给消费者一个购物的理由，从而让消费者忍不住要"剁手"。

7.2 创新：新零售有新模式

随着场景的发展成熟，越来越多商户开始采取该营销方式，这便将产品的竞争转变为了场景的竞争。在这种情况下，运营者只有通过场景创新才能更好地满足用户的需求，为电商平台获取足够的客流量。

7.2.1 赋予价值

消费者在决定要不要购买一件产品时，通常会考虑这件产品对自己来说是不是有价值。而很多时候，产品的价值又是通过商户提供的场景来呈现的。所以，商户在做场景创新时，最简单、直接的方法便是赋予产品新价值。

同样是共享单车，如果仅仅是为用户提供一种便利的使用场景，可能部分消费者不会买账。因为当距离较远时骑自行车是比较累的。但是，当通过场景将骑自行车赋予锻炼、节能减排等新价值时，大部分消费者会觉得骑自行车比开私家车、搭公交车要更好一些。

7.2.2 构建情感

在日益重视购物体验的当下，与其说用户买的是产品，不如说买的是一种购物前的感受。如果在购物之前，用户感觉某个商品很具有吸引力，那么，即便用户对该产品没有迫切的需要，可能也会忍不住要掏腰包。

而要让某个商品对消费者产生强烈的吸引力，其中一种方法就是让产品与用户构建联系。比如，当商户在零食上加入"儿时记忆"等标签时，许多消费者在看到之后，可能会想从情感上找到包含美好记忆的味道。这样一来，消费者自然会更愿意购买商户的产品。

7.2.3 跨界融合

对于微信小程序智慧零售商户来说，进行跨界融合是场景创新的一条有效途径。一方面，跨界融合可以从其他领域的属性中吸收适合自身的有利部分为我所用，增加产品的价值。另一方面，当商户跨界融合与其他企业合作时，还可以借助他人的力量，扩大自身的影响力。

"摩拜单车"就是一个很好的例子。"摩拜单车"之所以可以成为用户最多的小程序，除了其提供的便利服务之外，另一个原因就是它与微信合作，在微信小程序中占据了有利的位置。

借助小程序，"摩拜单车"不仅可以让用户更方便、快捷地使用共享单车，还能得到来自于微信小程序官方的大力推荐。所以，它在微信小程序中发展快速也就不足为奇了。

7.2.4　善用社交

前面也多次提到了，随着生产力水平的提高，产品质量、价格对消费者购物决定的影响越来越小，用户更想购买到能够提供更好购物体验的产品，或者说消费者想买的仅仅是他们看着"舒服"的产品。

而要让产品让消费者看着"舒服"，就是要获得消费者的好感。当然，构建产品与消费者的情感联系是获得消费者好感的一种方法。除此之外，商户还可以通过社交场景的搭建引导消费者购买产品。

比如，当商户在某次聚会中告知朋友自己的微信小程序平台之后，并拿出一些产品，让大家观摩一下，那么，朋友们将会基于与商户的关系在有需求时将商户的平台作为首选。

7.2.5　拓宽使用

对于大多数商户来说，微信小程序的运营痛点就是难以进行推广了。其实，微信小程序给商户提供的推广渠道很多，商户只需改变一下策略便能通过场景的创新拓宽小程序的使用场景。

比如，当消费者在实体店购物要付款时，商户可以拿出小程序二维码，让消费者在小程序中略作停留，便告知顾客在微信小程序店铺平台中同样可以进行购物。这样一来，商户实际上便将线下的顾客引到了线上，而小程序的使用场景无形之中也得到了拓宽。

8 CHAPTER

零售电商实战，现成的流量直接转化

势不可当：
微信小程序智慧零售

据 iiMedia Research（艾媒咨询）数据显示，2017
年移动购物市场占网络零售市场销售额的 70.6%，相比于
2016 年的 66.2%，其占比虽然仍在增加。但不可否认移动
电商的红利期已过，用户规模的增速明显趋于平缓。

传统零售电商需要大量新用户，而自带 10 亿流量的
微信平台此时推出的小程序正是绝佳机遇。

◇ 特色：智慧零售打通线上线下
◇ 布局：抢占新零售高地

8.1 特色：智慧零售打通线上线下

移动互联网技术的应用使得互联网电商进一步发展，大多传统电商转型为移动电商，网络电商的覆盖范围得到了成倍的增长，市场规模也不断扩大，互联网电商达到了空前的繁荣。但所谓"盛极必衰"，互联网电商潜在的隐患已经初步显现出来了，那便是电商数量猛增，而用户数量的增长却趋于平缓。

而且随着生活水平的提高，如今人们越来越重视购物体验，一些原本立足于线上的电商企业也开始在线下开设体验店，如图 8-1 所示。

◆ 图 8-1　电商线下体验店

电商开始向线下发展，寻求更多新客源时，一些线下的零售商也开始向线上靠拢，扩展 O2O 业务。线上线下开始出现融合，这时就需要某样东西来打通线上线下，腾讯公司借助微信推出微信小程序智慧零售模式便是一个很好的解决方案。

8.1.1　网店展示

网上店铺是网络零售电商的一个重要窗口，顾客在此完成购物消费，获得最直接的购物体验。一般电商的网上店铺主要由商品推荐页和商品展示页组成，没有过多的页面，力求为顾客提供最快速便捷的购物通道，这是线上电商的一大优势。

图 8-2 为手机淘宝中的联想商城，图 8-3 为微信小程序中的联想商城。可以看到，两者虽然在界面上有所不同，但核心的商品推荐页和商品展示页都是具备的，可见小程序商城也是可以很好地完成网店内容的展示。

◆ 图 8-2　手机淘宝中的联想商城　◆ 图 8-3　微信小程序中的联想商城

8.1.2　商品导购

商品的销售环节是零售中最重要的一环，可以说，零售商户所做的一切准备和努力都是为了将商品销售出去，而很多消费者在购物时并没有一个很明确的目标或计划，通俗一点说，这些消费者其实并不清楚自己具体想要什么。

所以很多线下店铺都会设置导购一职，为的就是引导和帮助进店的消费者选购商品。而电商平台也会根据消费者以往的消费数据来分析消费者的购物习惯和偏好，向消费者推荐其可能喜爱的商品。微信小程序凭借微信这一强有力的后台支持可以实现更多销售可能。

❶ 公众号内容导购

微信小程序商户可以充分利用公众号与小程序的结合优势，舍弃小程序中的导购内容，而是将导购的任务交给公众号，利用公众号文章进行更精准的导购。具体方法有在推荐文章中插入小程序链接，如图8-4所示。并且在微信小程序中也可以加入公众号文章的链接，可以让用户直接从商户的微信小程序中跳转至商户的公众号文章。

◆ 图8-4　公众号文章中的小程序链接

图8-5所示为通过微信公众号"微信公开课"的关联小程序"微信公开课＋"进入其公众号文章的方法，只需点击小程序中的公众号文章链接，即可跳转至相应公众号文章。这样不仅能实现小程序与公众号在微信生态中的双向导流，零售商户可以在自家微信小程序商城的商品中提供相关的公众号文章链接，为顾客提供额外的内容服务，这样既可以为商品加分，又能为公众号引流，可谓一箭双雕。

此外，能够在微信小程序内直接跳转到微信公众号内功能的实现，也进一步加强了小程序打通线上线下的功能，让实体零售门店可以更方便地将顾客吸引到公众号中并进行留存。

◆ 图 8-5　由小程序进入公众号文章

❷ 直播体验导购

众所周知，微信小程序是一种轻应用，开发简单，因此微信小程序也有了很多种可能和很多种形式。蘑菇街女装精选小程序就将直播形式引入了商品导购中，如图 8-6 所示。

◆ 图 8-6　小程序中的直播导购

　　线上网购相比线下实体店购物的一大劣势便是购物体验不足，尤其是女装和美妆类产品的消费者，她们对商品的体验有很高的要求，一般只会在网上购买一些常用品牌或者朋友推荐品牌的服饰或化妆品，对于不知名的小众品牌产品是不会轻易尝试的。而直播导购的方式一定程度上可以弥补线上网购的体验不足的缺陷。

　　零售商户可以在直播中与顾客实时互动，亲自展示服装的穿搭效果和化妆品的使用效果，并且还可以现场示范一些穿搭技巧或者美妆技巧，与顾客产生良性互动，让顾客产生信赖感。这样即使商户向顾客推荐一些不太知名的产品，顾客一看效果的确不错，并且又比较信赖商户，也会购买。

8.1.3　订单查询

　　订单查询功能对网络电商来说是非常重要的，因为人们在线上网购是不同于在线下实体店的"一手交钱，一手交货"的交易方式。在线上网购时往往是顾客先付钱下单，商户再联系物流发货，在这个过程中，订单是顾客与商户达成交易的证明，有了订单，顾客才知道自己是否下单成功了，也才能通过订单去查询物流情况。

　　通常在电商的微信小程序商城的会员界面能找到订单查询的入口，如图 8-7 所示。已经下单的顾客可以在此查询订单信息。

◆ 图 8-7　小程序中的订单查询入口

8.1.4 互动营销

无论是线上的还是线下的零售商户，与顾客间的互动营销都是必不可少的，一般线下的实体零售店铺都是通过开展营销活动来与顾客进行互动营销，线下实体零售店铺凭借的是其门店场所和具有一定流量的商圈优势。

传统电商则是凭借平台提供的便利进行互动营销，电商平台经常会以各种名目开展形式多样的营销活动，比如发放各种优惠券，如图8-8所示。

此外，借由参加所在电商平台为中心的各种大型活动来完成互动营销，如双十一、818等大型电商营销活动。通过这种方式，零售电商虽然可以借力平台完成互动营销，但基本上无法与顾客进行深入互动。

而对于微信小程序智慧零售商户来说，微信虽然不是一个电商平台，不会主动为平台内的小程序商户们进行营销推广。但凭借微信强大的社交能力，微信小程序智慧零售商户可以在微信平台中通过公众号、微信群等社交功能与顾客进行更加深入的互动营销，由此收获的成效也会更加明显。

◆ 图8-8 电商活动优惠券

8.1.5 粉丝管理

粉丝管理也可以说是会员管理，粉丝可以被理解为忠实用户，这一点在高科技产品的销售中有着很好的体现，如小米产品的忠实用户被称为"米粉"，苹果产品的忠实用户被称为"果粉"。良好的会员管理可以为品牌或商户聚集起一批忠实用户，也就是所谓的粉丝。粉丝是品牌或商户的一种稳定客流，这对于注重客流经营的零售商户们来说是十分重要的。

但是通常零售电商们想通过电商平台来获取粉丝和进行粉丝管理是比较困难的，原因很简单，因为电商平台也是需要粉丝的。就拿目前国内规模比较大的电商平台淘宝来说，其覆盖最广泛的手机端平台手机淘宝APP上就有十分完善的会员管理系统。图8-9所示为手机淘宝APP的会员界面，在其中手机淘宝用户可以查看自己的网购信息，也可以使用手机淘宝提供的多种会员服务，如图8-10所示。

◆ 图 8-9　手机淘宝的会员界面　◆ 图 8-10　手机淘宝的会员服务

　　电商平台提供的贴心的服务都会促使用户转化为平台的粉丝，虽然这对电商平台中的零售电商们来说也不是什么坏事，但零售电商们想在电商平台中获得平台用户的关注，途径却是十分有限的。

　　还是以手机淘宝平台为例，用户想要主动关注店铺通常可以在商品界面点击"收藏"按钮，如图 8-11 所示。这样用户就可以在"我的淘宝"界面中的"收藏夹"功能中快速找到零售商户，如图 8-12 所示。

◆ 图 8-11　收藏商品　　　　◆ 图 8-12　收藏夹

　　手机淘宝用户另一个关注喜爱店铺的途径就是进入电商店铺页面，点击右上角的"关注"按钮，如图 8-13 所示。这样用户就可以在"微淘"界面中找到关注的店铺，并且手机淘宝用户还能在此界面接收到关注店铺的内容推送，如图 8-14 所示。

◆ 图 8-13　关注店铺　　　　　　　◆ 图 8-14　微淘

　　虽然"微淘"给了淘宝电商们一个进行内容导购的空间，但是由于手机淘宝APP 自身社交属性的缺乏，其在多数人日常生活中的使用频率是远不及微信或微博这类社交应用的，人们在空闲时间里可能会刷刷微博，看看微信，但很少会有人空闲时经常翻看手机淘宝。

　　因此零售电商们想要进行粉丝管理，通常也是选择微信这类社交应用。零售电商们通常在为下单顾客发货时会将一张带有店铺微信信息的卡片附在发货商品中，卡片上通常是诱导顾客添加商户微信或关注商户公众号的信息，如图 8-15 所示。

　　通过这种方法将顾客引流到微信平台，将他们转化为忠实用户，零售电商们日后在进行内容推送、情感营销等粉丝管理时不仅会更加方便，而且也能保证这些忠实用户是属于自己店铺的粉丝，而不只

◆ 图 8-15　发货商品中附
　　带的卡片

是电商平台的粉丝。

微信小程序智慧零售电商在粉丝管理方面就没有网络平台电商这么多烦恼了，因为微信小程序是诞生于微信，与微信紧密相连，微信小程序也在一定程度上可以共享微信的社交属性。微信小程序零售电商可以直接将顾客引流到自己的公众号中进行粉丝管理。此外，现在正是微信小程序的红利期，微信小程序零售电商可以很容易地在小程序中获得小程序店铺的各种数据，进行粉丝管理的效果也比以前要好。

8.1.6 售后服务

售后服务是微信小程序商城中的一个模块化的功能，通常顾客在个人中心界面可以找到售后服务的入口，如图 8-16 所示。顾客点击入口按钮进入售后服务页面后，可以查看订单详细信息，包括消费明细、发货状况、物流情况，顾客也可在此进行退款操作，与一般的手机电商平台没有太大差别，如图 8-17 所示。

◆ 图 8-16　微信小程序商城个人中心界面　　◆ 图 8-17　售后服务界面

8.2 布局：抢占新零售高地

对于零售产业来说，最为珍贵的就是客源，传统实体零售商向线上发展，转型电商，很大一部分原因就是为了吸收线上的流量，争夺客源。

但随着电商越来越多，网购用户的增长却明显变缓的矛盾日益突出，目前的流量已经可以用弥足珍贵来形容。

而新零售概念的提出便是要打通线上线下，为电商吸引线下流量，在流量争夺如此激烈的情况下，微信小程序的出现给零售电商们带来了新的希望。

缺乏电商基因的微信生态正是零售电商们渴求的流量宝库，在微信中零售电商们不用花费额外的费用向平台购买流量，也不用花大力气去进行引流。并且除了流量优势，对于新零售要求的新技术，微信小程序也能够完美地进行融合。

微信小程序如此契合新零售需求，自然成为众多有志于向新零售方面发展的零售电商们抢占的一块高地，众多品牌纷纷入局微信小程序，建设了自己的微信小程序商城。下面笔者就带大家看看几个有代表性的案例。

8.2.1　Longchamp：奢侈品也做小程序电商

法国奢侈品牌 Longchamp(珑骧) 为首个推出微信小程序的奢侈品牌，其与微信官方达成战略合作，首次入驻微信小程序便推出了"Longchamp 巴黎进行时"和"Longchamp 线上精品店"两款小程序，如图 8-18 所示。

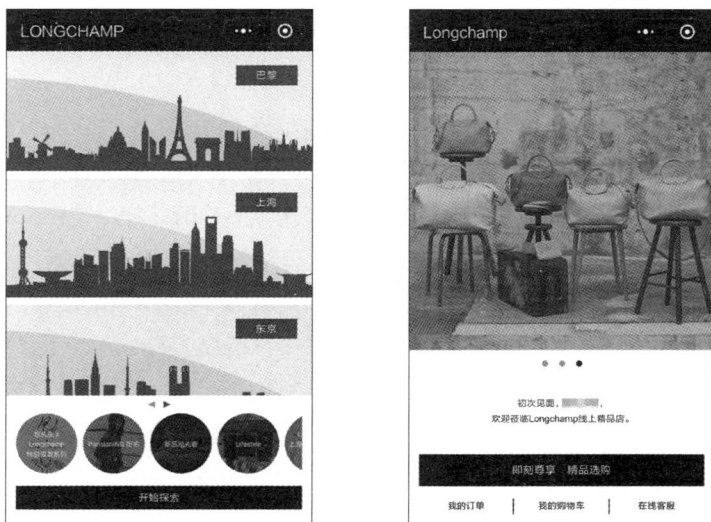

◆ 图 8-18　Longchamp 品牌推出的两款微信小程序

在大多数人的固有观念中，奢侈品往往只出现在大城市中为数不多的线下门店中，奢侈品被陈列在精美的橱窗中供人欣赏，与一般人的生活相距甚远。普通人对于奢侈品的印象常常被打上"手工""稀少""独特工艺"等标签，但目前奢侈品已经跳出了人们对奢侈品的传统观念，很少以手工制作或独特的工艺作为卖点，现在的奢侈品更多是以个性设计和时尚感作为卖点。

随着人们生活水平的提高和奢侈品的大规模商业化生产的实现，价格已不是阻挡奢侈品牌进入普通人消费选择的主要障碍，越来越多的奢侈品牌开始放低身段，寻求大众消费市场，一些奢侈品变得越来越没那么"奢侈"。目前人们对奢侈品的需求主要有三种，一种是与众不同的消费体验，一种是产品独特的设计或技术价值，还有一种便是品牌的认同感。

比如说苹果手机，苹果手机的新品 iPhone X 最低零售价为 8000 元，在智能手机已经普及的今天，对一部智能手机来说这算是一个很高的价格，虽然 iPhone X 发售前苹果公司负面新闻缠身，iPhone X 也并没有什么革命性的技术突破，但还是有很多人购买 iPhone X，就是由于苹果手机的强大的品牌认同感。对于很多人来说，iPhone X 已经不仅仅只是一部手机，更是一种身份地位的象征，用 iPhone X 发出的朋友圈或者微博就是比其他手机更有优越感。

对于 Longchamp 品牌来说，产品独特的设计或技术价值是其缺乏的，而在品牌认同感上，Longchamp 显然也是比不上爱马仕、香奈儿等著名奢侈品品牌。于是 Longchamp 巧妙地从与众不同的消费体验方面入手，从其作为首家入驻微信小程序的奢侈品品牌的身份上便可以看出其决心。

微信小程序可以给 Longchamp 的顾客带来什么样的独特消费体验呢？首先是一种亲密的距离感。

Longchamp 的微信小程序商城可以很方便地获取和进入，顾客在 Longchamp 线上精品店小程序商城内也可以很方便地选购商品，让顾客可以享受到轻松的线上奢侈品购物体验。并且不同于在电商平台以展示商品为主的销售，在微信小程序中 Longchamp 可以打造自己的专属商城，除了商品外还可以向顾客展示自身的品牌价值、企业文化、商业理念等更富内涵的内容。

在 Longchamp 的小程序商城中，顾客在进入时，不会在首页看见任何明码标价的商品展示，如图 8-19 所示。顾客需要点击首页中的"即刻尊享，精品选购"按钮才可真正进入该小程序商城，就如同推开大门进店购物一般。

点击按钮进入后，出现的是一些商品专题推荐，如图 8-20 所示。顾客选择专题后，才可以查看商品，这又犹如店铺中的每一个商品专柜一般，给顾客一种独特的精致感。

◆ 图 8-19　Longchamp 线上精品店首页　　◆ 图 8-20　商品专题推荐

顾客点击进入商品专题页面后，可以看到该专题系列中的所有商品，如图 8-21 所示。然后顾客便可以挑选心仪的商品，看中某一商品后，可以点击"查看详情"按钮查看商品的价格等详细信息，如果感到满意，就可以点击"加入购物车"按钮进行下单购买，如图 8-22 所示。就像从货架上挑选商品一样。Longchamp 的微信小程序商城通过独特的店铺设计，带给顾客一种具有层次感的网购体验，这是普通电商不具备的，让顾客在微信小程序商城内也有一种在专卖店购物的独特体验。

除了独特的小程序商城设计外，Longchamp 还在小程序中尝试了提供个性化的定制服务，如图 8-23 所示。

◆ 图 8-21　专题系列商品　　◆ 图 8-22　商品详情

◆ 图 8-23　小程序个性定制服务

　　因为符合年轻群体个性潮流的消费观，Longchamp 通过个性化的定制服务，又吸引到了大批年轻群体的顾客。年轻群体在传统零售时代并不是奢侈品的主力军，因为在社会财富占比中中年群体的财富显然是高于年轻群体的，但年轻群体的消费热情却更高，而随着年轻群体收入水平的提高和超前消费理念的盛行，年轻群体在奢侈品消费中越来越得到重视。

许多奢侈品品牌开始重视向年轻群体传播品牌理念和品牌价值，因为随着时间的增长，年轻群体累积的财富也会越来越多，今天他们可能只买得起一件奢侈商品，但随着时间的推移，他们对奢侈品的购买力会越来越强。

而向年轻群体传播品牌理念和品牌价值的最好场所就是网络社交平台，因为网络社交平台的活跃用户通常为年轻群体，微信便是一个很好的平台。Longchamp 便抓住了这一点，其主打的另一个小程序"Longchamp 巴黎进行时"便注重于向用户传播品牌理念和品牌价值，沉淀用户。

8.2.2　"书单好物"：生活方式电商类小程序

书单好物是自媒体大号"书单"的关联小程序，书单的微信公众号中的介绍写道"专职帮你筛选好书，过滤烂书"，可见其是一个知识推送类的公众号。但书单好物微信小程序却并没有变成书单的微信公众号内容的延伸，成为一个专门贩卖书籍或知识类产品的微信小程序商城。书单好物微信小程序是书单微信公众号的扩展，是一个不仅贩卖书籍，还零售其他生活类产品的小程序商城。

图 8-24 所示为微信小程序商城书单好物的界面，可以看出，其主要贩卖的是一些生活类用品，例如餐具、厨具等生活必需品和电热水壶、榨汁机等科技小家电。

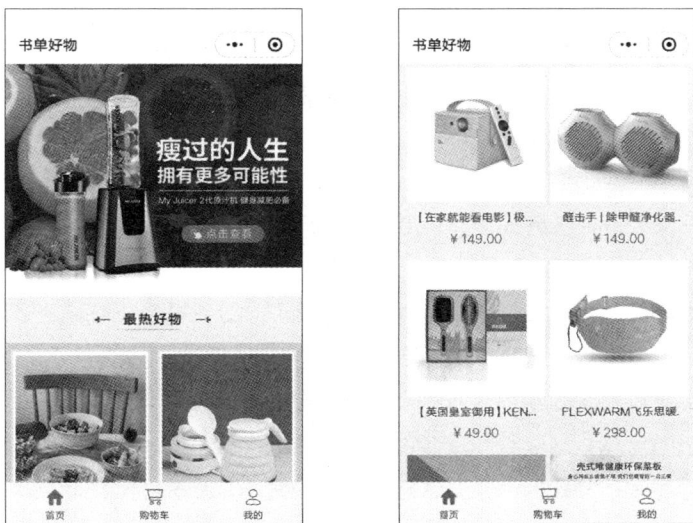

◆ 图 8-24　书单好物小程序商城

　　书单好物微信小程序商城贩卖的商品很少有知名大品牌，从有限的商品种类和较高的商品定价来看，书单好物的经营者也并没有想将其发展为大型的综合型零售电商。书单好物微信小程序商城的经营理念与书单微信公众号的理念相似，旨在为顾客优选生活。

　　正是其这种独特的经营理念造就了书单好物微信小程序商城独特的零售模式。在书单好物微信小程序商城中，每一件商品的详情页面除了基本的价格、款式等商品信息外，还会有不少导购信息，如图 8-25 所示。

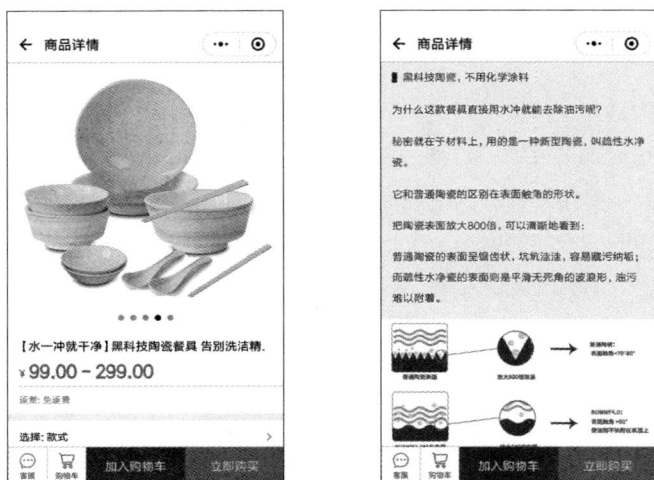

◆ 图 8-25　商品详情页面

　　这些导购信息形式多样，有文字、有图片、有视频，版式上也毫不随意，段落分明，图文并茂，十分注重阅读感，就像公众号文章一般。而且导购信息的内容也不只是枯燥的介绍商品的特点、好处等信息，导购内容会结合各种生活场景，向顾客展现商品在实际生活中的各种用途和便利之处。并且导购内容还会介绍一些商品的使用小技巧，让顾客真正感觉这是一个值得购买的精选商品。

　　虽然书单好物微信小程序商城中的商品定价普遍较高，但我们在其首页看不到折扣优惠的信息，这一点与其他零售电商店铺十分不同。而书单好物本身也不是一个零售品牌，并且其零售的商品也多是一些小众品牌的网红商品，自然也谈不上借助品牌价值了。但书单好物巧妙地抓住了人们的体验需求，完成了高效的商业转化。

在新零售环境下，零售商们其实就是在争夺流量，而现在人们生活水平普遍提高，较低价格对流量的吸引效果已经明显不如从前。现在更能吸引流量的往往是体验。书单好物便看到了一部分人对高质量生活的需求，对精品购物体验的喜爱。

什么是高质量的生活？不仅仅只是让自己能生活得舒服自在就可以了，高与低是一个相对的概念，生活得比别人好才是高质量的生活。而要体现得比他人的生活更好，最直接的表现就是在物质上，但又不能太过物质，不能说你用普通碗筷我就用金银碗筷，这样太过俗气。

还要有一点精神上的超越，你用普通碗筷我用精品工艺陶瓷碗筷，你用精品陶瓷碗筷我就用精品黑科技工艺陶瓷碗筷。除了贵，更要体现一个精，这才算是高质量的生活。书单好物微信小程序商城看到了人们对高质量生活的需求，为人们提供了精品购物体验，并凭此完成了新零售转型。

8.2.3　Dior（迪奥）：销售美妆部分系列＋礼品卡

迪奥（Dior）是一个著名的时尚品牌，其经营的主要产品有化妆品和服装等多类高档消费品。作为一个著名的时尚品牌，迪奥不仅在线下有自己的专属门店，在各大商场有零售专柜，并且在线上迪奥也有自己的官方商城。但即使如此不愁销售渠道，迪奥在微信上却有着两款小程序，分别是"Dior 迪奥官方商城"和"Dior 迪奥礼品卡"，如图 8-26 所示。

◆ 图 8-26　迪奥的两款微信小程序

Dior 迪奥官方商城微信小程序商城设计十分简单，零售的商品种类也比较少，基本上都是化妆品，除了首页的推荐商品套装外，就是"明星产品"中为数不多的化妆品单品了，如图 8-27 所示。

除了零售商品数量有限外，Dior 迪奥官方商城微信小程序商城的界面也可以用简陋来形容，基本上只有三界面，个人中心界面甚至只有订单一个选项，联系客服还需要通过电话和邮件的方式来完成，更不用说售后服务了。完全不像是知名时尚品牌的微信小程序商城。因此不难看出，迪奥的微信小程序商城只是其抢占新零售入口的一个尝试，迪奥公司还并不打算在微信小程序商城上大做文章。

迪奥公司为何急于抢占尚未大规模落地的新零售的入口呢？谈到这里，笔者就不得不为大家讲一下我国知名白酒品牌茅台的故事了。

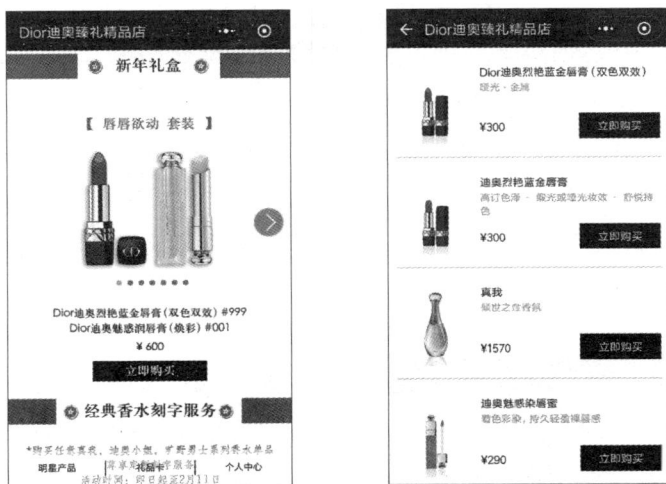

◆ **图 8-27　迪奥微信小程序商城中的产品**

白酒虽然也是一种人们日常生活中常见的消费品，但不同于食品服装等日用品，白酒行业进入新零售的时间要晚一些。白酒行业一般保留着传统的分销代理的零售模式，特别是茅台这类高端白酒，分销代理的情况更加复杂。

并且茅台作为老牌白酒品牌，根本不愁销售。所以早在 2006 年，茅台便规划了早期的线上分销模式，计划打造顾客线上下单，各地下线专卖门店就近配送的商业模式，不过这个计划最后却因本就不愁销售和在大量中间代理商的反对声中胎死腹中。

茅台错失了抢占新零售的机会，而随后市场证明"互联网＋酒"的模式是非常成功的，之后如雨后春笋般涌现出了一大批酒类电商，红星二锅头和江小白等新兴白酒品牌也通过互联网营销占据了大片市场，收获了众多年轻群体的消费者。茅台在白酒市场中已不再是一枝独秀了。

从茅台的故事中我们可以看到抢占新市场对零售行业来说是十分有必要的，即便是大品牌，也不能小看新市场，新的销售通路的力量。

迪奥的另一个小程序是"Dior 迪奥礼品卡"，笔者认为这个小程序才是迪奥进驻微信小程序的主打产品，在"Dior 迪奥官方商城"小程序中也有礼品卡小程序的入口，可见迪奥对礼品卡小程序的重视程度。

如今人们利用互联网，在社交平台中进行交流的层次越来越深入，从文字聊天到语言聊天，再到视频聊天，并且单纯的聊天交流已经越来越不能满足人们的深层次交流互动的欲望。就拿微信来说，只要微信一开放了新的交流互动功能，微信用户便会积极尝试，并期待着新的互动交流体验。比如微信中的发红包功能，从单对单红包到单对多红包，再到朋友圈红包。

除了发红包外，人们需要更新潮、更能表明心意的赠礼功能。虽然人们可以通过电商平台为他人购买商品，但利用这种方式在线上赠送礼物时，可能会出现以下几个问题，如图 8-28 所示。

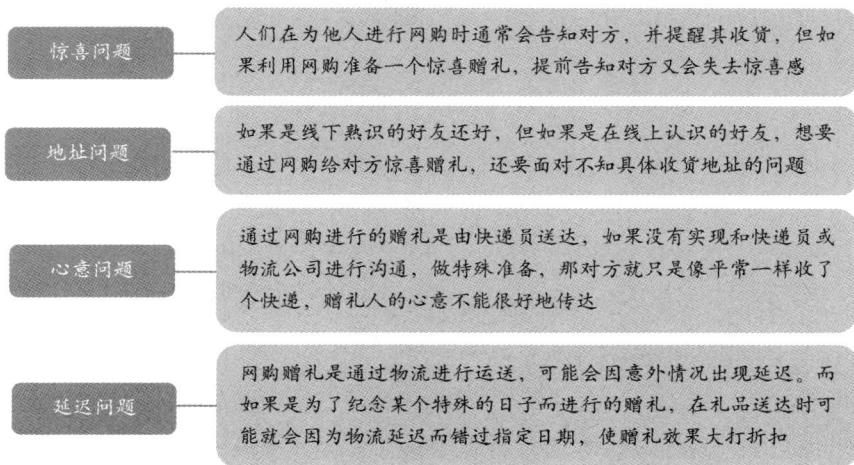

惊喜问题	人们在为他人进行网购时通常会告知对方，并提醒其收货，但如果利用网购准备一个惊喜赠礼，提前告知对方又会失去惊喜感
地址问题	如果是线下熟识的好友还好，但如果是在线上认识的好友，想要通过网购给对方惊喜赠礼，还要面对不知具体收货地址的问题
心意问题	通过网购进行的赠礼是由快递员送达，如果没有实现和快递员或物流公司进行沟通，做特殊准备，那对方就只是像平常一样收了个快递，赠礼人的心意不能很好地传达
延迟问题	网购赠礼是通过物流进行运送，可能会因意外情况出现延迟。而如果是为了纪念某个特殊的日子而进行的赠礼，在礼品送达时可能就会因为物流延迟而错过指定日期，使赠礼效果大打折扣

◆ 图 8-28　网购赠礼存在的问题

而利用微信礼品卡进行赠礼就没有这些问题了，利用融合了微信卡券与微信小程序能力的微信礼品卡，人们可以更流畅、更轻松地进行线上社交赠礼，同时这种方式又很有新意和很新潮，受赠好友也能得到不一样的体验。

迪奥公司便抓住了这一点开发了礼品卡小程序。在迪奥礼品卡小程序内，用户可以购买对应相应商品的礼品卡，选择卡面和祝福语，然后赠送给微信中的好友，如图 8-29 所示。被赠送的好友在收到迪奥微信礼品卡后，便能前往特定页面兑换礼品卡中对应的礼品。

◆ 图 8-29　通过迪奥礼品卡小程序赠礼

通过礼品卡小程序，迪奥能够在实现销售的情况下，同时引发微信内的用户自主进行互动营销，可谓是一举两得。迪奥借助礼品卡小程序，将其在微信中的用户引到了小程序中，同时也为其建设不同完善程度的小程序商城带来了一些关注，使其在日后微信小程序智慧零售全面展开，真正覆盖线上线下之时，能够通过完善已有的小程序商城快速转型到智慧新零售模式，而不用另起炉灶重新去争夺新零售资源。

8.2.4　Vogue MINI＋：时尚咨询＋联名款购买＋VIP 活动

提到 Vogue，关注时尚圈的朋友一定不会陌生，Vogue 是一家拥有 125 年历史的著名时尚杂志，是一个优质的内容生产商。在新零售大潮的影响下，

Vogue 也欲入驻微信小程序，转型发展社交购物。但 Vogue 没有自己的零售品牌，这是一个问题，于是 Vogue 便邀请英国奢侈品牌 Stella McCartney 携手入驻微信小程序。

Stella McCartney 目前在国内一共有 6 家线下门店，品牌和规模正处于起步成长阶段，要想仅仅依靠这 6 家门店来快速传播品牌价值，聚集忠实用户显然是不现实的，所以 Stella McCartney 急需要一条能够最短、最快触达用户的优势路径。

Vogue 看到了 Stella McCartney 的品牌发展困境，同时 Vogue 也有将自身内容优势转化为购买力的需求，于是两个品牌一拍即合，联合推出了微信小程序 "Vogue MINI +"。

Vogue MINI + 微信小程序是一个高端时尚互动体验平台，不仅能帮助 Vogue 将优质的内容延伸，激活读者，还能帮助奢侈品牌完成用户转化。Vogue MINI + 微信小程序在使用体验上有两个特色功能，其一便是 "即点即买"。

Vogue 在设计 Vogue MINI + 微信小程序内容界面时借鉴了其杂志中最具特色的 "搭配" 功能，让用户在接收 Vogue MINI + 微信小程序的推荐内容时有阅读杂志一般的亲切感，但与杂志不同的是，Vogue MINI + 微信小程序的推荐内容中的每一样商品都是可以点击选取的，用户在看到喜爱的商品时就可以点击该商品，查看商品详情并购买商品，如图 8-30 所示。

◆ 图 8-30　即点即买

"即点即买"功能让顾客得到了一个全新的购物体验，也实现了内容＋交易的无缝链接，像杂志页面一样，内容推荐界面在最大程度上保留了 Vogue 的内容优势。而点击推荐内容中的商品即可购买也为顾客提供了很大的便利，省去了顾客再次查找看中商品的麻烦。

另一个特色功能便是"一键验证"功能，顾客可以通过一键授权给小程序，快速完成身份验证。Vogue MINI ＋微信小程序获得顾客授权后，将快速识别用户的通信录，再将信息与顾客的微信个人信息核对，快速确定顾客的身份，因此顾客在购买商品时，只需填写地址和邮箱即可，不需要像在其他电商平台购物时一样需先填写个人信息再进行手机验证。

Vogue 推出的小程序 Vogue MINI ＋不是其公众号的复制品，也不是其APP 的替代品，而是一个可以打通公众号、APP 和线下场景的通道，让 Vogue用内容优势获取目标用户。在这个过程中，Vogue 的微信小程序有以下几点经验可供广大新零售电商们参考学习。

❶ 公众号结合小程序

奢侈品与一般零售商品不同，比起实用价值，其更多的是贩卖概念和品牌，所以必须对目标消费者进行价值引导和概念灌输。

Vogue 在其公众号上进行价值引导和概念灌输，然后在微信小程序上提供购买途径，有效增加了小程序的购买转化率。

❷ 流畅购物体验

Vogue 将 APP 中的精选内容进行优选，然后整合进入微信小程序中，使得顾客在小程序中购物时能体验到更流畅轻松的购物体验，提高了其公众号的引导转化率。

❸ 小程序结合 VIP 会员

Vogue 还在其微信小程序中加入了 VIP 会员招募内容，让顾客可以在小程序中申请新品试用或参加活动，打造了一个即时互动体验场景，大大增加了用户黏性。

❹ 小程序＋杂志

Vogue 也没有忘记充分利用自己已有的线下资源，将微信小程序的小程序码印制在自己的杂志上，不仅将杂志的老用户引导至线上，还为小程序提供了一个线下的入口场景。

⑤ 平台＋品牌

除了初次合作的 Stella McCartney，Vogue 还邀请了许多其他的奢侈品品牌进行合作，在合作期间，Vogue 的微信小程序可以获得合作品牌的推广渠道，小程序可以与合作品牌的公众号关联，甚至在合作品牌的线下门店进行小程序码推广。

随着越来越多合作品牌的加入，Vogue 的微信小程序整合的资源也越来越多，最终将发展为奢侈品互动体验平台，得到新的商业契机。

8.2.5 不大精选：KOL 电商模式破题小程序新零售

"时尚"二字总是对人们有着一种难以言说的吸引力，每个人或多或少都会去追求时尚，但对于时尚的具体定义，每个人也都有自己不同的标准。在发达的互联网时代，人们可以很轻松地通过社交媒体交流讨论自己的时尚观念，有这么一群人，他们对于时尚的见解独到，得到了众多支持者的认可，我们一般称其为"时尚博主"。

时尚博主拥有众多与自己时尚观念相同或相近的支持者，他们往往在社交媒体平台中组成了一个小圈子，时尚博主是这个圈子中的意见领袖，也是圈子中话题的主要发起者。

敏锐的商业资本很早便发现了时尚博主的意见领袖价值。在微博或公众号等大型社交媒体平台中，就经常有时尚产品品牌与比较著名的时尚博主合作进行营销活动，也有一些时尚博主甚至经营起了自己的时尚品牌，或是开起了自己的时尚产品店铺。

还有一些时尚博主专注于内容生产，或是没有精力和资本去尝试涉足电商，但资本的力量怎么会放着这些充满商业潜力的资源不管呢？于是 KOL 电商便诞生了。所谓 KOL 即是 Key Opinion Leader 的简写，意为关键意见领袖。在营销学上，关键意见领袖被定义为拥有大量精准产品信息，且发表的意见能被相关人群接受和信任，并对这些人群的消费行为能产生影响的人。时尚博主正符合关键意见领袖的定义。而 KOL 电商顾名思义就是以 KOL 为中心的电商，也就是以时尚博主为中心的电商，其模式通常为电商企业与时尚博主合作经营，电商企业负责店铺的产品销售和日常运营，时尚博主负责内容推送和对粉丝的引流推广。

不大精选便是这样的一家 KOL 电商，也是国内首家微信小程序 KOL 电商。在界面上，不大精选与一般的电商平台没有什么区别，如图 8-31 所示。

◆ 图 8-31　不大精选界面

　　像不大精选这类 KOL 零售电商的优势在于，对比传统电商，其有大量的流量资源和高质量的内容推送作为保证；再对比"网红"电商，其又有专业化的电商团队作为运营保障，时尚博主可以专心内容生产。可以说 KOL 电商是一种结合了互联网中新兴社交媒体与传统网络电商的优势，形成优势互补的新型零售模式。

餐饮电商实战，
抢占先机赢未来

势不可当：
微信小程序智慧零售

　　餐饮行业一直是零售行业的主力军，常言道："民以食为天"，人们的日常生活始终离不开餐饮行业。

　　餐饮行业也一直与时俱进，在电商零售革命时发展了外卖餐饮，在新零售的大潮下，餐饮行业也将顺势而动。

◇ 特色：让小生意也有大商机
◇ 分析：餐饮小程序实战案例

9.1 特色：让小生意也有大商机

走在路上，总是不难发现街边各色的餐饮小店，特别是在用餐高峰期，很多餐饮小店门前更是呈现出一派门庭若市的景象，可见餐饮与人们的日常生活相连甚密且需求庞大。因此即使是一些规模比较小，只能够提供粉、面等简单食品的餐饮小店，收益也不错。并且餐饮行业的一大特点便是，即使只是小到沿街叫卖的小吃，在做出品牌效应后也能快速开设连锁门店，形成规模，正所谓"小生意也有大商机"。

对于餐饮零售来说，需求并不是主要问题，因为人总是要吃东西的。市场才是关键所在，所以新零售的市场，餐饮零售商们是一定会涉足的。

下面笔者就为大家介绍如何运用新零售市场中风头正旺的微信小程序去接轨餐饮零售。

9.1.1 门店展示

大多数餐饮零售商都会有自己的线下门店，因此餐饮零售商在向新零售模式转型时可以充分利用好自己的线下资源，以线下门店为基础，扩展线上市场，将线上和线下的流量打通。

通过微信小程序，餐饮零售商户可以在线上进行门店展示，吸引线上流量。通过微信中的"门店小程序"功能，拥有实体店铺和公众号的餐饮零售商可以在公众号后台中很轻松地快速创建门店小程序，不需要另外开发。具体创建方法如下。

步骤 01 首先登录"微信公众平台"，然后单击功能栏中的"门店管理"按钮，如图 9-1 所示。

步骤 02 执行上述操作后，页面跳转至"门店管理页面"，❶ 在此输入门店具体地址，❷ 单击"新建门店"按钮，即可完成添加门店操作，如图 9-2 所示。

◆ 图 9-1 点击"门店管理"按钮

◆ 图 9-2 点击"新建门店"按钮

步骤 03 添加完门店后，便可在门店管理中一键创建门店小程序。

成功创建门店小程序后，餐饮零售商可将实体店铺的名称、位置、电话等具体信息放置在门店小程序中，向广大微信用户推广，如图 9-3 所示。

并且除了文字信息，餐饮零售商还可以将门店的具体环境以图片和视频的形式展示在门店小程序中，方便微信用户更加直观地了解门店，如图 9-4 所示。

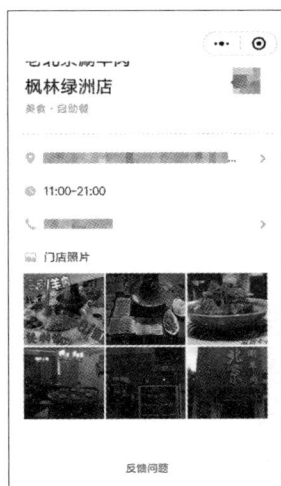

◆ 图 9-3　填写门店具体信息

◆ 图 9-4　门店小程序中的图片和视频

另外在放置门店图片和视频信息时还有两点小技巧。一是在展示门店环境时要注意两个重点对象，一个是门店的正门，对于门店正门的展示，相关照片不仅要清晰地展示正门的全景，如果门店旁有银行或是高楼等标志性的建筑，最好也一同拍进去，方便通过微信看到门店信息的用户快速找到门店位置。

而相关视频在拍摄门店正门后，还可以环视一圈门店周边，为的是如果门店处在交通交错的地段，微信用户可以根据视频中的内容确定门店的大概位置，而不会迷路绕晕。

第二个需要重点展示的对象便是门店用餐高峰的时段，因为这样可以让初次看见门店信息的微信用户感觉门店也是有一定口碑的，但是在展示门店用餐高峰时的照片和视频中不能表现得门店杂乱无序，要表现出门店对待大量客流有序规范的接待能力，并且展示图片或视频中门店环境中最好要留出几个空位，不要全部客满，这样更能吸引急于用餐的微信用户。

除了对门店环境的展示外，对于门店内环境的优化，微信小程序也能起到不小的帮助作用。例如，随着室内 Wi-Fi 技术的进步，现在的室内 Wi-Fi 已经可以对 3 到 5 米内的用户进行精确定位，餐饮零售商户还可将门店内的室内Wi-Fi 与门店的微信小程序联系起来，通过室内 Wi-Fi 去推广微信公众号已经是很常见的事了。

例如，平安惠普便利用了室内 Wi-Fi 推广其微信公众号。如果室内 Wi-Fi 范围内的智能手机用户开启了 Wi-Fi 自动连接功能（一般的智能手机用户都会开启这个功能），那手机便会自动连接到平安惠普提供的室内 Wi-Fi，并提示该手机用户可以使用免费 Wi-Fi，如图 9-5 所示。

通常人们看到可以有免费蹭网的机会，都会点击确认看一下情况，而在选择连接方式时，人们通常会选择更为方便的微信连接，点击确认微信连接后跳转到图 9-6 所示的页面。

手机用户点击"打开微信连接 Wi-Fi"按钮即可自动打开微信连接 Wi-Fi，如图 9-7 所示。连接成功后，出现的提示页面中将出现平安惠普微信公众号的推广信息，如图 9-8 所示。

◆ 图 9-5　免费 Wi-Fi 链接提示　　◆ 图 9-6　选择微信连接页面

◆ 图 9-7　微信连接 Wi-Fi　　◆ 图 9-8　连接成功提示页面

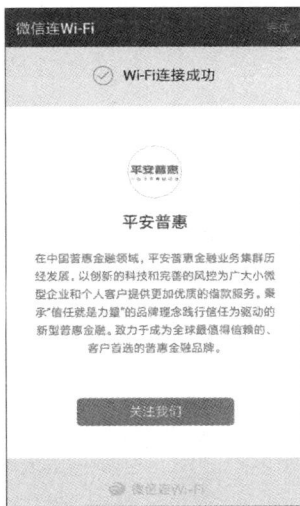

　　餐饮门店也可以通过同样的方法来吸引店内顾客进入门店微信小程序，再通门店小程序来获取用户在门店内的活动路径数据，从而分析数据，优化门店布局。

9.1.2　在线点餐

对于新零售环境下的餐饮零售商来说，很多问题是需要分别从两个方面去看的，一方面是线下，一方面是线上，这也是餐饮零售的特点和新零售模式的要求。对于点餐的问题，就是餐饮零售商们需要从线下和线上两方面去分析和解决的问题。

❶ 线下门店

对于餐饮门店来说，想要提高利润，无非是要做到两点，一是减少成本支出，二是提高利润收入。而这两点都是可以借助开通在线点餐微信小程序来实现的，有了在线点餐微信小程序的帮助，餐饮门店可以减少接单员的设置，从而减少这部分人力成本的支出。

并且有了在线点餐微信小程序的帮助，餐饮门店的接待效率也会提高，顾客可以自助在手机上完成点餐，也省去了顾客等待点餐的时间，提高了顾客的消费体验。

在线点餐微信小程序解决了线下餐饮门店一直以来需要面对的一个问题，那就是门店接待能力有限，无法快速消化大量客流的问题。众多线下餐饮门店都尝试过解决这个问题，有的餐饮门店在店内增设引导工作人员，在店内客满之时引导顾客排队等候就餐，在店内人不满时帮助进行接单工作，提高门店接待效率。

这样的方法有一定效果，但由于餐饮门店服务能力有限，即使增加接单员提高了客流高峰时期的接待能力，在门店人满之后点单的顾客仍然需要排队等候，而设置引导人员维持排队秩序可以很好地留住愿意排队等候的顾客。

但如此一来，部分本愿意来店消费的顾客会被其他餐饮门店吸收走，而部分排队顾客可能会因为时间原因而放弃排队。这都会使餐饮门店损失一部分本应得到的客流。

有的餐饮门店甚至直接取消了接单员的设置，改用机器贩卖餐券的形式为顾客提供自助点餐服务。

在这种模式下，餐饮门店完成了初级的自助点餐系统的构建，顾客通过餐券机自助完成点餐，然后再凭餐券领餐用餐。再设置一个方便身上没有携带足够零钱的顾客的零钱兑换窗口或直接再设置一个人工餐券贩卖窗口，还能让这个初级自助点餐系统变得更加灵活和完善。通过餐券自助点餐的模式，餐饮门店可以获得以下好处。

（1）降低人力成本。餐券自助点餐模式给餐饮门店带来的最直接的好处便是降低了人力成本，通过自助餐券贩卖机可以用一次性投入代替长期投入。

（2）改善店内环境。自助餐券贩卖机可以设置在门店中人流较少的地方，从而有效改善了门店内拥堵的情况，也能提高顾客的消费体验。

（3）提高接待效率。自助餐券贩卖机可以高效不间断的工作，在持续的客流高峰时期也能保持餐饮门店的接待效率，并且还能有效防止人工失误。

（4）提高顾客留存。通过餐券点餐的模式，顾客只要购买了餐券，在门店营业时随时可以领餐，已经购买餐券但由于时间原因来不及领餐的顾客可以留着餐券，下次消费再使用。

但此种初级自助点餐系统，也有比较明显的缺陷，其一便是无法帮助门店的餐饮零售商获得顾客的详细消费数据。其二便是由于是先购买餐券，再领餐，最后才能用餐的形式，用户需要在得到餐饮服务之前先进行支付，如果餐饮门店不具有一定的大众口碑，容易引起新顾客的不信任感。并且整个消费过程不管流程连贯，对餐饮消费体验要求较高的顾客很可能会不喜欢这种消费模式。

此外，一旦餐券点餐的模式在餐饮门店落地应用起来，门店的接待工作势必会十分依赖自助餐券贩卖机，而如果自助餐券贩卖机发生了物理损坏或是机械故障，餐饮门店就会受到不小的影响。餐饮零售商户又要花费不少的精力去进行自助餐券贩卖机的日常维护工作。

在线点餐微信小程序正好为餐饮零售商户们提供了一条快速、低成本的搭建在线自助点餐系统的途径。在微信小程序上线之前，微信官方便早已在微信服务号中尝试过搭建在线自助点餐系统，如图9-9所示。

而有微信小程序，餐饮零售商户就可以在微信上构建功能更为强大、形式更为多样的在线点餐小程序。

❷ 线上外卖

在新零售的商业大环境下，餐饮零售商也不能只专注于自己的线下门店的经营，也要关注线上的发展。餐饮行业要向线上发展，通常是提供外卖服务。

而餐饮零售商的外卖服务也不是在网络的推动下发展形成，早在互联网普及之前，餐饮零售商已经开始通过电话开始提供外卖服务。

◆ 图9-9　微信服务号中的自助点餐入口

所以互联网的应用只是对原有外卖服务的一次升级，但这次升级却至关重要，因为原来以电话为依托的外卖服务存在着诸多问题，具体如图 9-10 所示。

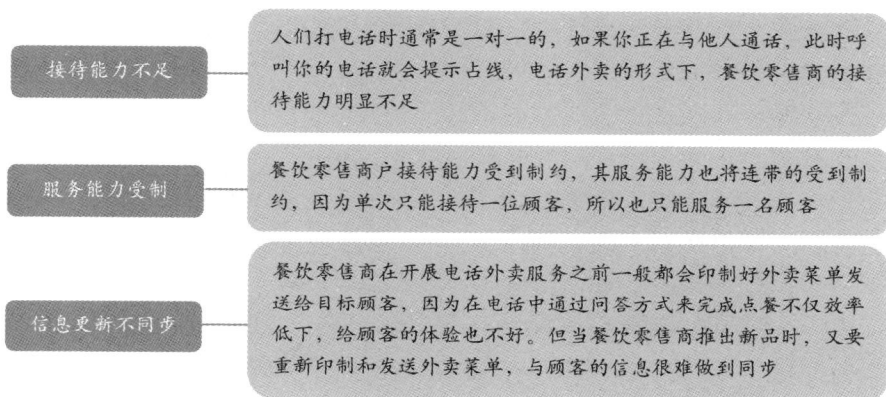

接待能力不足	人们打电话时通常是一对一的，如果你正在与他人通话，此时呼叫你的电话就会提示占线，电话外卖的形式下，餐饮零售商的接待能力明显不足
服务能力受制	餐饮零售商户接待能力受到制约，其服务能力也将连带的受到制约，因为单次只能接待一位顾客，所以也只能服务一名顾客
信息更新不同步	餐饮零售商在开展电话外卖服务之前一般都会印制好外卖菜单发送给目标顾客，因为在电话中通过问答方式来完成点餐不仅效率低下，给顾客的体验也不好。但当餐饮零售商推出新品时，又要重新印制和发送外卖菜单，与顾客的信息很难做到同步

◆ 图 9-10　电话外卖的问题

而通过线上进行外卖点餐下单的模式，既节省了零售商户通过电话沟通顾客的时间和精力，又为顾客提供了齐全的外卖菜品信息，给顾客提供了一个不错的点餐体验。而这一切通过微信公众号便能够做到，许多餐饮连锁品牌的微信公众号中都有外卖下单的渠道，如图 9-11 所示。

◆ 图 9-11　微信公众号中外卖点餐渠道

在微信小程序中，在线点餐功能将更加强大，图 9-12 所示为周黑鸭外卖点餐小程序的外卖点餐界面，其与 APP 界面几乎没有什么区别，功能上也十分完善。并且周黑鸭外卖点餐小程序能够通过微信定位自动获取点餐顾客的位置信息，然后为顾客寻找距离最近的周黑鸭门店安排下单和配送，让使用的顾客能有一个轻松流畅的外卖点餐体验。

◆ 图 9-12　周黑鸭外卖点餐小程序

此外，通过外卖点餐微信小程序，零售商户还可以轻松获取到大量的顾客消费信息数据，通过这些数据，餐饮零售商可以分析出多数顾客喜爱的外卖菜品特点，并以此为依据，打造新品菜品和爆款菜品。而通过对订餐顾客的位置数据分析，餐饮零售商户可以分析出不同区域的顾客消费水平和消费喜好，为开设新的门店做参考。

9.1.3　自定义配送区域

餐饮行业本身便是一个非常适合新零售模式的行业，对于新的零售方式，餐饮行业一直是勇于尝试的，随着移动互联网的普及，线下餐饮零售商借助移动互联网纷纷开通了自己的线上零售渠道。

对于餐饮零售商来说，在线上进行零售的最大问题往往不是零售渠道的问题，因为在移动互联网尚未普及之前，餐饮零售商们就已经在探索超出门店范围的零售途径了。

在电话还未普及时，一些餐饮零售商便通过与有配送需求的常客、熟客达成协议，对其提供固定的配送服务；在电话普及的时代，餐饮零售通过电话提供配送服务；随着移动互联网的普及，餐饮零售商户自然也要建立通过网络的线上配送服务体系。

对于餐饮零售商户们来说，线上零售最大的问题是菜品配送问题，配送的问题主要体现在以下几点。

❶ 餐饮零售商品的特殊性

由于餐饮零售行业的特殊性，其不像其他零售行业，生产的商品不仅不能长时间保存，并且会随着时间的增加而使商品的价值缩水，比起冷饭冷菜和保存很久的食物，消费者肯定更喜欢热饭热菜和新鲜的食物。

餐饮零售商品的这种特性要求商品配送要在商品还处于良好的食用状态时送达到顾客的手中。虽然随着食品保鲜保温技术的提高，餐饮零售商品的保存时间得到了延长，但这也意味着餐饮零售商户在配送商品时需要付出更多的成本。

❷ 餐饮消费者需求的特殊性

大多数人都会有固定的饮食规律，所以早、中、晚三个用餐时间段总是各餐饮门店的客流量最多的时候，而在线上进行外卖点餐的顾客，也都大多是在相近的用餐时间段点餐下单，顾客此时用餐的需求是急需满足的。这一点也要求餐饮零售商品的配送要快速准确，需要在顾客指定的用餐时间段送达顾客的手中。

为了规避上述两个问题，餐饮零售平台通常会为每家餐饮门店划定一个大致的配送范围，这个范围通常是以餐饮门店为中心，餐饮门店的最大配送距离为半径，整个范围呈现一个圆形。如果有超出这个圆形的配送范围内的顾客在线上点餐平台中对餐饮门店进行点餐下单，平台便会提醒该顾客超出配送范围。

但需要注意的是，这个以餐饮门店为中心的圆形配送范围只是一个大致的范围，是一个理想化的配送范围。实际上餐饮门店的配送范围会比理想化的圆形配送范围在某些部分上大一点，在某些地方小一点。例如，某家餐饮门店可能因为其东面区域车辆比较少，交通比较顺畅，其东面覆盖的配送范围就会更大一些。

并且餐饮门店的配送范围也不总是固定的，可能会随着时间的变化而发生变化。例如，某一家餐饮门店的位置靠河，在理想的圆形配送范围内，这家门店的配送范围是可以覆盖到河对岸的部分区域，但过河的交通途径只有一座桥，在晚下班高峰期，桥上经常会发生交通拥堵，这时这家餐饮门店的配送范围就无法覆盖的到河对岸的那部分区域了。

而在微信小程序上，餐饮零售商户可以通过开发和引入技术，让自家的外卖点餐小程序实现自定义配送区域划分的功能，通过精准到每一条街道的自定义配送区域的划分，餐饮零售商户可以成功规避那些自身配送能力暂时难以应付的区域。

并且餐饮零售商户还能根据时间段，灵活地调整自家门店的配送范围。有了微信小程序进行自定义配送范围的调整划分，餐饮门店可以在自身利益和顾客的消费体验的权衡之间取得最大利益。

虽然理论上 APP 上也可以实现自定义配送区域划分的功能，但相对于 APP，微信小程序开发更为简单，且应用轻松，也不需要 APP 一样复杂的审核机制，上线也能够更快。这些也是以微信小程序为依托的智慧零售模式要优于其他新零售模式的一部分原因。

9.1.4　第三方网上订餐平台

餐饮零售商品的配送都是以餐饮门店为中心的，需要满足上一小节中商品保存和顾客需求的问题，但是即便能够满足餐饮零售商品的保存和用户制定用餐时间的需求，但餐饮零售门店的配送能力却还是有限的。

而且顾客在线上消费时也不像在线下门店消费时一样能直观地看到餐饮门店的情况，从而选择有足够配送资源的餐饮零售商户去点餐下单。这就时常会导致一些配送能力不够的餐饮零售商家会接到超过自身配送能力的线上订单，从而延误消费者的订单。

现在城市中的上班族越来越多，他们工作压力巨大，往往没有时间和精力自己做饭。并且很多上班族由于工作地点距离居住地点较远，中午时没有时间回到住处做饭，而很多公司又不为员工提供午餐，因此这些上班族此时往往会选择网上订餐，也就是我们俗称的点外卖来解决午餐需求。

而除了上班族外，许多生活在城市中求学的学生、外来务工者、不会做饭的年轻人群等部分人群，也都是外卖餐饮的需求者。

可以说目前人们线上订餐的需求日益增大，仅凭餐饮门店的配送能力，越来越跟不上人们的线上订餐需求了。

俗话说："有需求就会有市场，有市场就会有解决方案"。对于餐饮门店配送能力满足不了人们线上订餐需求问题的解决方案就是第三方配送。

由第三方平台帮助餐饮门店进行外卖商品的配送，餐饮门店只需专注于外卖商品的生产，通过这种方式，不仅大大提高了餐饮零售商的线上服务能力，还使得外卖行业得到了很大发展。

在移动互联网还未进入餐饮零售行业时，外卖大多是作为餐饮门店销售的一种补充，是餐饮零售商为了扩大门店影响力的一种手段。但随着联通能力强大的移动互联网的普及，以及人们对在线订餐服务的强烈需求，一些商业资本敏锐地看到了外卖行业的巨大潜力。

因此现在兴起了一批以"饿了么""美团外卖"为主的第三方配送外卖平台。这些平台很大一个特点便是没有自己的线下餐饮门店，不生产外卖商品，只为餐饮零售商提供外卖商品配送服务，并为线上订餐顾客提供外卖信息服务。对于第三方网上订餐平台，其通过微信小程序智慧零售主要是为了解决两个问题，具体介绍如下。

❶ 流量争夺

这类第三方网上订餐平台有自己的网站和 APP 平台，其最大的需求便是线上的流量引入自身的网站和 APP 平台。为了引流，这些第三方网上订餐平台经常会花费大量的成本在线上和下线进行引流，在线上，我们常常可以在流量比较密集的社交平台和视频网站中看见这些第三方网上订餐平台的广告。

在线下的一些餐饮门店中，也能看见第三方网上订餐平台的推广二维码，如图 9-13 所示。这种大规模引流的做法，我们除了在肯德基、麦当劳等餐饮零售连锁品牌看到，很少能在餐饮行业中的其他地方看到。

◆ 图 9-13 第三方网上订餐平台在餐饮门店的推广信息

为何这些第三方网上订餐平台如此渴求流量？这主要是由于线上餐饮零售与线下餐饮零售的一些区别导致的。传统餐饮零售业以商家为中心，以餐饮门店为基础。在传统的以线下为主的餐饮零售模式中，餐饮门店只要所处的地理位置合适，就能够获得固定商圈中的流量。在这种模式下，餐饮消费者由于空间和时间的限制，只能被动地选择附近的餐饮门店进行消费。

而在专注线上的外卖行业中，顾客成了中心。餐饮消费者通过互联网可以在线上进行多样选择，既可以选择不同的第三方网上订餐平台，也可以选择第三方平台中不同的店家。

因此这些第三方网上订餐平台需要大量的流量来提升自身平台的价值，第三方平台本身有巨大的流量才能吸引餐饮零售商户大量入驻，才能使平台规模得到扩展，形成一种良性的商业闭环。

而微信平台就是一个大量流量的聚集地，正是第三方网上订餐平台推广引流的好地方，而外卖订餐也已经成了人生活中的一种日常需求，微信为了提高用户黏性也需要一个满足用户外卖需求的入口，因此有的第三方网上订餐平台很快便与微信达成合作，在微信的第三方服务中创建了入口，如图 9-14 所示。微信显然不需要两个外卖服务的入口，其他的第三方网上订餐平台只好在微信中的其他位置寻找曝光台。

以前多数第三方网上订餐平台是选择建立微信公众号，通过公众号进行品牌曝光引流，并且在公众号上提供外卖订餐服务。

现在有了微信小程序，对第三方网上订餐平台来说等于在微信平台中又多了一个引流入口，众多第三方网上订餐平台都纷纷创建了自己的外卖订餐微信小程序，在微信中搜索"外卖"，前三个结果都是第三方网上订餐平台，如图 9-15 所示。可见第三方网上订餐平台已经占领了微信小程序领域的高地了。

此外，外卖订餐虽然已经是社会中的一种普遍需求，但相对于一部分人来说，外卖订餐仍然是一种低频率的消费，这部分人往往一个月，甚至更长的时间才进行一次外卖订餐消费，外卖平台 APP 对他们的留存度很低。

而即用即走，无须下载的微信小程序正好满足了这部分人的需求，第三方网上订餐平台可以利用自己的外卖订餐小程序为这些外卖低频消费者提供快速便捷的外卖订餐服务，从而培养这部分人的外卖订餐习惯。

◆ 图 9-14 微信第三方服务的外卖平台入口　◆ 图 9-15 外卖小程序搜索结果

❷ 体验提升

第三方网上订餐平台与餐饮零售商的关系有些类似于电商与物流的关系，二者共同形成外卖餐饮的产品供应链，餐饮零售商负责原材料的采集和产品的生产加工，第三方网上订餐平台负责产品的配送和顾客反馈意见的处理。

这条产品供应链对第三方网上订餐平台来说至关重要，因为这条产品供应链的通畅将会直接影响第三方网上订餐平台的外卖配送效率，而外卖的配送又是第三方网上订餐平台顾客对平台最主要的消费体验，如果是某家餐饮店的外卖菜品不好吃，顾客给予平台上的餐饮店铺差评，最多以后不再订那家餐饮店的外卖，用户并没有直接从平台中流失。

但如果是某个第三方网上订餐平台的外卖配送出现了问题，给用户带来了不好的用户体验，那很可能顾客下次消费就不会使用该外卖平台了。目前外卖餐饮市场需求巨大，不仅第三方网上订餐平台之间竞争激烈，一些比较大型的餐饮连锁品牌也开始构建自己的外卖配送渠道，寻求线上红利。

第三方网上订餐平台比较特殊，其不仅需要像一般零售电商平台一样保障用户在线上可以流畅地完成消费下单，还需要像物流平台一样保证能将商品及时并完好地送到顾客手中。同时要兼顾两项与顾客体验相关的工作对部分不太成熟的第三方网上订餐平台来说有些困难，于是一些专注于配送服务的餐饮物流机构便应运而生，有了这些餐饮物流机构的帮助，第三方网上订餐平台的配送压力大大降低，外卖餐饮的产品供应链也更加完善，第三方网上订餐平台的餐饮零售服务体验也将得到提升。

9.1.5 支持活动促销

各类促销活动一直是零售行业的制胜法宝，通过开展形式多样的促销活动，零售商可以实现以下目标，具体如图 9-16 所示。

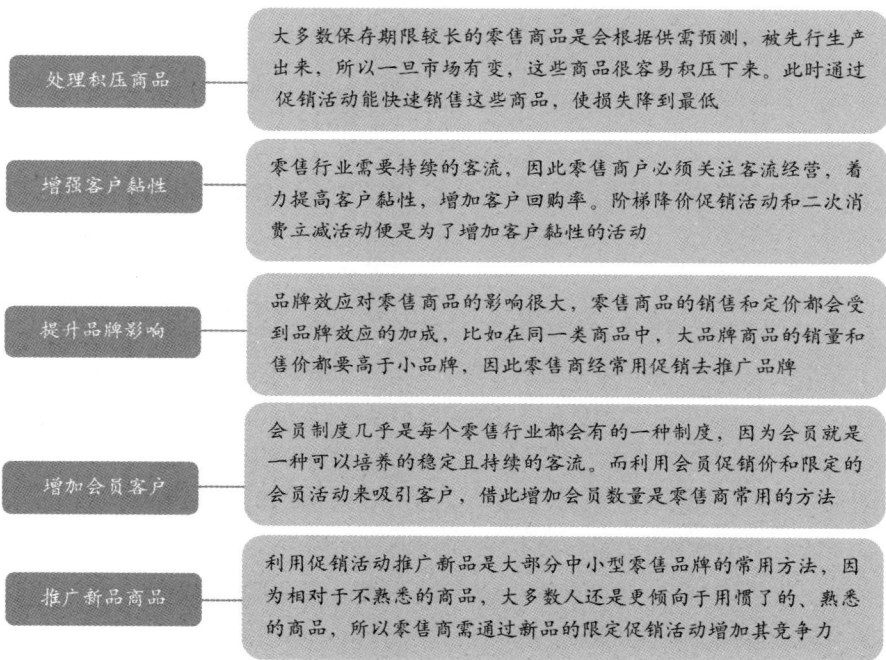

处理积压商品	大多数保存期限较长的零售商品是会根据供需预测，被先行生产出来，所以一旦市场有变，这些商品很容易积压下来。此时通过促销活动能快速销售这些商品，使损失降到最低
增强客户黏性	零售行业需要持续的客流，因此零售商户必须关注客流经营，着力提高客户黏性，增加客户回购率。阶梯降价促销活动和二次消费立减活动便是为了增加客户黏性的活动
提升品牌影响	品牌效应对零售商品的影响很大，零售商品的销售和定价都会受到品牌效应的加成，比如在同一类商品中，大品牌商品的销量和售价都要高于小品牌，因此零售商经常用促销去推广品牌
增加会员客户	会员制度几乎是每个零售行业都会有的一种制度，因为会员就是一种可以培养的稳定且持续的客流。而利用会员促销价和限定的会员活动来吸引客户，借此增加会员数量是零售商常用的方法
推广新品商品	利用促销活动推广新品是大部分中小型零售品牌的常用方法，因为相对于不熟悉的商品，大多数人还是更倾向于用惯了的、熟悉的商品，所以零售商需通过新品的限定促销活动增加其竞争力

◆ 图 9-16 零售商可以用促销活动实现的目标

专家提醒

由于餐饮零售行业的特殊性，其生产的商品一般都是当天生产，当天出售，零售形式上一般都是顾客先订餐下单，商户再进行商品生产，因此餐饮零售商品的销售环节是由出售到生产的过程，因此通常不存在商品积压的问题。

　　而餐饮零售行业该如何利用新零售的思维运用微信小程序来进行促销活动，将是本小节笔者介绍的重点，具体如下。

❶ 增强用户黏性

　　零售的本质就是经营客流，任何零售行业都对大量且稳定的客流有一定需求，餐饮零售行业更需要大量且稳定的客流，也就我们俗称的"常客"，稳定的客流是餐饮零售持续盈利的关键。

　　而通过微信小程序，餐饮零售商户便能很好地增加顾客黏性，比如，在微信平台中，最近使用过的小程序能够在微信聊天界面的最上方下拉页面获得小程序的快速入口，如图 9-17 所示。

　　微信本身是个高频使用的 APP，而聊天界面也是微信用户经常停留的一个界面，小程序在此界面的快速入口意义非同一般。

　　如果某个餐饮零售商户的微信小程序因为一次促销优惠活动而被微信用户使用过一次，那该用户就可以在微信聊天界面的小程序快速入口找到餐饮零售商户的微信小程序。

◆ 图 9-17　小程序在微信聊天界面的快速入口

　　而因为进入方便且又有优惠活动，这个微信用户以后进行餐饮消费时很可能会选择第一次使用过的微信小程序，这样该小程序背后的餐饮零售商户就收获了一个"常客"。

　　微信小程序是一个餐饮零售商户在线上增强客户黏性的得天独厚的平台，通过在自家店铺的微信小程序上开展各类促销活动，餐饮零售商可以收到很不错的效果。

　　比较常用的方法有在顾客完成一单订单的支付后就赠送一张优惠券，吸引其二次消费。

　　而借鉴 APP 中的每日签到打开玩法也是不错的方法，对于每天都有线上餐饮消费需求的人来说，每日签到打卡无疑是很有吸引力的，顾客通过累计签到获得奖励优惠的同时也逐渐养成了在微信小程序中签到消费的习惯。

❷ 提升品牌影响

　　"再小的个体也有自己的品牌"，这是微信公众平台上的一句标语，用来形容

餐饮行业的特点也十分合适，餐饮零售十分重视品牌效应，或者说口碑效应。就算是一家街边的小粉铺，其招牌上也很少只有粉铺两个字，通常还会将自己的流派或是地域特色加到招牌中，这些就相当于这家小粉铺的品牌。

为何一家小粉铺都会如此重视品牌，因为餐饮零售行业最大的卖点，也是餐饮零售商们最大的竞争点，就是特色，这个特色可能是一种独特的味道，就像同样是米粉店，同一座城市内，可以有徐记、李记、王记等多家店，但每一家店都要标榜自己独特的味道，即使他们用的可能是同样的配方、同样的工序和同样的材料。

这些特色也有可能是一种独特的地域风味，例如"兰州拉面""长沙臭豆腐""苗寨竹筒饭"等都要标榜自身的地域特色。总之，对于餐饮零售行业来说，特色是品牌的基础。

而微信小程序正是给了那些有特色，但品牌暂时并不出众的中小规模的餐饮零售商一个展示自己的舞台，在这个舞台上，这些餐饮零售商不仅能借助微信平台的社交能力像在其他社交平台一样，对品牌的文化历史内涵进行详细介绍，又能使人们对品牌的印象不仅仅局限于文字、图片和视频信息。

通过餐饮零售商在自身的微信小程序店铺中进行优惠促销活动，对该品牌有兴趣的关注者将会被吸引到微信小程序店铺中进行下单消费，或者进入餐饮门店中体验，对该餐饮品牌有一个更深入地了解。

由此，餐饮品牌的影响力也会通过微信小程序得到扩大。此外，一些传统的线下餐饮零售小品牌，比如一些特色民间小吃，也可以通过微信小程序完成新零售转型。

❸ 增加会员客户

很多传统的线下餐饮门店都是没有会员业务的，更谈不上开展促销活动吸引增加会员，其原因主要有以下两点，一是打造一套会员管理系统成本太高，二是传统的会员管理系统缺陷明显。传统会员管理系统的明显缺陷主要有以下几点。

（1）缺少数据

因为没有大数据的支持，难以实现个性化的精准营销，餐饮门店的会员卡的功能仅仅只是打折和积分，对顾客吸引力有限。

（2）连锁店不互通

有的餐饮零售商明明在同一城市有数家连锁店，但每个连锁门店都有自己的会员卡，会员系统没有真正打通连接，使得会员卡出了门店就无法使用，从而失去了连锁店的优势。

（3）实体卡限制

部分线下餐饮门店还没有将会员卡和最新的网络技术结合起来，使得门店会员卡还是只局限于实体卡片，顾客忘记带卡就无法享受到会员权益，使用极不方便。

（4）线上线下不互通

线上线下没有打通，有的线下餐饮门店在第三方网上订餐平台上注册了店铺，开通了线上餐饮服务，但门店会员卡却无法在线上订餐时使用。并且餐饮门店的会员顾客也无法在线查看自己会员卡的信息，比如查询积分。

收益与付出的差距让很多餐饮零售商放弃了开发自己的会员管理系统，只有麦当劳、肯德基等巨型餐饮连锁品牌有实力打造完善的线上线下一体的会员管理系统。但在新零售大潮下，线上线下的融合已成定局，贯通线上线下的会员管理系统是餐饮零售商在餐饮新零售中抢占领先市场必不可少的。

微信小程序的出现给广大餐饮零售商带来了新的选择，餐饮零售商可以在微信小程序上开发自己的会员管理系统，并且由于微信小程序易于开发和微信本身的社交传播优势，从零开始构建会员管理系统的餐饮零售商也可以快速完善自己的会员管理系统，从而开展线上线下一体高效的会员促销活动，又增加自身的会员顾客数量，形成一个良性的商业闭环。

❹ 推广新品商品

每一家餐饮店都会有热销的特色菜，但餐饮行业的竞争十分激烈，除了要有特色菜，餐饮零售商更要有新菜品，因为餐饮零售行业提供的主要服务便是餐饮服务，而餐饮零售商想要提高在行业内的竞争力，就要增加自己能提供的服务类型，也就是菜品的种类。

增加了新的菜品还不算，餐饮零售商还需向顾客推荐新菜品，因为还是有很多顾客一般不主动去尝试新菜品，对于他们来说，尝试新菜品是有风险的，如果新菜品不合口味，带来的体验不好，就等于白白亏了一顿饭，所以很多顾客是不愿做餐饮零售商的"小白鼠"的，因此新菜品往往需要餐饮零售商主动去向顾客推荐。

图9-18所示为麦当劳在其微信点餐小程序中的新品推荐页面。通过微信小程序展示推广的新菜品，既给了顾客一个自助获取新菜品信息的窗口，也为餐饮零售商节省了一定的推广成本。

◆ 图 9-18　小程序中的新品推荐

最有效的新品推广方式还是通过优惠促销的方式去吸引顾客尝试，主要方法有以下几种，如图 9-19 所示。

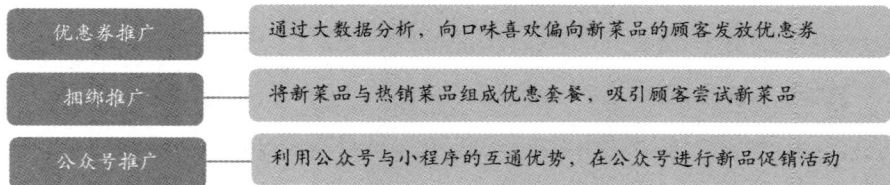

优惠券推广	通过大数据分析，向口味喜欢偏向新菜品的顾客发放优惠券
捆绑推广	将新菜品与热销菜品组成优惠套餐，吸引顾客尝试新菜品
公众号推广	利用公众号与小程序的互通优势，在公众号进行新品促销活动

◆ 图 9-19　小程序中的新品推广方式

9.2 分析：餐饮小程序实战案例

俗话说："民以食为天"，从古至今，人们对于餐饮的热情从不曾减退，在微信平台中，也往往不乏餐饮的内容，在朋友圈中，有很多贩卖餐饮原材料的微商；在公众号中，也不缺关于美食的自媒体公众号和知名餐饮企业的微信服务号；而在微信小程序中，关于餐饮的更是形式多样，百花齐放。

下面笔者就为大家介绍几个各有特色的餐饮小程序。

9.2.1 沈一点：美食导购吃出花样

我们经常可以听到"饮食文化"这个词，经过漫长的历史沉淀，吃对于人们来说，已经不仅仅只是一种生理需求，还是一种享受和追求，这一切都可以浓缩进"饮食文化"这四个字当中。

为什么《舌尖上的中国》这类美食纪录片能够大火？人们明明吃不到，却甘愿望着屏幕发馋，这正是由于在饮食文化影响下，人们对于美食的探求欲望，而像《舌尖上的中国》这类美食纪录片正好为人们提供了一个发现和探寻美食的窗口。沈一点团队看到了人们发现美食和探寻美食的需求，在微信小程序中做起了美食导购。

这也正是沈一点微信小程序与大多数餐饮类小程序的一个最大不同，多数餐饮类小程序是想要让线下餐饮门店变得更加方便，让人们的消费体验更接近于线上，让餐饮门店更向线上靠拢，这是线下餐饮门店向新零售模式转型的一个必要过程。

对于沈一点微信小程序来说，其重点不在于帮助餐饮商户解决向线上发展的问题，其更关注的是如何利用内容导购将线上的消费者吸引到线下的餐饮门店之中，这也是新零售转型中的餐饮门店需要解决的一大问题。

美食导购不像商品导购，食品的长距离运输和长时间保存的难度都要大于一般商品，虽然如今的食品保鲜技术和运输技术有了很大的发展，但高昂的成本还是限制了地方特色美食的远距离传播。

因此以往美食导购往往只局限于像熟食或半成品食品之类，方便远距离运输的食品种类，因为这时的美食导购都是从"如何将推荐的美食送出去"这一点出发来思考的。

随着社会大环境的变化，交通越来越发达，人们的生活水平也普遍得到了提高，旅游行业也得到了发展。从前只能通过电视节目满足发现和探寻美食需求的人们现在有条件亲自去发现和探寻美食了。沈一点微信小程序因此以城市为主题，进行美食导购，如图9-20所示。并且沈一点小程序率先进行美食导购的一批城市一般都是在交通比较发达的地区，如图9-21所示。

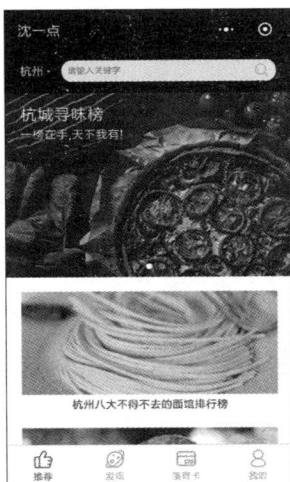

◆ 图9-20　以城市为主题导购　　◆ 图9-21　沈一点小程序中支持导购的城市

在导购内容上，沈一点微信小程序以不同种类美食的餐饮门店为专题，推荐了主题城市中各具特色的餐饮门店，如图9-22所示。沈一点微信小程序的用户点击相应美食专题后便可看到对应的餐饮门店信息，包括餐饮门店在城市中的具体位置和人均消费金额参考，如图9-23所示。

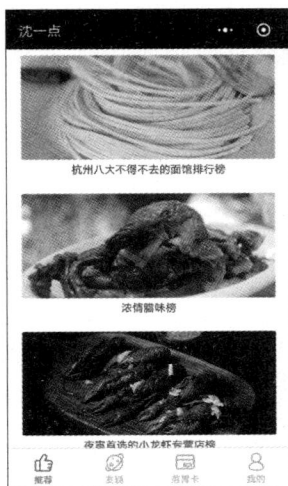

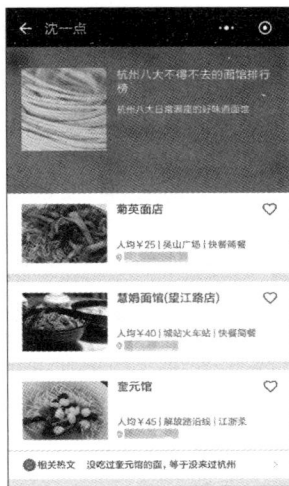

◆ 图9-22　以美食种类为专题导购　　◆ 图9-23　餐饮门店详情

对于一些极具地方特色的餐饮门店，沈一点微信小程序中还有相关的文章进行内容推荐导购，如图9-24所示。而在内容推荐导购界面中，沈一点微信小程序用户还可通过"约上好友一起吃"按钮将餐饮门店的信息以小程序链接的形式发送给微信好友，邀请好友一同前往餐饮门店享受美食，如图9-25所示。

◆ 图9-24　美食内容导购文章

◆ 图9-25　邀请好友

伴随着我国城市化进程的加快，城市间的人口流动越来越频繁，人们出于求学、工作或者旅游等原因，都会前往其他城市，而沈一点微信小程序便为人们提供了一个了解其他城市饮食文化的窗口，也为城市的餐饮门店提供了一个吸引外地来客的窗口，使具有特色的地方美食的商业潜能有机会得到本地商圈以外的释放。

除了在美食导购这个类型上的独特之处外，沈一点微信小程序本身也很有特色，其主要有以下3点，具体介绍如下。

❶ 一键分享

随着城市规模越来越大，在一个城市生活数年的人很可能对所在城市知之甚少，这种情况在异地打工的上班族中十分常见，而这些有着不错消费能力的上班族，日常的社交活动多是聚餐。沈一点微信小程序充分利用了微信的社交属性，在推荐餐饮门店的美食导购信息中加入了一键分享的快捷功能，微信用户可以轻松地将发现的美食信息分享给有同样兴趣的好友。简单的一键分享功能带来了巨大的效益，具体有以下 3 个方面。

（1）微信小程序方面：利于传播

微信具有很高的社交属性，微信用户喜爱分享，有一键分享功能的小程序很容易受到微信用户的欢迎，因此很容易引发微信用户自主传播。

多数小程序都是通过提供优惠券之类等利益价值的方式来吸引微信用户分享，但沈一点微信小程序提供的美食门店信息对于多数微信用户来说，这些信息本身就有一定的价值，因此沈一点微信小程序便可以利用其一键分享快捷功能来不费成本地完成社交裂变传播。

（2）微信用户方面：提高体验

如果微信用户发现一个不错的微信小程序，想要将其分享给自己的微信好友，通常要进行以下操作。

首先，❶ 点击需要分享的微信小程序所在界面中右上方的 ·•· 按钮，如图 9-26 所示。然后在弹出的快捷菜单中，❷ 点击"转发"按钮即可将微信小程序分享给微信好友，如图 9-27 所示。

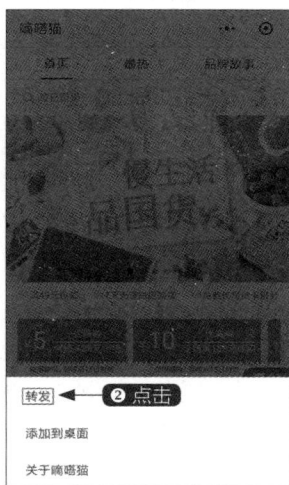

◆ 图 9-26　点击 ·•· 按钮　　　◆ 图 9-27　点击"转发"按钮

在沈一点微信小程序中，微信用户想要将该微信小程序中的内容分享给微信好友时，只需点击"约上好友一起吃"按钮，如图 9-28 所示。便可直接跳转到

图 9-29 所示的选择好友界面。

◆ 图 9-28　点击"约上好友一起吃"按钮　　◆ 图 9-29　选择好友界面

从上述的对比可以看出，比起一般的微信小程序，微信用户在沈一点微信小程序中的分享体验显然要更加便捷轻松。

（3）餐饮门店方面：吸引客流

通过沈一点微信小程序中的一键分享快捷功能，线下餐饮门店不仅可以收获其固定商圈之外的顾客，往往还可以吸引到大量的线上客流。因为沈一点微信小程序中的一键分享快捷功能的特点，很容易成为微信用户与好友聚餐的工具，这便能为餐饮门店一次吸引多名顾客。

沈一点微信小程序中的一键分享快捷功能在一定程度上也能提高餐饮门店的上座率。因为通过沈一点微信小程序吸引而来聚餐的顾客们可以被安排在一桌，而由于人与人之间有着心理上的安全距离，很多人是不太愿意与陌生人拼桌的。

❷ 内容推荐

有关美食门店的内容推荐也是沈一点微信小程序的一个特色，微信用户可以通过"发现"按钮进入内容推荐界面，在内容推荐界面有"附近的店"和"探店"两大版块，如图 9-30 所示。点击"查看全部"文字链接，用户即可在跳转界面中查看附近值得推荐的餐饮门店，如图 9-31 所示。

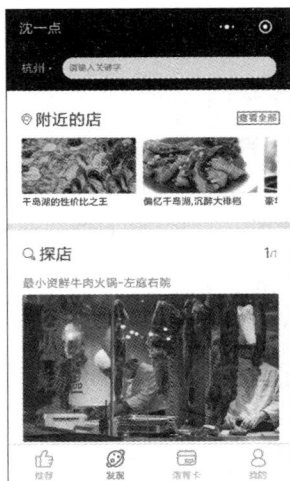

◆ 图 9-30　内容推荐界面

◆ 图 9-31　查看附近推荐的餐饮店

　　而通过"筛选条件"功能，沈一点微信小程序用户还可以设置筛选条件快速找到需求的餐饮门店，如图 9-32 所示。

　　通过沈一点微信小程序中附近的店和门店筛选功能，有用餐需求的用户可以快速选择好附近满足要求的餐饮门店。例如，开车的用户可以在筛选条件中添加"停车"选项，以此找到一个方便停车的餐饮门店。因为这个功能在人们的日常生活中十分方便实用，也为沈一点微信小程序增添了不少实用性。

　　另一大版块"探店"主要内容为美食门店推荐，如图 9-33 所示。用户在看见感兴趣的美食门店后可以点击进入，查看推荐文章的具体内容，如图 9-34 所示。

◆ 图 9-32　筛选条件

　　推荐文章会以图文结合的方式为用户介绍美食门店中的店内环境和特色美食，并且还经常在介绍中夹杂一些让人看了直流口水的美食简评。在文章的最后，附上美食门店的具体信息，包括地理位置和人均消费金额参考，当然，在这里用户也可以通过"约上好友一起吃"按钮将美食门店的消息一键分享给微信好友。

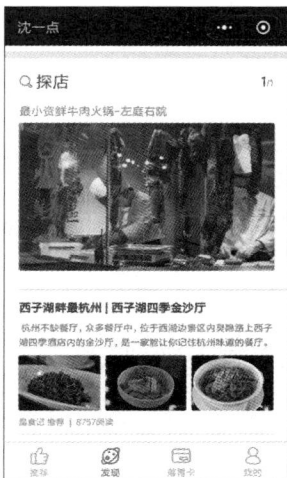

◆ 图 9-33 "探店"界面

◆ 图 9-34 推荐文章

在美食门店推荐的文章中，还不时会推荐门店的独特餐饮文化，或是有关门店的美食佚闻，让用户完全感觉不到是在看一篇广告文，而是像阅读一篇公众号文章一样。

精心的美食内容导购使得沈一点微信小程序走出了一条独特的导购之路，不依靠提供优惠券等利益诱惑，而是展现美食门店本身的价值，以此吸引消费者到店消费。沈一点微信小程序用这种美食导购方式帮助线下的餐饮门店在新零售环境下从线上，特别是微信平台上获得线上客流，为餐饮门店的新零售转型积累了线上流量。

❸ 会员服务

沈一点微信小程序虽然不直接提供优惠券，但还是会提供优惠会员服务，沈一点微信小程序的会员系统是以电子会员卡——"落胃卡"为基础来搭建的。图 9-35 所示为沈一点微信小程序中的会员卡界面。虽然"落胃卡"不像多数小程序提供的会员卡一样是免费的，但低廉的办卡价格也使其不会成为阻挡微信用户的门槛。

在笔者看来，电子会员卡的收费是沈一点微信小程序有意为之，通过设置一个价格尺度，沈一点微信小程序在向微信用户表现其自身的独特的个性感和精致的品质感，这对于那些追求更高品质生活的有较高消费能力的人群特别有吸引力。

对于一般的微信用户来说，低廉的办卡价格也不会成为实质上的阻碍，并且"落胃卡"还可以通过转发好友和激活码免费获取。

图 9-36 所示为"落胃卡"界面的会员权益介绍，从介绍内容来看，其优惠权益还是不小的，不需要续费，一般会员卡具有的折扣优惠和积分兑换也都具备。

◆ 图 9-35　"落胃卡"界面　　　◆ 图 9-36　会员权益介绍

笔者认为"落胃卡"最大的特色便是可以在多家非连锁的餐饮门店无障碍使用，这使得"落胃卡"不仅像其他微信小程序的电子会员卡一样可以在线上开通，线下使用，打通了线上线下，更使得"落胃卡"打通了线下餐饮门店，在一些传统的商业街中我们经常可以看到这种一卡通式的会员卡，沈一点大胆地将这种会员方式搬到了其微信小程序中。

通过这种会员方式，会员顾客不仅能享受到更为流畅和多样的会员服务，与沈一点微信小程序合作的线下餐饮门店也可以获得更为全面和丰富的会员信息。

会员是餐饮门店新零售转型的一个重要部分，传统餐饮门店往往不重视信息化建设，会员服务也不够丰富，无法支撑精准的个性化营销。

"落胃卡"会员模式通过多家餐饮门店共享会员数据信息，解决了刚开始尝试新零售的餐饮门店消费者数据不足的问题，并且通过数据共享和会员卡提供的标准化优惠，各合作餐饮门店间恶性的低价竞争也大大减少，各餐饮门店转向分析会员的数据信息，互相取长补短，开展致力于提升顾客体验的良性竞争。

9.2.2 肯德基自助点餐：享受精致点餐服务

微信小程序的出现开启了餐饮零售业转型新零售的新通道，许多大型的餐饮连锁品牌也开始入驻微信小程序，尝试餐饮新零售的可能，肯德基便是这其中之一。

图 9-37 所示为肯德基的自助点餐微信小程序界面，❶ 点击"开始点餐"按钮，即可进入"选择店铺"界面，肯德基自助点餐小程序将根据微信位置服务自动定位顾客的位置，然后为顾客搜索距离自己最近的肯德基门店，如图 9-38 所示。

◆ 图 9-37　肯德基自助点餐小程序　◆ 图 9-38　小程序自动搜索附近门店

❷ 用户点击选择准备用餐的门店后，会出现两个选择，一个是支付后马上取餐，一个是预约后签到取餐，如图 9-39 所示。

❸ 选择好取餐方式后，❹ 点击"进入菜单"按钮，顾客就可以获得所选门店的菜单正式开始点餐了，如图 9-40 所示。

我们可以看到，肯德基利用微信小程序开发了一个十分强大的自助点餐系统，肯德基的自助点餐小程序不同于一般餐饮门店的点餐小程序，不以扫码作为主要的进入入口，让顾客有了更流畅的线上自动点餐体验，这是一个很大的优点。

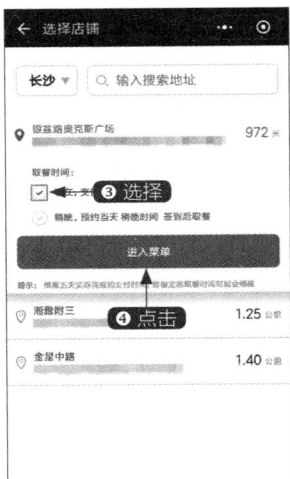

◆ 图 9-39　选择取餐方式

◆ 图 9-40　进入菜单点餐

　　图 9-41 所示为"三个辣椒牛肉粉"自助点餐小程序，顾客进入该小程序，点击"开始点餐"按钮后，还需扫描门店二维码才能进行点餐，如图 9-42 所示。

◆ 图 9-41　三个辣椒牛肉粉自助点餐小程序

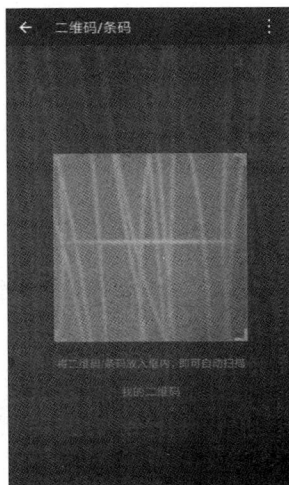

◆ 图 9-42　扫码点餐

　　"三个辣椒牛肉粉"自助点餐小程序还比较初级，需要通过扫描餐饮门店的点餐二维码才能进行自助点餐，不能通过微信位置服务自动定位顾客所在的门店，对于餐饮门店来说，这是一个向新顾客推广自己小程序的好机会，但对于餐饮门店的熟客来说，这样的自助点餐流程就有些麻烦了。

这类的自助点餐小程序将线上自助点餐和餐饮门店紧紧地捆绑在一起，顾客必须在餐饮门店中才可点餐，无法完全在线上进行点餐，也无法进行预约点餐。这类自助点餐小程序没有更深入地打通线上和线下，但因开发相对简单，大多数开始尝试新零售模式的线下餐饮门店都是使用这类自助点餐小程序。

肯德基使用较一般餐饮门店体验更为优秀的自助点餐小程序也使得其能在餐饮门店的新零售转型上快人一步。并且除了小程序自助点餐系统的优化外，对于整个微信小程序界面的优化工作，肯德基也没有落下。

肯德基的自助点餐小程序与其他微信小程序在界面上一个很大的不同就是，肯德基自助点餐小程序的界面十分简洁，在界面的左下方没有 APP 中一般的菜单栏，也没有会员界面的菜单入口，整个小程序只有一个主界面。

图 9-43 所示为某个餐饮门店的小程序，与其相比，肯德基将功能进行了整合，取消了会员界面，直接将卡包（我的卡包）、订单（我的订单）和积分（K 金商城）三个会员功能整合进了点餐界面，让顾客能有更简便流畅的消费体验，如图 9-44 所示。

◆ 图 9-43 某餐饮小程序界面　　◆ 图 9-44 肯德基点餐小程序界面

与界面更为简单的"三个辣椒牛肉粉"自助点餐小程序相比，肯德基自助点餐小程序没有放弃会员功能，也使得其更能增加用户黏性。

9.2.3 饿了么：小程序构建高效平台

微信小程序的出现也为一些第三方网上订餐平台带来了新的机遇，国内的第三方网上订餐平台市场经过激烈争夺，形势已经比较明朗，美团外卖和饿了么两家规模最为庞大，两家第三方网上订餐平台在互联网进行了激烈的入口抢占，国内互联网上流量较大平台上的网上订餐服务入口几乎已经被这两家瓜分完毕。美团外卖占据了腾讯旗下两大网络社交平台——微信和 QQ 的第三方外卖服务入口，如图 9-45 所示。

◆ 图 9-45 微信和 QQ 中的美团外卖入口

而饿了么占据了阿里旗下的支付宝的第三方入口，如图 9-46 所示。

我国互联网上有着"BAT"的说法，指的就是百度（B）、阿里（A）、腾讯（T）三家互联网公司，这三家公司掌握着大量的互联网资源，国内的网络平台想要抢占互联网流量大多都绕不开这三家公司，第三方外卖平台也是如此。

而在这三家互联网公司中，腾讯因为有建设社交平台上的优势，拥有大量的用户，并且由于腾讯一贯采用开发平台战略，并不排斥没有明显竞争关系的小平台通过其进行引流，因此火热的微信小程序成为饿了么在腾讯平台一个重要引流基地。

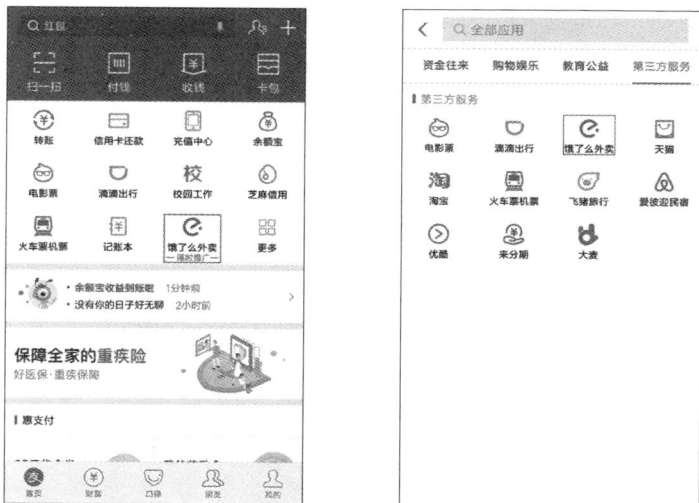

◆ 图 9-46　饿了么在支付宝中的入口

图 9-47 所示为饿了么的微信小程序界面，我们拿饿了么最大的竞争对手美团外卖的微信小程序界面（图 9-48）来进行比较，不难发现，饿了么微信小程序在界面上更为丰富。

◆ 图 9-47　饿了么微信小程序界面　　◆ 图 9-48　美团外卖小程序界面

饿了么微信小程序主界面中有不少推广引流的内容，而美团外卖微信小程序的界面十分简洁，除了外卖分类直接就是附近商家的展示，甚至连一个推送页面都没有，可以看出美团外卖只需要其微信小程序能够给顾客带来一个便捷的网上订餐体验。

图 9-49 所示为饿了么 APP 界面，经过对比不难发现，饿了么 APP 与微信小程序的界面框架基本相同，只是 APP 界面中的内容更为丰富。并且在手机应用市场中搜索饿了么时，搜索的结果除了饿了么 APP 还有一个小程序，如图 9-50 所示。而在搜索其他第三方网上订餐平台时，结果中并不会出现小程序。

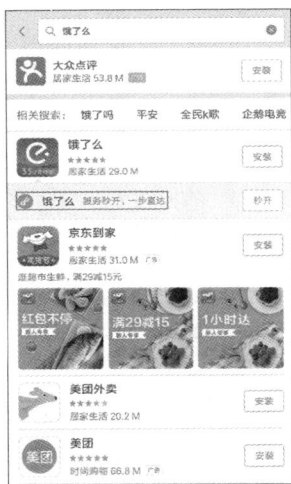

◆ 图 9-49　饿了么 APP 界面　　◆ 图 9-50　饿了么搜索结果

由此可见饿了么对微信小程序的重视程度，因此笔者认为，饿了么是要将其微信小程序打造成为与其 APP 一样的集引流、服务和留存于一体的平台。在饿了么微信小程序首页的推荐版块中，有红包优惠内容，在饿了么微信小程序的个人中心页面，也有福利优惠活动，如图 9-51 所示。并且活动的具体内容就是引导用户分享微信小程序，如图 9-52 所示。

在留存用户方面，饿了么微信小程序利用签到玩法。在饿了么微信小程序的"发现"界面，有一个每日签到版块，如图 9-53 所示。用户通过每日签到可以获得一次翻卡机会，有机会获得优惠，连续签到 7 天可获得固定优惠，并且通过分享每日签到还可以获得补签机会，如图 9-54 所示。

◆ 图 9-51　个人中心页面

◆ 图 9-52　活动内容

◆ 图 9-53　"发现"界面

◆ 图 9-54　签到翻卡

　　饿了么微信小程序中的签到玩法与一般的签到玩法不同，其不是每次签到都有优惠奖励，这也是其更为高明的一点。饿了么微信小程序的签到玩法利用"斯金纳箱"原理，激发了用户对每日签到的兴趣，增加了用户留存度，而分享签到活动获得补签机会又可引发微信用户主动传播其微信小程序。

同时补签机会与每日签到右上角的"签到提醒"也能增加用户签满 7 天获得固定奖励的机会，进一步增加了签到玩法对微信用户的吸引力，也大大增加了饿了么微信小程序的用户黏性。

专家提醒

　　1938 年，心理学家斯金纳设计了一种名为斯金纳箱的试验装置进行动物试验，斯金纳将小白鼠放进斯金纳箱内，箱内有一杠杆装置，小白鼠每次按压杠杆装置时便会有食物掉落到箱子内，因此小白鼠养成了按压杠杆装置的习惯，但当获得一定的食物后，小白鼠开始变得"懒惰"不再按压杠杆装置，按压习惯也消失了。

　　斯金纳改变实验装置，使小白鼠按压杠杆装置后不再固定掉落食物，而变成随机掉落食物，小白鼠通过这种方式养成的按压习惯消失的非常慢，并且就算将掉落食物的概率调得比较低，小白鼠按压杠杆装置的热情也不会减少。

饿了么微信小程序通过一系列操作，在小程序平台搭建了一个集引流、服务和留存于一体的高效平台，搭上了微信小程序智慧零售的快车。

9.2.4 "下厨房＋"：小程序陪你探寻美食与爱

下厨房＋微信小程序是微信公众号"下厨房"关联的微信小程序，"下厨房"微信公众号是一个餐饮生活类的公众号，其主要内容为介绍厨房小技巧、分享创意菜谱和推荐餐饮厨具。而下厨房＋微信小程序就是其关联公众号菜谱分享内容的一个精选集合。

虽然现在有很多人不会自己做菜，但也有不少人将做菜当作爱好，并且越来越多的人也将自己下厨房做菜视为一种节能环保的时尚生活方式，很多原来不会做菜的人开始学习做菜。如此一来，自然产生了大量的餐饮内容需求，其中一个很大的需求就是菜谱，做菜是一种很实际的实践性行为，通过参考优秀的菜谱来学习做菜无疑是一个好方法。

下厨房＋微信小程序正好满足了人们对菜谱的需求，图 9-55 所示为下厨房＋的微信小程序界面。如果微信用户要知道想学习的菜品名称，就可以通过在搜索栏输入名称来搜索该菜品的菜谱。例如搜索"辣椒炒肉"这一菜品，下厨房＋微信小程序便会将所存储的辣椒炒肉菜谱展现出来，如图 9-56 所示。

◆ 图 9-55　下厨房＋微信小程序　　◆ 图 9-56　辣椒炒肉搜索结果

　　微信用户还可以通过选择条件来调整搜索结果的排序。选择好中意的菜谱后，点击进入，菜谱中介绍了制作菜品的用料和步骤，有的菜谱比较用心，还会配上图片和制作菜品的小技巧，如图 9-57 所示。

◆ 图 9-57　下厨房＋微信小程序中的菜谱

如果用户看到了比较好的菜谱，可以点击菜谱下方的收藏按钮保存该菜谱，菜谱可以在"我的收藏"界面中找到，用户也可以将收藏的菜谱进行个性化分类，如图 9-58 所示。用户也可以通过分享按钮将菜谱以微信小程序链接的形式分享给微信好友，如图 9-59 所示。

◆ 图 9-58 收藏菜谱

◆ 图 9-59 分享菜谱

如果用户没有明确要查找的目标，下厨房＋微信小程序的搜索功能也支持模糊搜索，并且用户还可以通过下厨房＋微信小程序的"菜谱分类"功能分类别查找感兴趣的菜谱，如图 9-60 所示。下厨房＋微信小程序的菜谱分类不仅从食材种类和做法上对菜谱进行分类，还能根据生活场景、使用厨具等因素，进行个性化的分类，给用户带来的体验非常好。

人们要下厨房做菜肯定离不开食材、配料和厨具这三样东西，随着最新一季的《舌尖上的中国》美食纪录片的播出，章丘铁锅随之迅速走红，可以看出餐饮厨具零售具有很不错的商业潜力。

"下厨房"公众号已经在做餐饮厨具的推荐导购了，这项业务也可以发展到下厨房＋微信小程序中，并且在微信小程序中不仅可以推荐导购厨具，还可以推荐导购食材和配料，在微信小程序中构建一个以菜谱为主的内容推荐＋以相关食材、配料和厨具为商品销售的新零售平台，帮助食材零售商、配料零售商和厨具零售商实现微信小程序智慧零售转型。

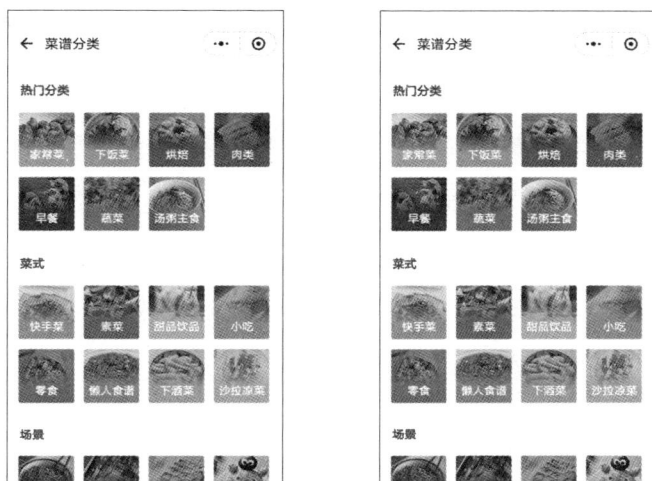

◆ 图 9-60　菜谱分类

10
CHAPTER

O2O 电商实战，抢占新零售高地

势不可当：
微信小程序智慧零售

O2O 电商是在互联网电商大潮兴起快速成长的一批商业群体，它们中很多是从单纯的线下实体转型而来的。而随着新零售的大潮扑面开来，O2O 电商们在此面临转型问题。

本章笔者就将为大家介绍 O2O 电商如何抓住新零售机遇，再完成商业转型。

◇ 特色：O2O 与新零售的结合

◇ 反哺：小程序流量带动线下销售

10.1 特色：O2O 与新零售的结合

新零售对于 O2O 电商来说是个十分不错的机遇，因为相对于其他行业，O2O 电商在新零售面前更具优势，也更容易抢占新零售的高地。相比于纯粹的线上电商，O2O 电商有线下体验门店；而相较于传统线下实体店商户，O2O 电商又有快捷的线上渠道。所以 O2O 电商不需要再花费过多的时间和精力去完善自己的销售渠道，只要更专注于打通线上线下，贯通自己的销售渠道，为新零售释能。

微信小程序正是符合 O2O 电商特点，帮助 O2O 电商完成新零售转型的绝佳助力。下面笔者就带大家看看 O2O 电商如何利用微信小程序在新零售领域发力。

10.1.1 品牌展示

品牌对于任何企业和商家来说都是十分重要的，大企业有大品牌，小商家也有小品牌，但不管品牌是大还是小，品牌的力量都是不容忽视的。最初在电商大潮中快速完成 O2O 模式转型的企业很多都得到了其大品牌的不少帮助。

而对于品牌来说，知名度是很重要的一部分，有些企业的品牌在地方上很出名，但如果企业想要将品牌做大，推向全国乃至全世界，仅靠品牌在地方上的那点知名度是远远不够的。一个品牌想要提高知名度的方法是对大众进行品牌展示，而展示品牌的手段，往往是根据大众传媒技术的发展而不断得到丰富。

随着大众传媒技术的发展进步，企业向大众展示品牌的主要方式也出现了明显的变化，具体如图 10-1 所示。

在互联网中，广告推广随处可见，大大小小的品牌更是俯拾皆是，O2O 电商的品牌要在如此环境中脱颖而出，可以从两个方面出发，如图 10-2 所示。

报媒时代	随着印刷技术的进步，早期大众传媒报纸开始流行，很多企业开始通过报纸或在画报上为自己的品牌打广告，向公众展示品牌
广播时代	广播技术使得大众传媒得到了更进一步的发展，可以简单的以语音的形式传播，这时的企业在广播中展示品牌
电视时代	电视技术的出现使得大众传媒形式变得更加丰富，企业也以内容更为丰富的电视广告作为展示品牌的手段
网络时代	网络的出现大大改变了大众传媒，传播形式不仅更为丰富，传播途径也得到了极大扩展，在网络上展示和推广品牌已成常态

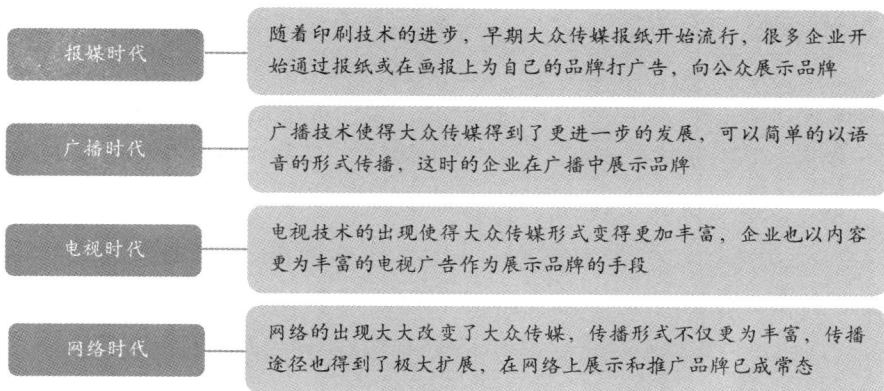

◆ **图 10-1　大众传媒对品牌展示的影响**

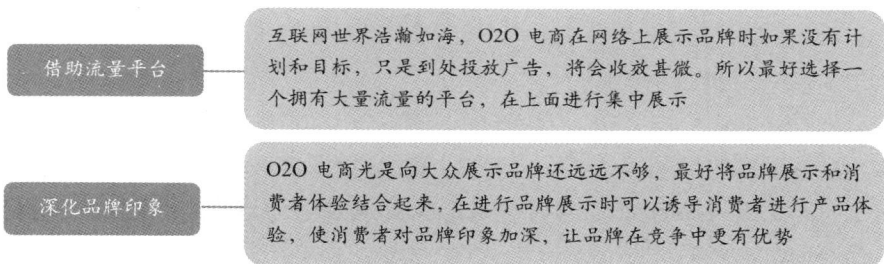

| 借助流量平台 | 互联网世界浩瀚如海，O2O 电商在网络上展示品牌时如果没有计划和目标，只是到处投放广告，将会收效甚微。所以最好选择一个拥有大量流量的平台，在上面进行集中展示 |
| 深化品牌印象 | O2O 电商光是向大众展示品牌还远远不够，最好将品牌展示和消费者体验结合起来，在进行品牌展示时可以诱导消费者进行产品体验，使消费者对品牌印象加深，让品牌在竞争中更有优势 |

◆ **图 10-2　优化品牌展示的两个方面**

微信小程序正好可以满足了上述两方面的条件，首先微信是一个用户超过 10 亿的社交平台，拥有巨大的流量。

其次，微信小程序作为腾讯进军电商的重要一步棋子，受到了微信官方的诸多关照，微信小程序可以连通微信公众号、微信卡包、微信群等多个微信内的产品，并且微信小程序在微信内还拥有附近的小程序、搜一搜、聊天界面顶部等多个入口，其在微信内的引流潜力毋庸置疑。

最后，微信小程序还易于开发，并且受到微信支付功能的支持，O2O 电商可以很容易地搭建自己的微信小程序店铺，在其中向消费者贩卖品牌产品。

而想要将品牌展示和消费者体验结合起来，O2O 电商可以从以下几个方面出发去进行尝试。

❶ 公众号＋小程序

O2O 电商可以尝试在微信公众号中进行品牌展示和内容导购，让微信小程序店铺成为一个完全的购物平台。通过在微信公众号推荐文章中加入微信小程序店铺的链接，让感兴趣的消费者可以快速接触到品牌产品，完成消费体验。

❷ 试用＋评价

O2O 电商可以尝试在进行品牌展示的同时提供试用优惠，以此激发对品牌感兴趣的消费者进行体验。还可以用优惠来引导已经购买了产品的消费者进行留言评价，以此为消费者提供另一个认识品牌的窗口，同时也提升品牌的口碑。

❸ 线上会员＋线下体验

O2O 电商可以利用微信小程序构建一套线上线下贯通的会员信息系统，然后在微信小程序中开展活动，在微信小程序店铺中已经注册的线上会员中抽取线下门店体验资格，充分利用线下优势，吸引会员到线下门店进行体验，将他们转化为忠实用户，提升品牌的口碑。

通过结合品牌体验去进行品牌的展示和推广比单纯的展示推广更有效果，不仅可以通过优惠体验吸引更多的消费者，直接扩大品牌展示效果，并且通过品牌体验也能收获一部分消费者的口碑，让品牌展示直接获得成效。

更为重要的是，通过展示＋体验的方式加深了消费者对品牌的印象，有的消费者可能暂时没有需求，只是被优惠吸引而来进行体验的，但如果这部分消费者日后有了需求，他们最先想到的很可能会是以前体验过的产品，而不是不熟悉品牌的产品。这就无形中为品牌储备了一部分潜在用户。

10.1.2　特色 O2O

O2O 的概念最初源于美国，是指在商业产业链中，既涉及线上，又涉及线下的商务模式。在 O2O 被引入我国后，大致经历了三个阶段的本土化发展，具体如图 10-3 所示。

在新零售大潮下，O2O 也要做出新的改变，如果引入微信小程序，O2O 电商便可实现去中心化的零售。通过 O2O 零售模式进行销售是 O2O 电商十分擅长的，但在以往，O2O 电商通常要通过 O2O 平台来实现销售，因为大多数 O2O 电商是没有能力独自搭建一个线上 APP 平台的，并且单个 O2O 电商所能提供的服务种类有限，一般的用户也很少会为了某一个商户专门去下载一个 APP。

第一阶段	在线上与线下初步对接的早期，很多商家都是利用线上引流的便利，在线下聚集用户，再导流到线下门店，O2O 多采用团购和促销的方式。这种方式不仅低效，而且也不能有效增加客户黏性
第二阶段	这个阶段的 O2O 已初具雏形，并且发展出了很多有特色的服务性电商，如上门按摩、上门送餐等服务，将生活化的需求场景放到了更便捷的线上。此阶段 O2O 开始被人们普遍接受，O2O 的使用频率增加，吸收了大量的忠实用户
第三阶段	此阶段的 O2O 已经趋于成熟，开始以移动端为平台进行行业分化，有的专注于做餐饮配送，例如网上订餐平台；有的专注于做交通出行，例如打车软件

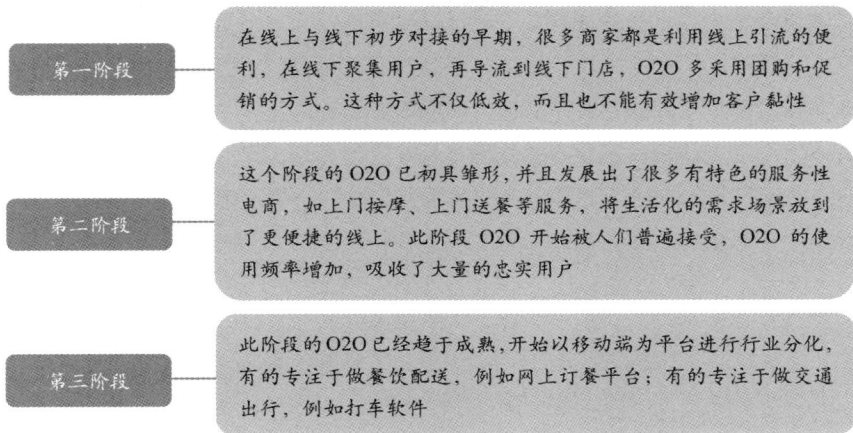

◆ 图 10-3　我国 O2O 发展的三个阶段

但这种大平台化的 O2O 模式也暴露出一个问题，那就是大型 O2O 平台为了方便管理，往往会使用统一化的标准和要求，这就导致一些 O2O 电商不能很好地展现自己的特色，而当今的人们又十分追求特色化和个性化的服务和体验。

自从有了微信小程序，O2O 电商就可以低成本的搭建一个个性化的特色服务平台，并且有微信平台的支持，微信小程序中的 O2O 电商也无须花费大量的成本和精力去进行推广引流工作，可以更专注于发掘自身的特色优势。

例如，如果是一家拥有众多线下门店的服装零售店，就可以借鉴日本的 O2O 模式，开发出"线上订购，线下自提"的 O2O 模式。在 2016 年的双十一活动中，优衣库便使用了这种方式进行零售，图 10-4 为当时的宣传海报。

◆ 图 10-4　优衣库宣传海报

这种模式也并非优衣库在双十一活动中首创,而是源自于日本的 O2O 电商。说起日本的 O2O 零售行业,其有一个特点,那就是大多以线下实体门店为主,线上渠道只是门店零售的辅助手段。

有研究显示,日本民众的消费习惯大多与线下实体店联系紧密,只有 20% 的人乐于接受完全脱离线下实体门店的纯线上购物,而剩下 80% 的人有的会到线下实体店中体验和确认商品,有的则是线上下单订购,线下自提商品。

在国内,"线上订购,线下自提"的 O2O 模式对广大消费者也是很有吸引力的,优衣库通过这种模式在 2016 年双十一活动中实现了销售纪录的突破,"线上订购,线下自提"的 O2O 模式本身也可以给消费者带来以下两点好处,如图 10-5 所示。

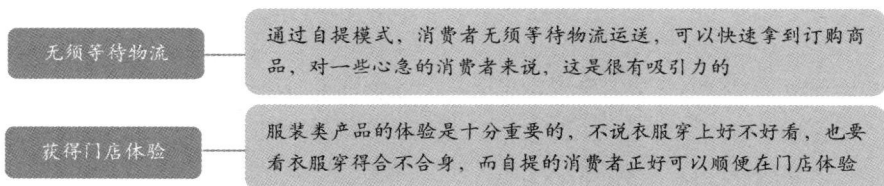

| 无须等待物流 | 通过自提模式,消费者无须等待物流运送,可以快速拿到订购商品,对一些心急的消费者来说,这是很有吸引力的 |
| 获得门店体验 | 服装类产品的体验是十分重要的,不说衣服穿上好不好看,也要看衣服穿得合不合身,而自提的消费者正好可以顺便在门店体验 |

◆ 图 10-5 自提模式给消费者带来的好处

而对于 O2O 电商,"线上订购,线下自提"的 O2O 模式也可以为其带来以下两点好处,如图 10-6 所示。

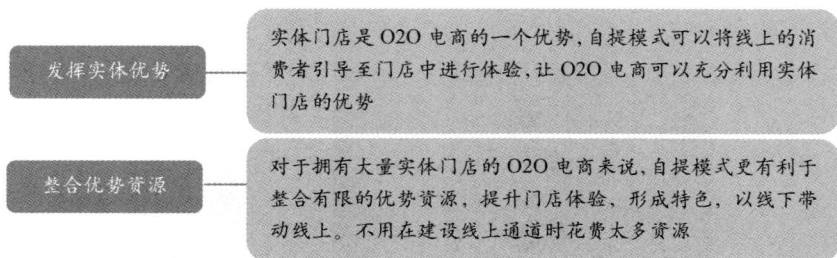

| 发挥实体优势 | 实体门店是 O2O 电商的一个优势,自提模式可以将线上的消费者引导至门店中进行体验,让 O2O 电商可以充分利用实体门店的优势 |
| 整合优势资源 | 对于拥有大量实体门店的 O2O 电商来说,自提模式更有利于整合有限的优势资源,提升门店体验,形成特色,以线下带动线上。不用在建设线上通道时花费太多资源 |

◆ 图 10-6 自提模式给 O2O 商户的好处

10.1.3　服务升级

对于一些以提供服务和体验为主的行业，如 KTV、酒店和美容美发等行业，这些行业无法脱离其线下实体门店，其需要的是线上的客流和通过线上的技术对门店的服务和体验进行升级。

这些基于实体门店行业性质决定了其要与线上结合就必须走 O2O 模式，这些行业以往一般都是通过社交平台来进行线上引流，然后通过门店 APP 进行门店服务体验升级。这种方式，对实体门店来说，既不流畅也不方便，对消费者来说，体验也不是很好。

虽然通过实体门店可以一定程度上缓解消费者的一些体验问题，但使用门店 APP 还是不能从根本上完善消费者的体验。通常实体门店是通过以下方式来推广自己的门店 APP，如图 10-7 所示。

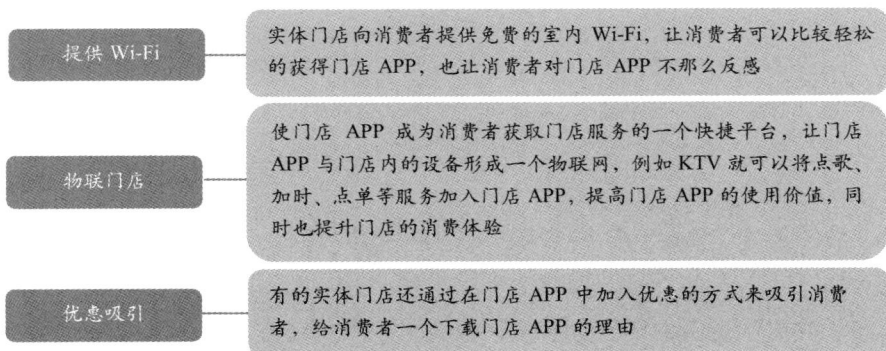

提供 Wi-Fi	实体门店向消费者提供免费的室内 Wi-Fi，让消费者可以比较轻松的获得门店 APP，也让消费者对门店 APP 不那么反感
物联门店	使门店 APP 成为消费者获取门店服务的一个快捷平台，让门店 APP 与门店内的设备形成一个物联网，例如 KTV 就可以将点歌、加时、点单等服务加入门店 APP，提高门店 APP 的使用价值，同时也提升门店的消费体验
优惠吸引	有的实体门店还通过在门店 APP 中加入优惠的方式来吸引消费者，给消费者一个下载门店 APP 的理由

◆ 图 10-7　推广门店 APP 的方法

但是，O2O 商户利用门店 APP 的 O2O 经营模式还会存在诸多问题，如图 10-8 所示。

有了微信小程序之后，O2O 商户不仅同样能利用微信小程序进行门店服务升级，并且还能利用微信这个社交平台进行引流，将线上引导到线下服务，成为一个连环流畅的过程，这样不仅方便了 O2O 商户，也提升了消费者的体验。

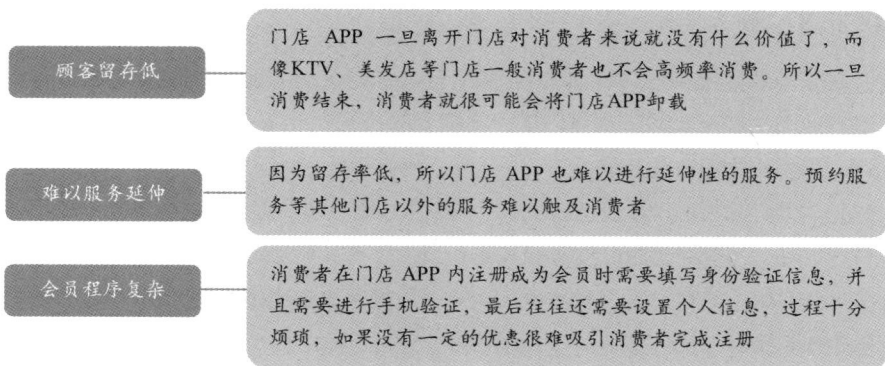

顾客留存低	门店 APP 一旦离开门店对消费者来说就没有什么价值了，而像KTV、美发店等门店一般消费者也不会高频率消费。所以一旦消费结束，消费者就很可能会将门店APP卸载
难以服务延伸	因为留存率低，所以门店 APP 也难以进行延伸性的服务。预约服务等其他门店以外的服务难以触及消费者
会员程序复杂	消费者在门店 APP 内注册成为会员时需要填写身份验证信息，并且需要进行手机验证，最后往往还需要设置个人信息，过程十分烦琐，如果没有一定的优惠很难吸引消费者完成注册

◆ 图 10-8　门店 APP 的不足问题

基于微信小程序，服务性 O2O 商户可以轻松实现以下服务的升级。

❶ 查询服务

服务性商户的消费者最担心的就是客满的问题，比如消费者要去某家 KTV 唱歌时通常会打电话查询是否还有包厢，因为服务性商户通常受到场地的制约，接待能力有限，KTV 因为客满而无法为后来的消费者提供服务是常有的事，而消费者一家家的打电话询问又太过麻烦。

有了微信小程序之后，消费者就可以通过微信小程序去快速查询门店是否能马上提供服务，如果要等，需要等多久等信息也可以知道。在商业中心的服务性门店，还可以利用自身微信小程序的查询服务吸引附近商户无法消化的客流。

在门店微信小程序中设置查询服务时，最好将查询服务的入口放在门店微信小程序首页，并且设置为可以一键查询的功能。甚至可以将门店内的客流情况显示在门店微信小程序上，如果店内客满，就显示客满，并显示有多少人在排队等待。

这样消费者在附近的小程序中或通过其他方式找到门店的微信小程序后就能快速做出决定，既为消费者节省了时间，也减少了前台接待人员的工作压力。同时，有了门店微信小程序贴心的提醒，消费者对门店也会留下不错的第一印象。

❷ 预约服务

消费者在微信小程序中查询到商户可以立即提供服务，便可以立即在微信小程序中进行该项服务的预约，整个过程十分流畅和简便，能让消费者的服务体验得到很大程度的提升。

就算商户无法立即提供服务，也可以让消费者在线上进行预约排队，而不用在门店前排队等待。因为门店的微信小程序通过授权已经获得了消费者唯一的身份信息验证标签，也不用担心线上排队的消费者线下进场时的身份验证问题。

通过线上预约排队，消费者可以不用在门店浪费时间等待，有时间去做其他的事，消费体验得到了提升。而 O2O 商户也不用再安排员工去门店前维持排队秩序，门店的压力也会减小。

线上预约排队的具体做法可以是在门店微信小程序中设置预约排队的窗口，消费者可以在上面取号排队，然后显示消费者大概需要等待的时间，对于等待时间长的消费者，可以让其开启提醒通知；对于等待时间短的消费者，可以向其推送一些门店内的服务项目介绍，如 KTV 就可以推荐门店内除 K 歌服务外的零售酒水服务，餐厅就可以推荐门店内的特色菜品等。

虽然微信小程序不能主动向微信用户推送消息，但在微信用户授权后，小程序是可以向微信用户发送通知信息的，如图 10-9 所示。

◆ 图 10-9　微信小程序提醒通知

❸ 店内服务

服务性 O2O 商户能为消费者提供的主要的服务就是门店的体验服务，特别是 KTV、酒店这类商户，其服务难以通过第三方平台进行配送，极及其依赖线下门店，可以利用微信小程序进行门店内的服务升级，实现智慧零售化的经营势必是这些商户最为关心的一点。

通过微信小程序构建一个能够与消费者快速进行沟通的平台是一个不错的方法，就拿酒店行业来说，消费者入驻传统酒店时，办理入住手续时需要在前台通过人工办理，在进行退房、延期、呼叫客房服务等操作时，也通常需要到前台办理或是在房间内使用客房电话办理，不仅消费者十分不便，酒店方面也要在客服建设上花费很大的时间和精力。

但如果酒店通过微信小程序构建一个线上沟通客户的客服平台，利用微信小程序实现智慧化的经营模式，让消费者可以在酒店的微信小程序中便捷地自助完成退房、延期、呼叫客房服务等操作。

这样既提升了消费者的体验，又减轻了酒店客服服务的压力。而 KTV 也可以在微信平台中搭建一个包厢点歌、点餐点饮料、加时等服务于一体的客服平台。

❹ 后续服务

消费者在传统的服务性 O2O 商户门店中完成消费后，一般消费者与商户的关系也就到此就为止了。

因为诸如酒店、KTV 这类服务性消费不是人们的普遍刚需，多数人对这类消费的频率也比较低，所以服务性 O2O 商户们一直面对着难以留存消费者，吸引消费者二次消费难的问题。

通常服务性 O2O 商户都是通发放优惠券、开办会员卡或者靠自身在消费者群体中的口碑来吸引二次消费的，但这三种方法都有着十分明显的缺陷，具体分析如图 10-10 所示。

通过微信小程序，服务性 O2O 商户发放的优惠券能够被保存在消费者的微信卡包当中，当消费者再次需要进行服务性消费时在微信卡包中就可以看到门店的优惠券，并被吸引到门店进行二次消费。通过微信小程序搭建的会员信息系统可以使服务性 O2O 商户获得微信的大数据支持，从而实现会员服务的个性化升级。

优惠券	像 KTV、酒店、美发等这类服务性消费，对多数消费者来说都是低频消费，一般消费者很少会在短时间内多次进行服务性消费，所以优惠券对消费者吸引力有限，很难真正起到留存作用
会员卡	会员卡对一些有多家连锁店的服务性 O2O 商户还可以起到一定的留存作用，但是由于没有大数据的支持，很难实现个性化、针对性的会员服务，对消费者吸引力有限，也很低效
靠口碑	良好的口碑能让服务性 O2O 商户短时间内获得稳定的客流，得到多数消费者的喜爱，但是比较难培养忠实用户。因为服务性行业的特殊性，一有能够提供更新服务体验的门店出现，消费者就很容易被新的门店抢走

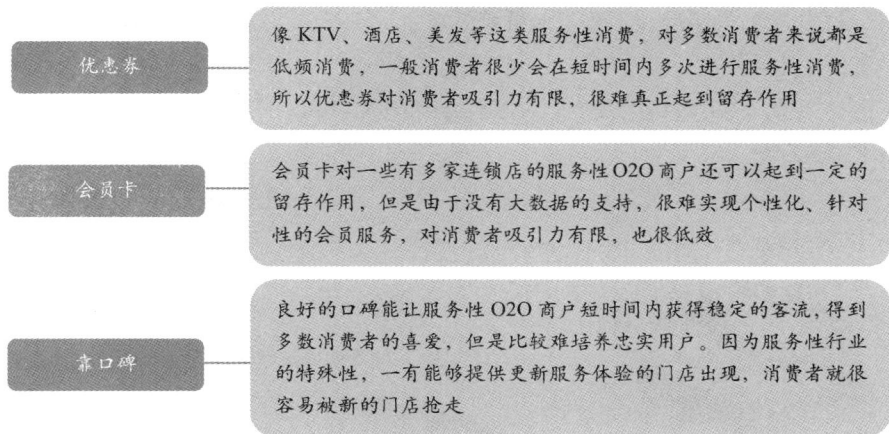

◆ 图 10-10　传统的留存消费者方法的缺陷

10.1.4　会员互动

传统的 O2O 电商构建的会员系统往往是单向的，商户单方面的给会员顾客发放优惠券、推送优惠信息、介绍新品信息，但会员顾客却缺少交流互动的途径，不仅是会员与商户间的沟通途经，还有会员与会员之间的交流互动途径。

自从有了微信小程序，O2O 电商可以在自家的微信小程序中搭建一个讨论区，给会员用户一个交流互动的场景，也可以将会员们引导至 O2O 电商的微信公众号中，充分利用微信平台的社交属性，进行更为深入的会员营销。

对于一般的 O2O 电商来说，如果线下门店没有地理位置上的优势，那想要吸引新的会员是十分困难的，门店的拉新成本也会很高。但如果 O2O 电商通过微信小程序开展智慧零售模式的会员互动营销，便能通过转化活动拥有大量忠实会员，有了这些忠实会员作为基础，O2O 电商日后的拉新活动就会更加容易和顺利。

10.1.5　数据分析

新零售商业环境中，数据是必不可少的一部分，通过大数据分析，商户可以更了解消费者的需求，抓住机遇；更清楚自己会员的喜好，精准定位营销；更明白行业的大趋势，减少决策失误。

对于 O2O 电商来说，数据分析极其重要，因为 O2O 电商的经营范围既涉及线上，也包括线下，客流情况、销售情况等十分复杂，除了需要贯通线上线下的平台支持外，还需要线上线下的大数据分析支持，以真正实现线上线下一体的智慧零售化经营。

在微信平台中，O2O 电商可以通过"小程序数据助手"这个小程序查看自己门店的详细数据，如图 10-11 所示。

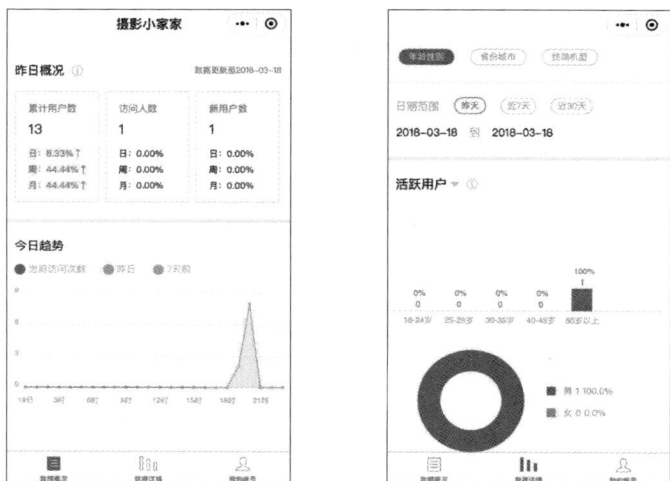

◆ **图 10-11　小程序数据**

通过微信小程序获得的数据，O2O 电商可以分析数据，并以此升级服务体验。新零售的一个重点便是体验，如今越来越多的消费者开始注重产品的体验。

比如很多人在线上网购时，总要货比三家、反复挑选，这一点是根据相关机构在分析线上网购平台数据后得出的结论，他们发现，在大型的线上网购平台中，有的商品虽然检索率十分高，用户打开率也很高，但成交率却明显比前面两项数据要低很多。

经过实际的考察发现，这些检索率、打开率高，成交率却很低的商品，他们提供的服务体验比起同类商品往往比较差。

互联网环境激发了很多消费者潜在的体验需求，比如消费者网购时喜欢货比三家，反复挑选，这是因为在线下购物时选择对象有限，消费者在门店进行消费时只能和附近的门店或自己的经验进行对比。并且也因为线下门店人流、位置等原因，消费者对比挑选同类商品也比较费力，而在线上网购时，消费者可以很轻松地获取商品信息，进行对比挑选。

又比如，很多消费者在线上网购平台上看中一样商品后，往往除了店铺好评率之外，还要看看商品的评论留言，而消费者在线下进行购物时往往只能咨询身边朋友的意见。

在互联网环境下，消费者的购物消费需求越来越偏向"女性化"，而"女性化"的消费有以下几个特点，如图 10-12 所示。

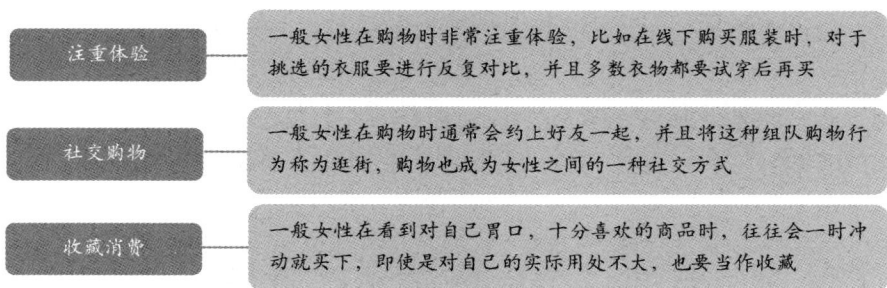

◆ 图 10-12　女性化购物的特点

对于消费者女性化购物的具体需求，经常与女性打交道的女性类用品商家可能会根据经验进行把握，但对一般 O2O 电商来说却是一个问题。这时 O2O 电商就可以根据大数据来分析消费者的具体需求，有时候甚至常常能发现消费者自己都不曾发现的潜在需求。

比如有一个经典的例子，一家汽车加油站的便利店，先是准备了很多水和香烟，认为前来加油的司机很可能开车途中需要补充这些。但超市的水和香烟卖的并没有想象中好，因为很多司机为了缓解开车的疲劳，自己会在车上准备足够的功能饮料和香烟，并且有的长途司机为了减少开车途中的上厕所次数，有意很少喝水，而加油站由于环境特殊，也不允许抽烟。

后来这家便利店的工作人员发现加油站的垃圾桶内总是有很多口香糖和槟榔的包装垃圾，于是便利店开始提供多种口香糖和槟榔，之后立刻得到了不错的效果。原来很多司机在等待加油的时候都有抽烟的习惯，但加油站不允许抽烟，于是他们一般都会以嚼口香糖或者嚼槟榔替代，以此打发等待加油时的无聊时间。

O2O 电商可以通过大数据分析消费者的购物数据，找出消费者的潜在需求，为其提供相应的服务，以此提高消费者体验。

消费者的社交购物需求也不仅仅是指消费者和消费者之间的交流互动，还有商家和消费者之间的交流互动。例如在线下消费购物时，消费者时常会与店铺商家进行交流沟通，对于熟悉的顾客，商家也会提供一些特别的关照，消费者也更愿意去熟悉的门店进行消费。

但在线上时，O2O 电商会面对数量远大于门店的消费者，这些消费者与O2O 电商的联系比较薄弱，很难在线上与消费者进行交流互动。而通过数据分析，O2O 电商可以精准定位消费者，有针对性地展开营销和交流互动，提高门店的社交服务水平。

对于消费者的收藏消费需求，O2O 电商可以通过分析数据，获得大部分消费者的消费喜好和产品偏向，并以此打造特色爆品。满足消费者的收藏需求。

10.2 反哺：小程序流量带动线下销售

在电商时代中，因为线上购物方便且便宜，很多消费者被吸引至线上，许多线下实体门店也开始顺应潮流大势，拓展线上渠道，发展为 O2O 电商。而随着新零售时代的开始，消费者对消费体验的要求越来越高，O2O 电商也要再次顺应潮流大势，充分利用自己的优势，将线上的消费者引导至线下门店，为消费者提供更全面的消费体验，也利用线上流量反哺线下，带动线下门店销售。

10.2.1 K 米点歌：多彩的掌上点歌台

说起 K 歌，大多数人肯定不会陌生，K 歌是不少人经常会接触到的一种娱乐性消费活动，人们通常会选择在 KTV 中进行 K 歌活动，这是因为 KTV 中有比较专业化的设备和服务，人们在 KTV 中 K 歌能获得良好的 K 歌体验。但在传统的KTV 中仍有一些不足，影响着人们的消费体验。

（1）设备使用不便

在一般的 KTV 包厢中，通常只有一个点歌台，但一间 KTV 包厢很少只接待一个客人，这就使得消费者在 KTV 包厢中点歌时需要轮流移动位置在点歌台进行点歌，十分不方便。就算有些比较高档的 KTV 在包厢中设置了手持型的点歌台，如图 10-13 所示。虽然手持型点歌台让消费者不用再移动位置，但消费者使用时仍需要轮流传递，也并没有方便多少。

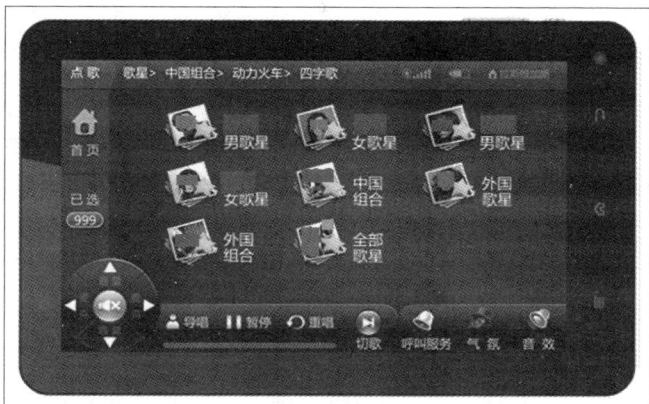

◆ 图 10-13　手持型点歌台

（2）受到环境限制

KTV 包厢通常是隔音的房间，受到房间内环境的限制，在有一人正在 K 歌时，房间内的其他人通常难以相互交流，在 K 歌之人唱到精彩之处时，又不好叫好打断。因此在传统 KTV 包厢中，消费者们常常因为包厢内环境的限制，不能快速形成一个良好的社交氛围，消费者的消费需求也没有得到真正的释放，消费体验也有缺憾。

通过微信小程序的赋能，线下 KTV 存在的问题不仅能得到很好地解决，带给消费者的体验还能得到提升。图 10-14 所示为一款名为"K 米点歌台"的 KTV 点歌微信小程序。有了微信小程序点歌台，消费者们就等于是人手一台手持型点歌台，通过右下角的包厢连接按钮，消费者即可进入界面，通过包厢二维码或绑定码连接所在包厢，如图 10-15 所示。

连接到所在包厢后，消费者即可在点歌界面进行点歌，如图 10-16 所示。如果消费者有想要点唱的歌曲，可以在搜索栏中查找，或者在排行榜或推荐歌单中查找喜欢的歌曲点唱。点击歌曲名称后的"＋点歌"按钮即可将完成点歌，如图 10-17 所示。对于已经点的歌曲，消费者可以在"已点"列表中找到，并调整歌曲顺序。

◆ 图 10-14　"K 米点歌"微信小程序

◆ 图 10-15　包厢连接界面

◆ 图 10-16　点歌界面

◆ 图 10-17　点击"＋点歌"按钮

　　点歌完成后，消费者进行 K 歌时，可以在"遥控"界面对歌曲进行操作，如图 10-18 所示。而没有 K 歌的消费者也可以通过"遥控"界面的发弹幕功能进行交流互动，不会影响到 K 歌者发挥。而如果 K 歌者唱得精彩，围观者也可以发送通过"魔法表情"之中的趣味表情表达赞赏之情，或者在不打断 K 歌者唱歌的情况下与其进行实时互动，如图 10-19 所示。

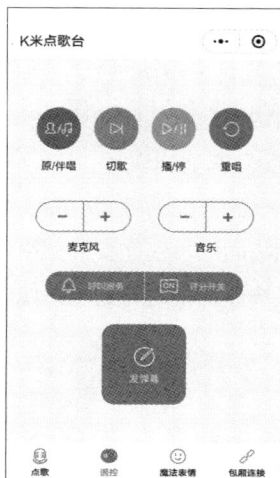

◆ 图 10-18 "遥控"界面　　◆ 图 10-19 "魔法表情"界面

　　线下 KTV 门店通过引入微信小程序进行智慧零售模式经营，线下 KTV 门店不仅可以进行服务体验的升级，还可以大大节省经营成本，具体分析如下。

（1）体验升级

　　有了 KTV 点歌微信小程序，消费者可以实现轻松简便的点歌操作，并且在进行加时或者呼叫其他服务时也不用特地在 KTV 包厢中的电话上与客服人员进行语音沟通。通过 KTV 点歌微信小程序中的弹幕和表情功能，没有 K 歌的消费者也能有效进行有效交流互动，正在 K 歌的消费者也可以无所顾忌，放声高歌。

（2）节省成本

　　有了 KTV 点歌微信小程序，KTV 商户可以节省 KTV 包厢内点歌台的升级和维护成本，也可以减少前台电话客服人员的数量，节省人力成本。

10.2.2　榛果民宿：轻松入住享受风俗

　　"民宿"一词起源于日本，但民宿的经营模式却是无法追溯起源的，在世界各地都有民宿的经营模式，尽管称呼不同。最早大规模发展民宿产业的地区是一些休闲度假的风景区，这些地区的民宿最早是为了解决风景区内酒店住宿服务不足的问题而出现的，最初只提供简单的住宿和餐饮服务。但后来一些民宿主人发现民宿中有很大的商机，开始结合当地风俗特色，进行服务升级，为游客提供个性化的住宿服务。

民宿发展到现在，已经形成了多种类型，并且不少民宿不仅结合当地特色，还在设计和装潢中融入了民宿主人自身的独特审美趣味，形成鲜明的特点，使得民宿在追求个性，喜欢展现不同的年轻背包客中异常受到欢迎。

榛果民宿就是一款为旅游爱好者打造的住宿服务类的微信小程序，图 10-20 所示为榛果民宿微信小程序的主界面。榛果民宿微信小程序会根据微信位置服务自动定位用户所在的城市，用户点击"搜索"按钮，便可看到所在城市的所有民宿，如图 10-21 所示。

◆ 图 10-20　榛果民宿微信小程序　　◆ 图 10-21　所在城市民宿

如果用户有目标民宿，就可以在上方的搜索栏中根据目标民宿的位置、名称和房东三个信息搜索目标民宿。用户也可以在下方的条件栏中设置条件筛选民宿，如图 10-22 所示。

如果用户是初次到所在的城市游玩，没有目标民宿，那么在"美宿榛选"界面，榛果民宿微信小程序还为用户进行了精选内容推送，为用户推荐了所在城市有特色的民宿，如图 10-23 所示。如果用户看到了喜欢的民宿，就可以点击进入查看民宿的详细信息，如图 10-24 所示。

◆ 图 10-22　设置条件筛选民宿

◆ 图 10-23　"美宿榛选"界面　　◆ 图 10-24　民宿详细信息

在榛果民宿微信小程序中，还有"收藏"和"旅程"两个功能，通过"收藏"功能，用户可以将感觉满意的民宿收藏起来，以备下次再来所在城市游玩时，可

以快速找到喜欢的民宿。而通过"旅程"功能，用户可以将游玩旅行过程中住宿过的民宿记录下来，记录自己的旅行点滴。

一般的酒店和旅馆只能提供标准化的住宿服务，而民宿能够提供不同的个性化住宿服务，一点使得民宿在年轻旅游爱好者群体中十分受欢迎。

但民宿的主人大多只是个人，没有太大的能力去宣传民宿，因此富有好评的民宿除了在旅游爱好者圈子外，很难被传播出去，一些有个性化住宿需求的群体也较难找到自己需求的民宿资源。而通过微信小程序就能很好地解决这一问题，因为微信的主体活跃用户是年轻群体，这正是民宿的目标用户。

通过榛果民宿微信小程序，民宿主人能够轻松地获取微信中的流量，实现低成本的线上引流。而对有个性化住宿需求的人来说，榛果民宿微信小程序给他们提供了一个可以便捷地获取民宿资源的平台。榛果民宿微信小程序帮助民宿行业向更智慧化的零售模式转型。

10.2.3　美团：小程序一站式体验吃喝玩乐

随着移动互联网的发展和智能手机的普及，越来越多的纯线下实体商户开始向线上扩展销售渠道，而人们在线上能够享受的服务也越来越多。线上服务的多样化必定导致服务类型的分化，每个类型的服务都会有自己的平台，如外卖平台、购票平台、住宿平台等。

如果人们同时对多种服务都有需求，就不得不在各个平台中反复切换，操作起来很不方便。这时，为响应大众的需求，一款集合众多服务内容的微信小程序出现了，这便是美团微信小程序，如图10-25所示。

美团微信小程序是一款包含了订餐、订房、订票、门店服务预约等多种服务的线上生活类服务平台，用户只要点击首页导航栏中的服务分类按钮，即可进入相应服务的专题界面，如图10-26所示。

用户只要在美团微信小程序的会员中心完成登录后便可直接使用这些生活服务，而不需要再填写信息。并且美团微信小程序的登录流程也十分简单，微信用户基本上可以实现一键登录，具体如下。

◆ 图10-25　美团微信小程序

◆ 图 10-26　不同服务的界面

　　用户进入美团微信小程序"我的"界面，便会收到登录提醒，进入"登录"界面，如图 10-27 所示。❶ 点击"微信用户一键登录"按钮，随后便会弹出"微信手机号"界面，美团微信小程序会申请获取用户的微信绑定手机号，❷ 点击"确认授权"按钮即可完成登录操作，如图 10-28 所示。

◆ 图 10-27　"登录"界面

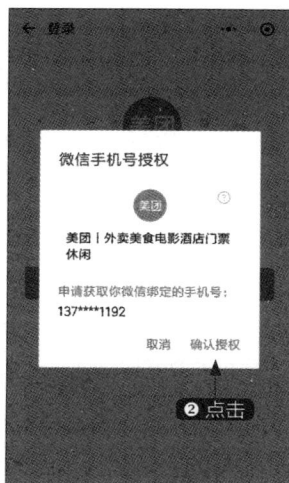

◆ 图 10-28　点击"确认授权"按钮

美团微信小程序的独特之处就在于其将美团公司的多个微信小程序有机结合起来，形成一个综合性平台，使得美团公司从微信平台中吸引聚集起来的流量能通过美团微信小程序得到二次分配。

美团公司的众多微信小程序中有的流量高，有的流量低，这是很正常的，因为人们对不同服务的需求频次是不一样的，比如有的人一周点三四次外卖，但一个月通常只理一次发，所以网上订餐类微信小程序显然就要比美容美发类微信小程序的使用频率更高，那么获得的流量也自然要更多。

所以美团外卖微信小程序可能因为经常被使用，而总是能留在微信用户的常用微信小程序列表中，但美团公司的其他提供低频服务的微信小程序就很可能被在微信中搜索排名更靠前的微信小程序抢走用户。

但在美团微信小程序这个综合型的生活服务平台中，美团外卖等被高频使用的微信小程序与那些使用频率较低的微信小程序产生了联系，使得原来的低频微信小程序借着平台内的高频微信小程序增加了曝光率，这样用户在产生低频需求时第一时间想到的是美团微信小程序平台内能提供的服务，而不是另外寻找其他的小程序。而多样化的服务也使得美团微信小程序的用户黏性得到了提高。

美团公司通过美团微信小程序在微信平台中营造了一个良性的微信小程序生态，既能增加其品牌在微信中的影响力，也更能帮助美团平台内的合作 O2O 电商实现新零售转型。

10.2.4　携程旅游攻略：小程序导游无惧闯世界

随着交通技术的进步，地理障碍对人们长距离移动的影响越来越小；而随着社会经济的发展，越来越多的人有了远距离出行的资本。同时，社会风气也越来越开发，很多人产生了"走出去，看世界"的想法，响应人们的这种需求，旅游业开始快速发展，大大小小的旅行社如雨后春笋般的涌现，旅游业也出现了很多行业乱象，人们开始越来越不信任线下的旅行社。

之后随着互联网的普及和发展，人们获取信息开始变得简单，越来越多的人开始在网上查找资料，不通过旅行社，开始自助游，为了解决人们的这种需求，网上开始出现大批为自助游者提供往返车票预订、住宿酒店预订等相关服务的旅游网站，旅游业也开始接轨互联网，向 O2O 的方向发展。

旅游网站成功将人们由线上网络引导到了线下景区，但随着旅游需求的继续增长，人们开始不仅仅满足于美丽的自然风景和奇特的异域风俗，还想更加了解旅游地区背后的文化内涵和人文故事，人们的旅游需求开始由"观光型旅游"向"文化型旅游"转变。

随着社会经济和交通技术的发展，很多地方的交通情况得到了有效改善，越来越多的人也开始有了自己的车，人们开展自助游时对旅游网站的依赖越来越小，并且很多酒店也开始推出自己的线上预订服务，以线上服务为主的旅游网站越来越无法满足人们的旅游需求。

这时不少有远见的旅游企业开始注意到移动互联网和智能手机的影响，开始开发自己的旅游 APP，在旅游 APP 中加入了不少景区相关服务，如景区门票预订等，如图 10-29 所示。

◆ 图 10-29　旅游 APP

但旅游对于大多数人来说毕竟还是一项低频率的消费，普通人一般也就每年出去旅游两三次，所以旅游 APP 对人们的吸引力并不高。但微信小程序的出现为旅游企业带来了新的机遇，微信小程序"无须下载，即用即走"的特点让人们可以轻松获取旅游网微信小程序中的景区服务，又不用像在旅游 APP 上那样花费大量的成本推广。

旅游企业想要打造一个出色的旅游类微信小程序，该从哪些方面入手呢？下面笔者就为大家详细介绍，具体如图 10-30 所示。

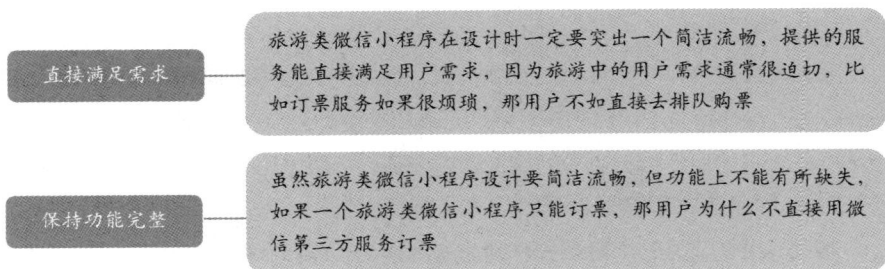

直接满足需求 —— 旅游类微信小程序在设计时一定要突出一个简洁流畅，提供的服务能直接满足用户需求，因为旅游中的用户需求通常很迫切，比如订票服务如果很烦琐，那用户不如直接去排队购票

保持功能完整 —— 虽然旅游类微信小程序设计要简洁流畅，但功能上不能有所缺失，如果一个旅游类微信小程序只能订票，那用户为什么不直接用微信第三方服务订票

◆ 图 10-30　打造出色旅游类微信小程序的两个方面

图 10-31 所示为一款名为"携程旅游攻略"的微信小程序，该微信小程序专注于旅游攻略，界面十分简洁，但功能十分全面，提供旅游攻略的景点包括国内外，全球的热门景点都收录其中。

携程旅游攻略微信小程序不仅界面简洁，功能完备，使用起来也非常流畅和简单。在该微信小程序首页即对当季热门的旅游胜地做了推荐，如图 10-32 所示。如果用户有旅游的目的地，便可以通过搜索功能进行搜索，搜索界面如图 10-33 所示。

在搜索界面，携程旅游攻略微信小程序不仅将国内和国外的旅游景点进行了分类，还将所有旅游景点按照字母顺序进行了排列，然后用户可以不用麻烦地输入名称，只通过点击相应字母就可快速找到目的地，携程旅游攻略微信小程序的这一设计极大地提高了用户的搜索体验。

用户找到目的地国家后，点击便可进入攻略界面，如图 10-34 所示。在"当地游记"版块中，还有一些去过该地旅游的旅游爱好者的游记文章，如图 10-35 所示。

◆ 图 10-31　"携程旅游攻略"微信小程序

◆ 图 10-32 "携程旅游攻略"首页

◆ 图 10-33 搜索界面

◆ 图 10-34 "当地游记"版块

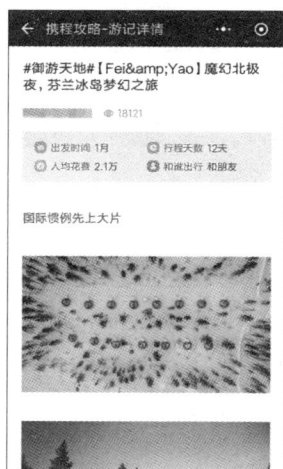

◆ 图 10-35 游记文章

游记文章中详细说明了作者旅游经历的具体细节，包括此次旅游的准备时间、出行时间、人均花费等信息，可以作为用户的旅游参考。

在"热门目的地"版块中，有该地的全部旅游城市，如图 10-36 所示。用户点击感兴趣的旅游城市，即可进入该旅游城市的详情界面，在"景点推荐"版块中，列有该城市所有的旅游景点，如图 10-37 所示。

◆ 图 10-36 "热门目的地"版块

◆ 图 10-37 "景点推荐"版块

　　在旅游城市的详情界面也有"当地游记"版块，如图 10-38 所示。用户点击感兴趣的游记文章，便可查看其内容，如图 10-39 所示。

◆ 图 10-38 "当地游记"版块

◆ 图 10-39 游记内容

　　在旅游城市部分的当地游记会更为详细，内容方面不再是以提供参考为主，而是以推荐分享为主，通过图文结合的描述，勾起阅读用户的旅游兴致，有的游记甚至还以连载的方式进行记叙，让阅读用户在不知不觉中产生对文中旅游胜地的向往。

11 CHAPTER

内容电商实战，
抢占流量红利

势不可当：
微信小程序智慧零售

"知识就是力量"是人们耳熟能详的一句名言，在互联网时代中，信息变得更容易传播，大量良莠不齐的信息充斥着互联网世界，因此有价值的知识和内容也变得愈发珍贵。

部分人依靠有价值的知识和内容在互联网中聚集起不少流量，内容运营商在新零售大潮的影响下也开始涉足微信小程序零售领域。

◇ 特色：内容小程序与新零售的结合
◇ 分析：内容小程序实战案例

11.1 特色：内容小程序与新零售的结合

销售知识和内容是一个古已有之的行为，从连文字都没有的古老时代的面对面教授知识和口述内容，到互联网时代的将知识和内容装进某个载体进行传播，虽然形式上发生了变化，但知识和内容销售的本质却没什么太大的改变。

微信小程序的出现让知识和内容的销售更容易与新零售接轨，让知识和内容的传播更智慧化。

11.1.1 小程序助力内容电商变现

在互联网世界中往往不缺乏优秀的内容生产商，在早期的互联网论坛中就经常有各路"大神"出没，但在早期的互联网论坛中，人们是以话题为中心进行讨论，"大神"们也只是话题讨论者中的一员，人们会以某个论坛、某个话题为中心聚集，但很少会以某个"大神"为中心聚集。

随着互联网社区的发展，有价值的个体越来越重要，他们往往从某个小圈子的意见领袖成长为受全网关注的"网红"，最后再自己组建团队，形成可以商业化生产内容产品的内容生产商，对于其中的一些个体我们也称为自媒体人。微信等新媒体平台的出现为广大内容生产商提供了一个表现的舞台。通过在新媒体平台上的内容运营，内容生产商聚集了大量的忠实粉丝，逐渐形成了自己的品牌。

❶ 变现手段

手握大量流量资源的内容生产商自然会开始寻求商业渠道和变现手段，进化为内容电商，内容电商的主要变现手段有以下几种。

（1）内容付费

内容付费是内容生产商变现的最直接的方式，传统的内容生产商，如报纸、杂志等就是通过将自己生产的内容以纸质读物的形式进行贩卖来实现内容付费的。而在互联网环境中，人们的习惯使他们更倾向于免费的内容产品，而线上的内容生产商想要进行内容付费，就必须能提供更有价值、更迎合消费者需求的内容产品。

对于内容生产平台来说，提供更有价值、更迎合消费者需求的内容产品的方式通常是贩卖 VIP 会员资格，为消费者提供差异化服务，图 11-1 所示为喜马拉雅 FM 的巅峰会员介绍，消费者开通巅峰会员后，即可享受到一般普通会员没有的特权服务。而对于自媒体内容生产商来说，提供更有价值、更迎合消费者需求的内容产品，方式通常是出售一些消费者有需求的专业性知识的相关课程，如图 11-2 所示。

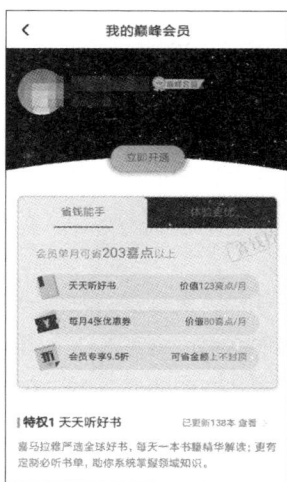

◆ 图 11-1　颠峰会员介绍　　◆ 图 11-2　网络课程

以上两种都是比较传统的内容付费变现方式，随着技术的进步，内容生产商与消费者通过互联网进行实时互动变得十分简单，一种新型的内容付费模式开始出现，那便是网络直播。通过网络直播进行内容付费的形式主要有直播授课和直播打赏两种，分别如图 11-3、图 11-4 所示。

直播授课就是一种实时的线上教学形式，消费者需要先付费才可进入直播间听取课程，一般常用于各种专业性的技能授课。在直播打赏模式下，消费者可以在直播间开放时随时免费进入，自愿性的通过送礼物打赏的方式进行内容付费。

◆ 图 11-3　直播授课

◆ 图 11-4　直播打赏

（2）广告推广

内容付费的变现方式虽然直接，但只适合那些有大量原创内容产品的内容生产商，对于那些内容整合或点评性质的内容生产商来说就不太合适了。不过只要手上有足够的流量资源，这些内容生产商也是不愁变现的，只是变现途径可能就没有那么多样了。

这类内容生产商最常用的变现方式是广告推广，不过广告推广也分两种。一种是垂直领域的广告推广，就是一些内容生产商会选择跟自身领域有一定关联性的产品进行推广，比如在餐饮类的微信公众号就很容易看到厨具产品的推广广告，如图 11-5 所示。

另一种便是非垂直领域的广告推广，就是指内容生产商所推广的产品与自己的领域没有太直接的联系，图 11-6 所示便是一个书籍阅读类的微信公众号在进行保健产品的推广。

垂直领域的广告推广一个很突出的优势便是直接对接了目标用户，关注餐饮公众号的微信用户通常也会对厨具产生需求，而餐饮类公众号进行厨具的推广既可以满足关注用户的需求；又可以获得广告推广收益，并且也增加自身的内容丰富程度；而对于广告主来说，也能通过内容生产商的推广直接增加产品销售量。这种推广可以说是合作共赢，为三方都带来好处。

◆ 图 11-5　垂直领域广告推广　　◆ 图 11-6　非垂直领域广告推广

　　非垂直领域的广告推广也同样有着不少优点，除了可以给内容生产商带来广告推广收益外，也能通过跨领域的广告推广为广告主发掘出意想不到的潜在客户。

　　（3）销售产品

　　随着互联网上新媒体平台的兴起，各大新媒体平台中涌现了一大批活跃的内容生产商，这其中就有不少专注于产品导购推广的内容生产商，而这些内容生产商中又分为两类，一类是为某品牌生产内容的企业型内容生产商，我们通常称为 OGC（Occupationally-generated Content，职业生产内容），这些内容生产商通常是所服务的品牌背后的企业或公司成立的宣传团队。

　　另一类是为某一行业或某一领域生产内容的专业型内容生产商，我们通常称为 PGC（Professional Generated Content，专家生产内容），这些内容生产商通常是所在领域的专家达人或所在行业的专业服务平台。

　　常见的 OGC 有各大知名品牌的微信公众号，如图 11-7 所示。这类公众号生产的内容通常都与品牌产品紧密相关，以产品的销售导购为重点，如图 11-8 所示。

◆ 图 11-7　品牌微信公众号　　◆ 图 11-8　公众号中的内容

　　而 PGC 常见于美妆时尚领域，内容生产商通常为领域内的知名 KOL（关键意见领袖），这类内容生产商会与领域内的品牌进行合作，建立 KOL 电商平台，通过在自己的平台销售商品直接变现。图 11-9 所示为某知名时尚博主的公众号中的内容导购页面，通过公众号的内容导购，消费者很容易被吸引至其商城平台进行消费购物，如图 11-10 所示。

◆ 图 11-9　公众号导购　　　　◆ 图 11-10　商城平台销售

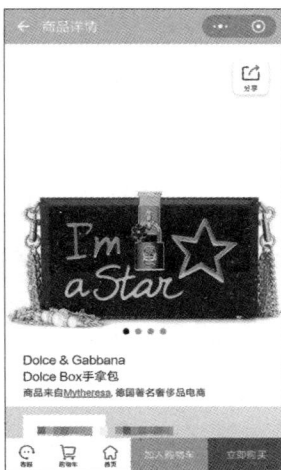

（4）衍生周边

IP 一词在 2017 年十分火热，出现了很多热门 IP 改编的影视作品，如《盗墓笔记》《微微一笑很倾城》等影视作品都是由热门的网络 IP 改编而成。IP 是英文 Intellectual Property 的缩写，意为知识产权，指的是优秀的内容产品，这些优秀的内容产品除了本身具有很大的商业价值外，其衍生的产品也可以变现。

例如，暴走大事件是一个很火热的网络综艺 IP，其微信公众号中便有周边商城，如图 11-11 所示。微信用户点击商城进入，可以看到在暴走周边商城有种类多样的暴走元素周边商品，如图 11-12 所示。

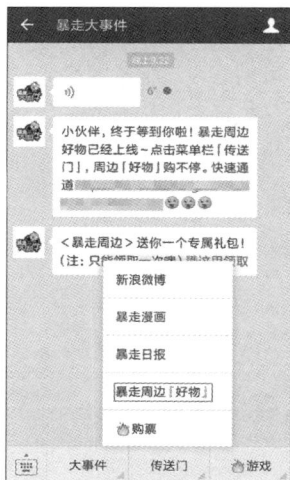

◆ 图 11-11　暴走大事件微信公众号　　◆ 图 11-12　暴走周边商城

衍生周边的变现方法适用范围十分广泛，只要内容生产商手中有比较火热的 IP 资源，就可以出售周边商品变现，出售的周边商品可以是与内容生产商有一定关联的产品，也可以是一般需求比较大的日常用品。

（5）社群经济

大多内容生产商都立足于互联网社交媒体平台，在互联网社交媒体平台中是非常容易形成社群的，内容生产商可以利用网络社群来实现变现。

社群经济属于一种间接的内容变现模式，主要是基于社交平台来运营优质的内容，其流程如图 11-13 所示。

第一步：创建内容	借助优质的内容，吸引用户关注，完成原始的用户积累
第二步：建立社群	建立社群与粉丝互动，将粉丝牢牢聚拢在一起
第三步：社群变现	通过社区完成内容变现，实现流量价值

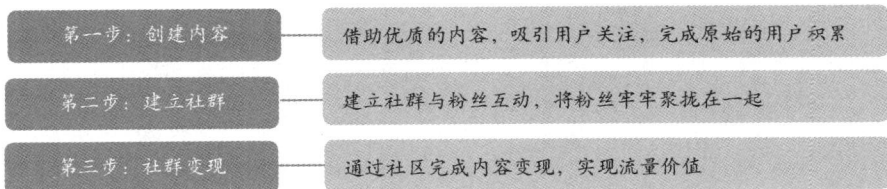

◆ 图 11-13　社群经济的变现流程

每个互联网社交媒体平台都有社群功能，如微信平台的微信群，如图 11-14 所示。微博平台的话题，如图 11-15 所示。经过开发，这些都可以成为社群经济变现的手段。

◆ 图 11-14　微信群　　　◆ 图 11-15　微博话题

将社群建立好并拥有一定的粉丝基础后，可以采用一种最直接的盈利模式，那就是会员收费。例如，很多大 IP 基于微信群建立了一个完整的社群体系，其他人要想加进来共享其中的资源，则需要按月、按季或者按年来缴费。

另外，当社群形成一定规模后，还可以推荐或销售一些垂直型的产品。图 11-16 所示为"小米之家"微信公众号，这里是"米粉"的交流聚集场所。

◆ 图 11-16　小米之家微信公众平台

专 家 提 醒

　　社群经济这种内容变现模式的关键在于"凝聚力量"，首先必须建立一个稳定的社群。因此，社群需要一个强大的组织者，同时还需要有内容来串联粉丝的共同价值观以及与粉丝进行互动，保证持续的影响力，不断落袋为安，进而围绕品牌或产品实现商业价值变现，才能成为真正的赢家。

❷ 变现升级

　　微信公众号培养了一大批优质的内容生产商，而微信小程序的出现又能帮助这些内容生产商拓展商业渠道，转型为内容电商，并且通过微信小程序还可以使内容电商的变现能力进一步得到提升，在已有的变现手段上让变现能力得到进一步的升级和强化。

（1）升级付费

　　通过微信小程序，微信平台上的内容生产商可以很轻松地构建自身品牌的会员商城，通过出售会员，提供会员服务来变现，如图 11-17 所示。有了微信小程序，内容电商出售知识技术类课程变现也更加方便，多样的选择、商品化的排列让用户更能感受到购物的场景，如图 11-18 所示。

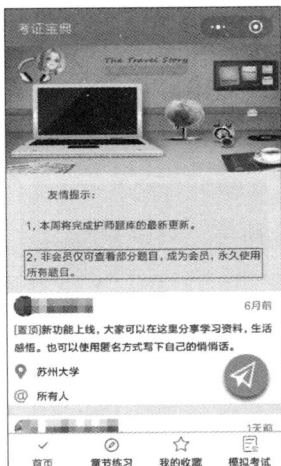

◆ 图 11-17　微信小程序付费会员　　◆ 图 11-18　微信小程序付费课程

（2）升级推广

一般内容电商在进行广告推广时都会在推广文章末尾加上推广产品的购买方式，在这些购买方式中，有的会提供一段文字说明，如图 11-19 所示。有的会提供二维码链接，用户可以长按二维码识别进入，这样稍微方便一点，如图 11-20 所示。

◆ 图 11-19　文字说明购买方式　　◆ 图 11-20　二维码链接购买方式

运用微信小程序与微信公众号互联的特点，内容电商可以在进行广告推广时将推广产品以小程序链接的方式插入公众号中的推广文章中，如图 11-21 所示。微信用户只需轻轻点击小程序链接，即可进入微信小程序店铺购买推广产品，如图 11-22 所示。

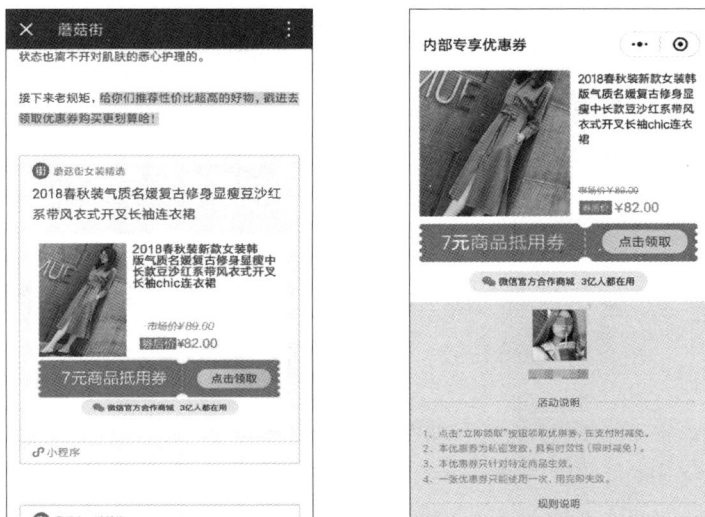

◆ 图 11-21 推广文章在小程序中的链接 ◆ 图 11-22 微信小程序店铺

通过微信小程序进行广告推广，既节省了文字说明和二维码所占的版面，让内容电商专注于推广内容的生产，精简了界面，提升微信用户的阅读体验；又可以全面展示推广产品的信息，包括名称、外观、价格等信息，还可以在其中加入优惠券，提高推广转化率。

（3）升级销售

在微信平台内，内容电商利用直接销售商品的方式来实现变现已经比较常见，因为微信本来就是一块很有商业价值的洼地。很多内容电商通过 H5 技术建立微商城，在微信公众号中加入微商城的链接，以此实现流量的转化，完成变现。

微信平台上的内容电商通常是将微信商城的入口放在公众号的菜单栏中，如图 11-23 所示。

◆ 图 11-23　公众号中的微信商城入口

与微信商城相比，微信小程序的优势是明显的，主要优势有以下几点，如图 11-24 所示。

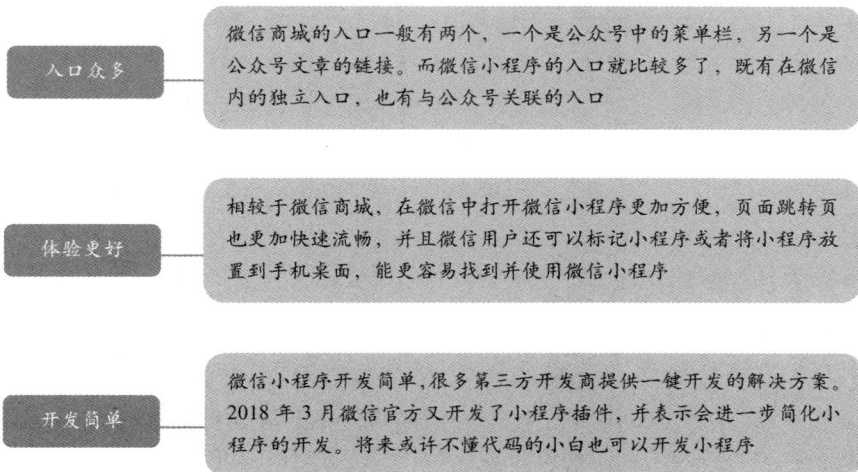

入口众多　微信商城的入口一般有两个，一个是公众号中的菜单栏，另一个是公众号文章的链接。而微信小程序的入口就比较多了，既有在微信内的独立入口，也有与公众号关联的入口

体验更好　相较于微信商城，在微信中打开微信小程序更加方便，页面跳转页也更加快速流畅，并且微信用户还可以标记小程序或者将小程序放置到手机桌面，能更容易找到并使用微信小程序

开发简单　微信小程序开发简单，很多第三方开发商提供一键开发的解决方案。2018 年 3 月微信官方又开发了小程序插件，并表示会进一步简化小程序的开发。将来或许不懂代码的小白也可以开发小程序

◆ 图 11-24　微信小程序的优势

微信小程序不仅具有如此多的优势，并且还十分受到微信官方的重视，微信平台上多次对微信小程序进行推广。而在腾讯公司提出的智慧零售概念中，微信小程序也是一个关键点，可见微信小程序商城已经是新零售变革中的大势，因此内容电商应尽快完成自身微信小程序商城的构建，利用微信小程序升级商品销售模式，尽早抢占微信平台的流量红利。

（4）升级社群

微信平台中的内容电商在通过微信群进行社群营销时，往往要面对商品与客户割裂的违和感，因为内容电商在微信群中投放商品信息，再到微信群中的用户接收信息，购买商品的过程并不连续。

很多用户可能在这个从接收商品信息到购买商品的过程中流失，这种变现方式的核心环节与传统零售如出一辙，都是从"货"（内容电商商品）到"场"（微信群）再到"人"（微信群中的用户），是一种低效率的变现方式。而微信小程序能够帮助内容电商重构销售环节，实现高效率的变现，重构的关键就在于要将"货－场－人"的环节转变为"人－货－场"，那么该如何转变呢？

首先要让销售环节从用户主动去寻找商品开始，而不是从内容电商去推销商品开始，在什么情况下用户会主动寻找商品呢？自然是在用户有需求的情况下，那么内容电商首先就要想办法激发用户的需求，最好的办法莫过于营造一个需求场景，这个场景可以在微信公众号中，但最好在微信小程序商城中，因为这样用户一旦产生需求，内容电商正好可以立即满足用户的需求，交易的成功率能得到很大程度的提升。

其次，便是要给用户提供一个互相交流沟通，进行社群行为的场所，而用户通过社群交流，社群传播就可能使小部分用户的需求转变成大部分用户的需求，从而大大增加商品的销量。

在笔者看来，目前微信小程序中效果最好的社群营销变现方式就是直播购物，图 11-25 所示为某个微信小程序商城中的直播特卖界面。

通过直播的形式，用户能收获到不一样的线上购物体验，商家也可实时地根据用户的反馈采取一些有针对性的措施，增加商品对用户的吸引力。最重要的是，如果内容电商提供的商品的确能够得到大部分用户的认可，就非常容易在直播间引发用户的热烈讨论，很容易形成良好的购物氛围，商品的销售往往也能因此得到预期之外的提升。

◆ 图 11-25　微信小程序直播购物

11.1.2　小程序＋社交推广成为内容电商营销趋势

在新零售的大趋势下，传统的零售商业思维很快就会过时，旧的商业道路将会变得越来越走不通，零售商要赶在无路可走之前尽快接轨新零售，借助微信小程序走上智慧零售的康庄大道。

在微信平台中，做微信小程序电商有一点最重要，那便是要注意到微信平台自带的社交属性，这是微信小程序电商的一大优势。现在的大型电商平台都在尝试搭建平台内社交渠道，国内的电商巨头淘宝、京东都在其 APP 中加入了社交版块，如图 11-26 所示。

为何大型电商如此重视网络社交渠道的搭建？这主要是由于随着社会环境的变化，消费者的消费需求也在变化。随着社会经济的发展，消费者的物质需求能够得到极大地满足，消费者在线上可以选择的商品种类越来越丰富，消费者甚至可以通过海淘平台去选购国外品牌的商品，消费者选择的多样性使得商家必须增加在消费者视野中的曝光率，让消费者牢牢记住产品。

如今线上购物的主要消费群体早已脱离了"温饱线"，电商的低价策略已经越来越不起作用，消费者开始将体验作为选择商品的第一参考条件，这里体验指的不仅仅是消费者对商品的使用体验，还包括消费者对整个消费流程的体验。而消费者获得体验的方式主要有两种，一种是通过直接购物消费来获得，还有一种就是间接地从与他人的交流沟通中获得。

◆ 图 11-26 电商 APP 社交版块

在互联网上，既要增加商品的曝光率，又要将商品的体验传播出去，最高效的方式就是利用互联网社交进行推广，而这也是内容电商比较擅长的一点，也是内容电商向新零售方向发展的一个优势。

要想在互联网上进行成功的社交推广需要注意两点，具体如 11-27 所示。

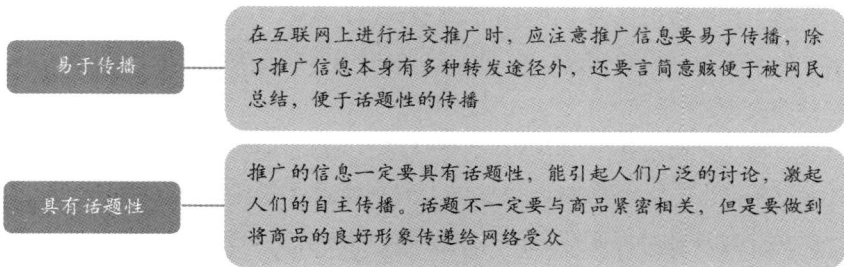

| 易于传播 | 在互联网上进行社交推广时，应注意推广信息要易于传播，除了推广信息本身有多种转发途径外，还要言简意赅便于被网民总结，便于话题性的传播 |
| 具有话题性 | 推广的信息一定要具有话题性，能引起人们广泛的讨论，激起人们的自主传播。话题不一定与商品紧密相关，但是要做到将商品的良好形象传递给网络受众 |

◆ 图 11-27 微信小程序直播购物

微信小程序能够将微信平台中成功的社交推广迅速转化为购买力，而如果内容电商能够在自家的微信小程序商城中加入社区版块，进一步活跃消费者，那社交推广的效果将会更好，如图 11-28 所示。

◆ 图 11-28　微信小程序商城中的社交版块

11.1.3　电商小程序或将成为内容创业者标配

对于内容创业者来说，实现变现的最好方法当然是建立自己的品牌，实现自主销售，但要走到这一步十分不易，互联网中的内容创业者多如星河，能够形成自己品牌的却是屈指可数。

一部分原因是内容创业者自然要以做内容为主要工作，特别是对于刚起步的内容创业者来说，这便导致这部分内容创业者没有时间去学习电商知识，也没有太多精力去运营电商平台。

另一部分原因就是一些内容创业者活跃的领域专业性比较强，不适合入驻一般的电商平台，而这些内容创业者自身又缺乏独立打造一个平台的资源。

微信小程序的特点使得其十分适合作为内容创业者进行商业化尝试的土壤，这些特点主要有以下几点。

❶ 联通公众号

微信平台作为国内最火热的社交媒体平台之一，大多数内容创业者都会入驻微信公众平台，微信公众号是内容创业者的一个重要阵地。

微信小程序与微信公众号可以互相跳转，内容创业者可以将微信小程序作为公众号内容的补充，利用公众号为微信小程序店铺引流，等到微信小程序店铺步入正轨后，实现独立的商业化运营后又可以为公众号拉新，内容创业者的微信公众号与微信小程序能够形成一个良性的商业闭环。

❷ 开发成本低

与同类产品相比，微信小程序的开发成本比 APP 和微信商城更低，开发难度也要更低。内容创业者可以快速开发出自己的微信小程序商城，微信小程序官方团队也一直在降低微信小程序开发的门槛。无须开发只用注册的门店小程序，让线下门店快速轻松地获得了微信小程序，随着微信公众平台公布小程序插件功能的开放，如图 11-29 所示。

◆ **图 11-29　微信小程序插件功能开放通知**

有了插件功能，微信小程序的开发难度和成本都大大降低，这对内容创业者来说是一个好消息。而随着微信小程序的辅助开发功能不断升级更新，相信在不久的将来，无须借助第三方开发平台，内容创业者在微信后台就能自己组建出一个微信小程序商城。

❸ 运营可代理

不少成功的内容创业者都是所在领域的 KOL（关键意见领袖），本身是具有很大的消费号召力，而微信平台的商业潜力又催生出了许多移动零售服务商，如有赞、微店、小店铺等。内容创业者可以与这些移动零售服务商合作，借助他们提供的技术服务建立 KOL 电商平台，这类情况在时尚领域的内容创业者中十分常见。

图 11-30 所示为时尚类内容创业者的微信小程序店铺，其是借助移动零售服务商的技术支持建立起来的。

◆ 图 11-30　与移动零售服务商合作的微信小程序商城

通过这种方式建立微信小程序商城，内容创业者可以将更多的时间和精力放在内容生产上，而将自己不熟悉的技术方面的工作交由移动零售服务商代理完成。

综上所述，微信小程序商城既可以满足内容创业者变现的需求，又可以为内容创业者解决其技术不够，商业经验不足的缺陷，可以说十分适合帮助内容创业者做内容电商，未来将会成为内容创业者进驻微信平台的标配之一。

11.2　分析：内容小程序实战案例

微信小程序商城非常适合内容电商，是内容电商接轨新零售的捷径，事实已经有很多内容生产商通过微信小程序商城完成了商业化的转型和突破，而以后也会有越来越多的内容创业者入驻微信小程序，所以内容电商应该抓住机遇，尽早抢先布局以获得微信小程序的红利。

下面笔者就为大家介绍几个成功的微信小程序内容电商的案例。

11.2.1 "得到商城"：罗辑思维的知识付费平台

罗辑思维是最早在微信平台内尝试依靠自己的品牌变现的一批内容生产商之一，在微信平台开放会员功能后，罗辑思维便开始提供付费会员服务，在微信小程序上线后不久，罗辑思维也推出了与其公众号关联的微信小程序"得到puls"，虽然在 2017 年 1 月 16 日罗辑思维退出了微信小程序，但在差不多半年之后，罗辑思维的微信小程序又悄悄回归了，并更改为了与其 APP 商城相同的名字"得到"。

图 11-31 所示为得到微信小程序商城，主要由"主页"和"我的"两个界面组成。

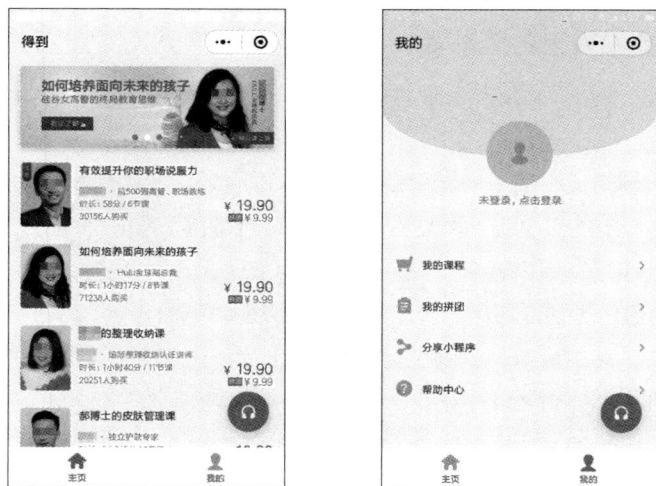

◆ 图 11-31　得到微信小程序商城

在"主页"界面中，展示着罗辑思维主要提供的知识服务线上课程，但却没有书籍和其他的生活类产品，并且线上课程的数量和种类也很少，与其 APP 商城和微信商城相比，罗辑思维的微信小程序商城显得过于精简。

进入得到微信小程序商城中"我的"界面，也不像其他微信小程序商城一样会通过申请用户授权自动获取用户的微信信息进行登录，如图 11-32 所示。在得到微信小程序商城中，用户需要点击登录按钮进行手动登录，如图 11-33 所示。在这个界面用户需要使用账号密码登录，而这个登录方式与得到 APP 是互通的。

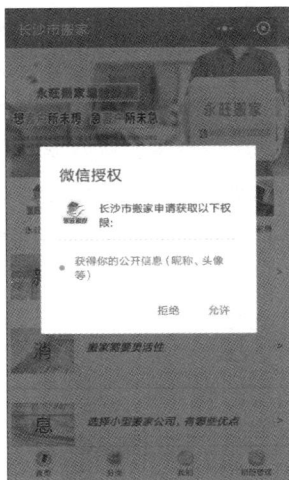

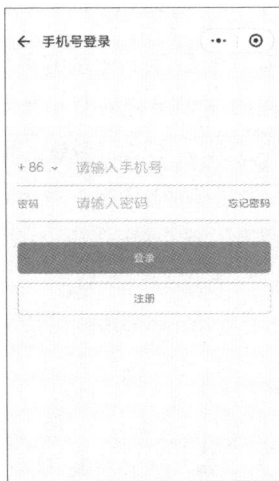

◆ 图 11-32　微信小程序申请用户授权　　◆ 图 11-33　得到微信小程序商城登录页面

　　虽然得到微信小程序商城只提供线上课程服务，但用户在商城中购买了线上课程后可以直接通过 ⬤ 按钮收听线上课程，用户能享受一个流畅的消费体验。而在罗辑思维的微信商城内，用户购买线上课程后不能立即收听，需下载得到 APP，在其 APP 上才能进行线上学习，如图 11-34 所示。

　　可见罗辑思维是将得到微信小程序商城作为得到 APP 在微信平台中的一个极简的展示品。罗辑思维的零售模式是将微信商城＋微信小程序商城＋ APP 商城作为一体的，在这三个部分中，APP 商城是重点，微信商城是帮助罗辑思维将用户从公众号平台引流到 APP 商城的一个过渡平台，而微信小程序商城既是对微信商城不足的补充，又是对 APP 商城部分服务的展示。

◆ 图 11-34　线上课程无法立即收听

　　如果日后小程序真如互联网上的预言一般取代了 APP，成为移动端上的主流应用，那罗辑思维就可以凭借得到微信小程序商城与得

到 APP 会员资源互通的基础，迅速将自身的销售重心转移到微信小程序商城上。

罗辑思维向我们展示了一个有多个销售渠道的内容电商如何在不放弃已有的成熟的销售渠道的同时巧妙地开拓新的销售渠道。

11.2.2 差评黑市：抓住内容电商红利形成行业影响

差评是微信公众平台中的一个互联网科技圈子内的内容生产商，差评不像罗辑思维那样发展的一帆风顺，罗辑思维的创始人罗振宇在转型做自媒体人之前便已经在行业内小有名气，可以说其成功是有一定创始人光环加持。

而差评却是实实在在从草根起家，但在差评公众号成立不到一年之时，差评就开始进行电商方向的尝试，开了个名为"差评黑市"的微信商城，而后在微信小程序上线后，差评也顺势上线了差评黑市微信小程序商城，并且在 2017 年上半年让月流水达到了 400 万。

图 11-35 所示为差评黑市微信小程序商城的首页，其中有大量的推荐导购板块，如图 11-36 所示。推荐导购板块根据不同的主题对商品进行了详细的分类。

◆ 图 11-35　差评黑市微信小程序商城首页　◆ 图 11-36　推荐导购板块

并且在差评微信公众号中也有不少推文对商城中的商品进行内容导购，如图 11-37 所示。

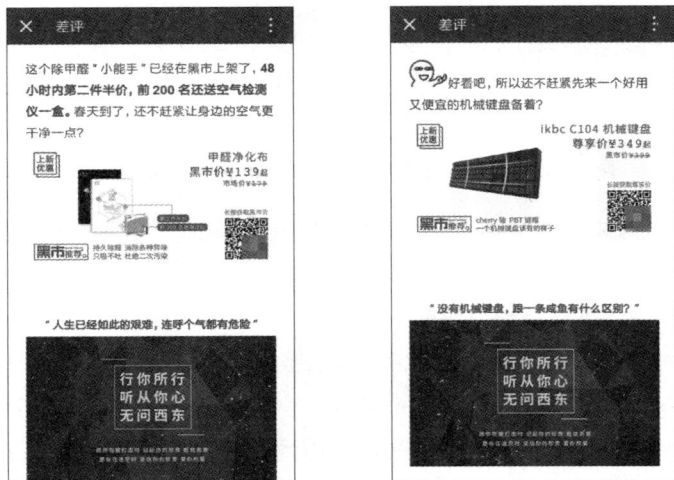

◆ 图 11-37　差评公众号中的内容导购推文

　　差评黑市利用微信平台中的流量红利，大力在微信中进行内容导购，精准定位目标消费者，实现流量到购买力的转化。这也是内容电商在新零售大潮下崛起的一个原因。差评黑市便是找准了粉丝的需求，从最开始销售一些创意的生活类小商品到现在的零售种类包括高科技家电、数码周边、日常用品等多种商品。

　　差评在科技类的内容生产商中算不上一线大号，内容电商往往不得不面对一个问题，就是其产品的销售量往往与粉丝的数量相关，在粉丝数量没有大量增加的情况下产品的销量很少能有大幅度的提升，极易触及上限。

　　差评黑市的转化能力甚至已经达到了粉丝数量多于自己两倍的同行公众大号的程度，这主要是因为两个原因，具体如图 11-38 所示。

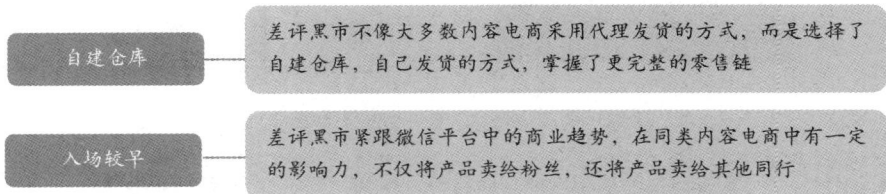

自建仓库	差评黑市不像大多数内容电商采用代理发货的方式，而是选择了自建仓库，自己发货的方式，掌握了更完整的零售链
入场较早	差评黑市紧跟微信平台中的商业趋势，在同类内容电商中有一定的影响力，不仅将产品卖给粉丝，还将产品卖给其他同行

◆ 图 11-38　差评黑市高转能力的原因

　　从差评黑市的案例中我们可以看出，即使是规模不大的内容生产商，一旦抓住机遇，利用好流量红利和先发优势也是可以转型为成功的内容电商的，所以广大内容电商一定要抓住新零售的机遇，利用好微信平台的流量红利，尽早入局微信小程序，早日完成智慧零售的转型。

11.2.3　"一条"：满足用户观看需求为主的视频内容

在微信公众平台中，一条是一个有些特殊的内容生产商，其他内容生产商推送内容的方式主要是以图片和文字的形式，因为图文形式的内容是最容易被微信用户获取的。而一条却对视频推送方式情有独钟，头条推文中必定会有视频，如图 11-39 所示。当然，一条公众号内也会有文字和图片说明的内容，如图 11-40 所示。

◆ 图 11-39　一条头条推文　　◆ 图 11-40　一条图文推文

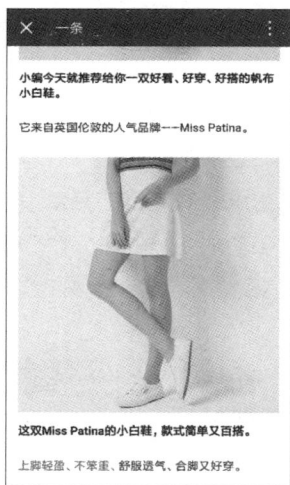

独特的视频推送方式，增强了一条推送内容的表现力，使得一条在微信中收获了大批粉丝。有了流量基础后，对多数内容生产商来说下一步便是商业变现，特别是像一条这类 PGC 内容商，变现目标十分明确。

但一条又不是一个纯粹的 PGC 内容商，其不满足于仅仅靠为大品牌打广告、做推广赚钱，而是要将自身打造成一个有话语权的内容电商平台。一条将客户群体定位于中产阶级，将零售方向定位于生活方式类产品上，先后在微信平台中建立了微信商城和小程序商城，如图 11-41 所示。

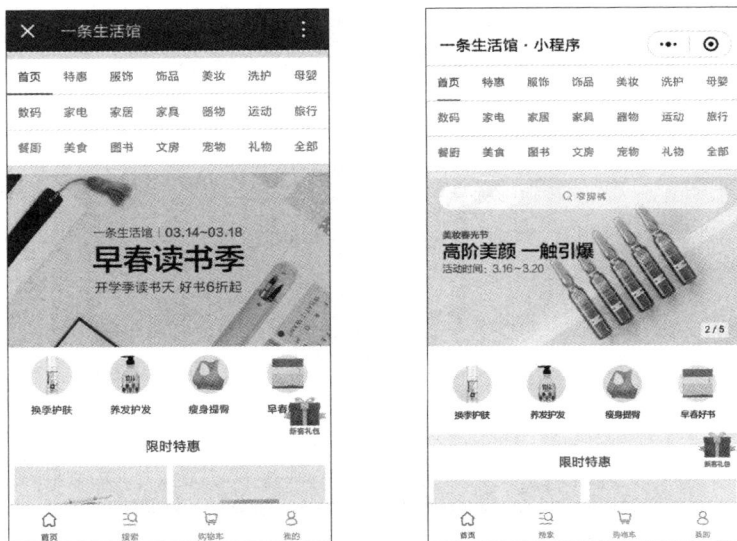

◆ 图 11-41　一条的微信商城与小程序商城

与罗辑思维各有侧重的经营策略不同，一条的微信商城、小程序商城、APP商城的界面和功能完全一致，在登录界面，一条提供了其三个商城间可以互通的微信快速登录方式，如图 11-42 所示。

◆ 图 11-42　互通的微信登录方式

　　可见一条使用的是全渠道经营策略，通过互通的会员系统，一条可以在三个平台中获得大量丰富而又全面的会员数据，而通过分析会员数据，一条可更清楚地了解用户需求，做到精准营销。并且累积了大量营销经验的一条，还建立了电商联盟，为微信平台上的其他内容电商提供内容营销服务，如图11-43所示。

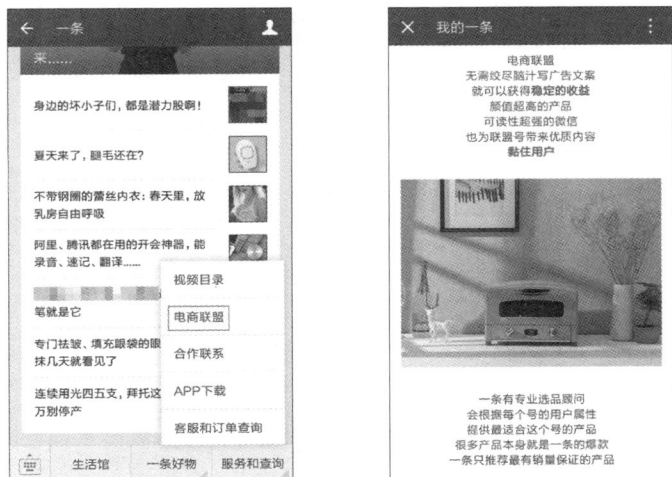

◆ 图11-43　一条电商联盟

　　一条并不是在早期便进入微信平台的内容生产商，也不是在微信上诞生的内容生产商，但其却能后来者居上，这主要是由于两点，一是一条坚持特色，用短视频的内容推荐手段打造出了品牌特色；二是一条目标明确，立志于打造特色的内容电商平台，没有像多数内容生产商一样中途放弃成为推广平台。

　　现在新零售刚刚起步，市场上有很多新零售概念，微信平台中的内容电商既然选择了用微信小程序进行智慧化经营，就要坚持下去，活用微信小程序，打造出具有自身特色的内容电商平台。